BAND 1–8
Spätantike bis zum Ende des Mittelalters
Herausgeber
Alfred Haverkamp

BAND 9–12
Frühe Neuzeit bis zum Ende des
Alten Reiches (1495–1806)
Herausgeber
Wolfgang Reinhard

BAND 13–17
19. Jahrhundert (1806–1918)
Herausgeber
Jürgen Kocka

BAND 18–23
20. Jahrhundert (1918–2000)
Herausgeber
Wolfgang Benz

BAND 24
Gesamtregister Band 1–23
Namen, Orte
Anhang: Karten, Stammtafeln, Ergänzungen
Herausgegeben von
Alfred Haverkamp, Wolfgang Reinhard
Jürgen Kocka, Wolfgang Benz

WISSENSCHAFTLICHE REDAKTION
Rolf Häfele

Die Urkatastrophe Deutschlands
Der Erste Weltkrieg 1914–1918

WOLFGANG J. MOMMSEN

Gebhardt
Handbuch der deutschen Geschichte

Zehnte, völlig neu bearbeitete Auflage

BAND 17

Klett-Cotta

INHALT

Zur 10. Auflage des Gebhardt VII
Vorbemerkung XV
Verzeichnis der Abkürzungen XVII
Allgemeine Quellen und Literatur (1789–1918) XXI

Abschnitt VI
Die Urkatastrophe Deutschlands
Der Erste Weltkrieg 1914–1918
Wolfgang J. Mommsen

Quellen und Literatur 3

§ 1 Forschungsstand und Kontroversen in der Forschung 14

§ 2 Julikrise und Kriegsausbruch 1914 22

§ 3 Die politischen und militärischen Ereignisse 1914–1917 35
    a) »August 1914« und »Burgfriede«. Die innere Politik in den
       ersten Monaten des Krieges 35
    b) Das Scheitern des ursprünglichen deutschen Kriegsplans
       (August 1914 – Herbst 1915) 40
    c) Das Ringen um die Haltung der Neutralen, der Kriegs-
       eintritt Italiens und die stetige Ausweitung des Krieges . . . 51
    d) Die Politik der »Neuorientierung« und die Eskalation
       der Kriegsziele unter der Kanzlerschaft Bethmann
       Hollwegs 56
    e) Die veränderte Form des Krieges: mörderische Material-
       schlachten im Westen, der unbeschränkte U-Boot-Krieg
       und die Julikrise 1917 66

§ 4 Die deutsche Gesellschaft im Kriege:
    Hunger, Verelendung und unendliches Leiden 78
    a) Die wirtschaftliche Organisation des Krieges 78
    b) Überbeanspruchung der Kriegswirtschaft und fort-
       schreitende Verarmung der unteren und mittleren Schichten 87

Inhalt

    c) Die Auswirkungen des Krieges auf die gesellschaftlichen
Strukturen und die sozialen Gegensätze 97
    d) Die kulturellen Eliten und die Kirchen 113
    e) Kriegsalltag an der Front und in der Heimat 123

§ 5 Die Peripetie des Krieges 134
    a) »Verständigungsfrieden« oder Siegfrieden 1917–1918 . . 134
    b) Die russische Oktoberrevolution und der Friede von
Brest-Litowsk 138
    c) Die große Westoffensive vom März 1918 und die Aushöhlung der Kampfkraft der deutschen Armeen 143
    d) Der Zusammenbruch 146

**§ 6 Ausblick: Auswirkungen des Ersten Weltkriegs auf die Politik,
Gesellschaft und Kultur** 150

Anhang 155
    Zeittafel (1914–1918) 157
    Orts- und Sachregister 173
    Personenregister 185

ZUR 10. AUFLAGE DES GEBHARDT

Im Laufe eines Jahrhunderts ist der *Gebhardt* zum bedeutendsten Handbuch der deutschen Geschichte geworden. In ihm resümiert und reflektiert jede Historikergeneration seit dem ersten Erscheinen den Stand der deutschen Geschichtsforschung und Geschichtsschreibung. Bruno Gebhardt, Gymnasiallehrer in Breslau, veröffentlichte 1891/92 ein zweibändiges Handbuch der deutschen Geschichte, das eigentlich für den Gebrauch in Schulen bestimmt war. Das Werk sollte, wie es im Vorwort der ersten Auflage hieß, mehr die Teilnahme der Gebildeten als die der Fachgelehrten gewinnen. Zwar änderte sich das, als Aloys Meister zum Herausgeber wurde und 1922 die sechste Auflage mit dem Versprechen einleitete, »nur ausgezeichnete Forscher als Mitarbeiter heranzuziehen« und dabei im Interesse des hohen wissenschaftlichen Standards mehr Hochschullehrer als bisher zu beschäftigen. Der übersichtliche, sachliche und damit auch pädagogische Charakter des Werkes wurde indessen erhalten.

Seit seinen Anfängen gilt der *Gebhardt* als Standardwerk, als wichtige Referenz der deutschen Geschichtsschreibung. In seinen Wandlungen von der ersten bis zur zehnten Auflage ist er dem Anspruch treu geblieben, den sein ursprünglicher Herausgeber formuliert hatte: »eine vollständige, dem gegenwärtigen Stande der Wissenschaft entsprechende deutsche Geschichte« zu sein. Blickt man auf die Geschichte des Handbuches zurück, so entstanden dabei Ausgaben, die jeweils ein Höchstmaß dessen repräsentierten, was fachlich möglich war. Mehr noch: in ihrer Folge betrachtet, bilden die Handbücher eine zuverlässige Dokumentation deutscher Historiographie, eine eigene Geschichte dessen, was jeweils Geschichtsschreibung hat sein können.

Die zehnte Auflage trägt den traditionell hohen Maßstäben Rechnung. Wie stets werden die knappen, konzentrierten Darstellungen der Epochen oder Teilepochen ergänzt durch detaillierte Angaben zu Hilfsmitteln, Quellen und zur weiterführenden Literatur. Neu ist die Konzeption: Sie folgt einem integrierenden Verständnis von Geschichte und überwindet die Trennung der Teildisziplinen durch eine umfassende Darstellung jedes Zeitabschnittes in seinen wichtigsten Aspekten.

Das Bild der Historiker von der deutschen Geschichte hat sich in den letzten Jahrzehnten radikal gewandelt. Für die Zeiträume von ihrem Beginn im frühen Mittelalter bis zur Geschichte unserer unmittelbaren

Gegenwart gilt: Die Forschung hat neue Einsichten ergeben und alte »Wahrheiten« obsolet gemacht. Ganze Lebensbereiche wurden neu erschlossen und dem historischen Gesamtbild einverleibt, nach der Sozialgeschichte die Geschlechter- und die Geschichte des privaten Lebens, zuletzt die Geschichte kultureller Praktiken und kollektiver Erinnerungen. Vor allem aber haben sich als Folge der tiefen Umbrüche der Gegenwart, zuletzt in der Zäsur von 1989/90, die Gesichtspunkte verändert, mit denen wir unsere Geschichte befragen, kategorisieren und deuten.

Zu Beginn des 21. Jahrhunderts ist das Verständnis deutscher Geschichte weder von nationalistischem Hochgefühl und nationaler Hybris geprägt – wie so oft im 19. und 20. Jahrhundert – noch von Desorientierung und Katastrophenangst zerklüftet, die nach dem Bruch von 1933–45 nahelagen. Das Bild von der deutschen Geschichte ist europäischer geworden, zugleich differenzierter, vielseitiger und pluralistischer. Es ist auf dem Weg, im globalen Zusammenhang neu konturiert zu werden.

In bisher neun Auflagen – seit 1891 – hat der *Gebhardt* das Grundwissen über deutsche Geschichte versammelt, nach dem jeweiligen Stand der Forschung geordnet und im Lichte der sich wandelnden Gegenwartsfragen interpretiert. Dies tut auch der neue *Gebhardt*, der in 10. Auflage ab 2001 erscheint: völlig neu konzipiert und gegliedert, von ausgewiesenen Fachkennern verfaßt und für ein breites Publikum geschrieben. Er fußt auf dem modernen Forschungsstand; er führt in die Forschungsliteratur ein, die er ausführlich zitiert; er wählt das Wesentliche aus und bietet Gesichtspunkte zu vielfältiger Interpretation: deutsche Geschichte über anderthalb Jahrtausende aus einer Perspektive des 21. Jahrhunderts. Anders als frühere Auflagen integriert der neue *Gebhardt* Politik-, Sozial-, Kultur- und Wirtschaftsgeschichte gleichgewichtig, statt die Geschichte der Politik erdrückend in den Mittelpunkt zu rücken. Der neue *Gebhardt* unterscheidet sich klarer als frühere Auflagen von einer bloßen Chronik deutscher Geschichte. Er ist analytischen Ansätzen verpflichtet, stellt explizit Fragen, macht Angebote für weiterführende Interpretation. Er versammelt das gesicherte Wissen und berichtet über gültige Interpretationen. Er bezeichnet aber auch Lücken im Forschungsstand, identifiziert das Fragwürdige, stellt sich Kontroversen und weist auf offene Probleme hin.

Anders als andere Synthesen zur deutschen Geschichte ist der *Gebhardt* ein Handbuch, an dem zahlreiche Autoren zusammen gearbeitet haben. Das Werk ist deshalb nicht durch das individuelle Urteil einer Person geprägt, es ist vielmehr nuancenreicher und vielfältiger, distanzierter und »objektiver«. Anders als andere Serien zur deutschen Geschichte löst der *Gebhardt* seinen Gegenstand nicht in einzelne Probleme und Themen auf. Vielmehr besteht er auf der Notwendigkeit, den historischen Zusammenhang zu rekonstruieren und diesen chronologisch, mit dem vorwiegenden Interesse am Wandel in der Zeit, darzustellen.

In den letzten Jahrzehnten haben die Landes-, Regional- und die Mikrogeschichte an Bedeutung gewonnen. In den letzten Jahren ist klar geworden, daß die Internationalisierung der historischen Arbeit neu auf der Tagesordnung steht und transnationale Zugriffe gesucht werden. Doch bleibt der nationalgeschichtliche Zugang zur eigenen Geschichte überall wichtig. Es kommt darauf an, ihn nicht zu verabsolutieren, sondern mit der Geschichte kleinerer Einheiten wie mit der Geschichte transnationaler Zusammenhänge zu vereinbaren. Diesem Ziel dient der neue *Gebhardt*, der ein Handbuch deutscher Geschichte ist, aber die deutsche Geschichte in ihrer regionalen Vielfalt und in ihren europäischen Zusammenhängen vorstellt.

Der neue *Gebhardt* erscheint in 24 Bänden unterschiedlichen Umfangs: Die Bände 1–8 setzen bei der Spätantike ein und führen bis zum Ende des Mittelalters; diese Bände werden von Alfred Haverkamp herausgegeben. Die Bände 9–12 sind der Frühen Neuzeit bis zum Beginn des 19. Jahrhunderts gewidmet, die Wolfgang Reinhard als Herausgeber betreut. Die Bände 13–17 beschäftigen sich mit dem »langen 19. Jahrhundert« bis zum Ersten Weltkrieg, unter der Herausgeberschaft von Jürgen Kocka. Dem 20. Jahrhundert sind die Bände 18–23 gewidmet und werden von Wolfgang Benz herausgegeben. Das Gesamtwerk mit 24 Bänden soll im Jahr 2007 vorliegen.

Üblicherweise wird dem »Mittelalter« die Zeitspanne von etwa einem Jahrtausend zwischen dem 4. und 16. Jahrhundert zugerechnet, wobei sich die mehr oder weniger weit gefaßten Ränder mit der »Antike« und der »Neuzeit« überlappen. In diesen Jahrhunderten erhielt der lateinische Westen, der Okzident, neue und bis heute stark nachwirkende Konturen. Zugleich wurden in diesem weiten Kontext wie im engen Verbund mit dem ostfränkischen und dem römisch-deutschen Reich die Grundlagen und Grundzüge der deutschen Geschichte geschaffen. Dazu gehören das föderale Gefüge und die Gemeinde. Die großen historischen Zusammenhänge offenbaren sich ebenfalls in den unterschiedlichen, wiederum bis in die Gegenwart nachwirkenden Gestaltungen der erst spät als »Deutschland« verstandenen deutschen Lande. Diese landschaftliche Vielfalt bietet tragfähige Brücken zur europäischen Geschichte. Es bestanden vielfältige Verflechtungen zwischen römisch-antiken, germanischen und slawischen Traditionssträngen bei unterschiedlichen Prägungen von Heidentum, Christentum und Judentum. Um anachronistische Betrachtungsweisen zu vermeiden, ist die »deutsche Geschichte« des Mittelalters in ihren engen Verknüpfungen mit der Geschichte des Römischen Reichs, der lateinischen Christenheit, des Mittelmeerraumes und des Okzidents zu konzipieren. Die damit zusammenhängenden Fragen über die Grundlagen, die Grundzüge, die Einflüsse und Auswirkungen, die Reichweiten und die räumliche Gliederung, die Phasen der deutschen Geschichte und die leitenden Aspekte stehen im Zentrum der Einleitung des Herausgebers im ersten Band. Band 1 behandelt die vielschichtigen, mediterran und kontinental geprägten Grundlagen von der Spätantike bis zum Beginn des 8. Jahrhunderts unter besonderer Berücksichtigung jener mitteleuropäischen Räume, in denen das römisch-ostfränkische-deutsche Reich seine diversen Ausformungen erhielt. Im Zentrum des zweiten Bandes steht das Karolingerreich, jedoch mit einem Schwerpunkt auf dem in den Reichsteilungen fixierten Ostfrankenreich (714/715–887/888). Band 3 schildert die Vorgänge und Zusammenhänge, die bis zum ersten Viertel des 11. Jahrhunderts (1024) zu einer stärkeren Verankerung der Reichsherrschaft in den erst spät christianisierten Gebieten östlich des Rheins führen. Wie sich auf dieser veränderten Basis anschließend in der Zeit der Salier (1024–1125) die Konturen einer »deutschen« Geschichte innerhalb der Reichsherrschaft und der nunmehr von kräftigeren amtskirchlichen Impulsen geprägten römisch-lateinischen Christenheit im Kontext weiterer tiefgreifender Veränderungen deutlicher abzeichnen, steht im Mittelpunkt des vierten Bandes. Dem folgen im fünften Band Darlegungen über die von neuen Anstößen und Verquickungen mit der europäischen und mediterranen Geschichte bestimmten Jahrzehnte bis zum endenden 12. Jahrhundert. Band 6 umfaßt die Zeitspanne von der keineswegs nur negativ zu beurteilenden Krise der Reichsherrschaft im staufisch-welfischen Thronstreit über die Regierungszeit Friedrichs II., in der der Schwerpunkt der Reichsherrschaft wie nie zuvor seit der Spätantike im mediterranen Süden lag und zugleich im kontinentalen römisch-deutschen Reich lokale – gemeindliche und regionale – Kräfte größeres Gewicht gewannen, bis zum Auseinanderbrechen der imperialen Klammer im sogenannten Interregnum (1198–1273). Daran fügt sich die Darstellung der Zeitspanne zwischen der Reichsherrschaft Rudolfs von Habsburg und der Katastrophe des Schwarzen Todes um die Mitte des 14. Jahrhunderts. Band 7 analysiert die Schwerpunktverlagerung der Reichspolitik und die damit zusammenhängenden Faktoren, die die deutsche Geschichte in der Zeit zwischen 1346/47 und 1410 neu gestalten. Dafür bietet der achte Band für die Zeitspanne bis zum ersten selbständigen Reichstag von Worms (1495) weitere Einsichten wiederum aus größerem Blickwinkel.

Deutschland in der Frühen Neuzeit, die hier zum ersten Mal im *Gebhardt* als eigene Epoche begriffen wird, war die Zeit des Alten Reiches, das 1495 Gestalt annahm und 1806 unterging. Die Krisen der Reformation und des Dreißigjährigen Krieges haben die Struktur dieser einzigartigen politischen Lebensform, die erst heute angemessen gewürdigt werden kann, entscheidend geprägt. Deutschland hat seine große wirtschaftliche und kulturelle Bedeutung, die es zu Beginn besaß, zwar nicht halten können. Die Führung ging auf andere Länder über. Aber die Deutschen bildeten innerhalb der allgemeinen wirtschaftlichen und gesellschaftlichen Entwicklung Europas konfessionelle Varianten einer nationalen Kultur aus, die ebenso wie die deutsche Wirtschaft trotz Krisen und Kriegen ein bleibendes Erbe hinterlassen hat.

In diesem Zusammenhang behandelt Band 9 die Problematik der deutschen Geschichte des 16.–18. Jahrhunderts als eigener Epoche und stellt die Grundlagen im Zeitalter von Reichsreform und Reformation dar. Band 10 handelt vom konfessionellen Zeitalter und vom Dreißigjährigen Krieg. Band 11 schildert die Vollendung und Neuorientierung des Alten Reiches, Band 12 den beschleunigten Wandel von Reichsstruktur und Gesellschaft seit 1763.

Es ist üblich geworden, vom »langen 19. Jahrhundert« in Deutschland und Europa zu sprechen, das von dem Epocheneinschnitt der Französischen Revolution bis zum Ersten Weltkrieg reichte. Die neue Auflage des *Gebhardt* nähert sich dieser Sichtweise an, jedoch nicht zur Gänze. Band 13 stellt das 19. Jahrhundert als Epoche der entstehenden klassischen Moderne vor. Es folgt ein Band über Deutschland im Zeitalter der Napoleonischen Kriege, im Vormärz und in der Revolution von 1848/49. Der häufig zu wenig in seinem Eigengewicht gewürdigte Zeitabschnitt zwischen Revolution und Reichsgründung ist das Thema von Band 15. Das Bild des Kaiserreichs hat sich seit den 1970er Jahren erheblich geändert; Band 16 bietet eine Synthese auf dem neuesten Forschungsstand. Das 19. Jahrhundert wird als Epoche der Industrialisierung, des rasanten Bevölkerungswachstums und der großen Wanderungen begriffen, als Jahrhundert der Nationalstaaten und der Nationenbildung, der bürgerlichen Gesellschaft, ihrer Kultur und ihrer Konflikte, und schließlich auch als bürgerliches Jahrhundert im Sinne zunehmend verwirklichter Zivilgesellschaft. Es endete in der Katastrophe des Ersten Weltkriegs, der in Band 17 behandelt wird.

Der Erste Weltkrieg bezeichnet eine Zäsur, die das 20. Jahrhundert mit dramatischen Entwicklungen in Technik und Wissenschaft und mit Brüchen in den politischen und sozialen Konstellationen, im Welt- und Menschenbild der früheren Geschichte unterscheidet. Das Ende der Hegemonie Europas stand am Anfang, die Globalisierung am Ende des Jahrhunderts. Die ökonomischen und politischen Folgen der gegenwärtigen Revolution aller Informations- und Kommunikationssysteme sind noch ebensowenig abzusehen wie die ethischen Probleme einer Entwicklung, die mit der Gentechnologie in die Baupläne des Lebens eingreift. Dies sind transnationale Probleme. Nationalgeschichtliche Zusammenhänge waren gleichwohl prägend, und sie zu beschreiben bleibt für das Verständnis der Triebkräfte und Wirkungen politischen und sozialen Handelns unerläßlich; sie müssen auch im Zeitalter internationaler Krisen und Konflikte und der supranationalen Konkurrenz politischer Systeme und Ideologien im Blick behalten werden.

Die Weimarer Republik hat doppelte Bedeutung als Formierungsphase der Ideologie des Nationalsozialismus und als gescheiterter Versuch, deutsche Sonderwege zu beenden. Die nationalsozialistische Diktatur als Realisierung der aggressivsten Version aller faschistischen Bewegungen in Europa war mehr als der Kulminationspunkt des deutschen Nationalismus, der mit rassenideologischer Dominanz und unbeschränktem Vernichtungswillen in Konkurrenz zum Kommunismus als Idee und Herrschaftssystem trat. Nationalsozialismus verstand sich ebenso als Gegenentwurf zur westlichen Demokratie und entfesselte mörderische Energien gegen Minderheiten wie gegen Nationen, die im Zweiten Weltkrieg, im Völkermord an den Juden, im Weltanschauungskampf gegen die Sowjetunion und nach der Okkupation weiter Teile Europas im Zusammenbruch endeten. Der Verlust von Staatlichkeit und Territorium, Leben unter Besatzungsherrschaft, Vertreibung und Kontrolle kennzeichnen die deutsche Geschichte nach 1945, die in zwei Staaten in gegensätzlichen Weltsystemen eingebunden als Teil des Kalten Krieges und der Konkurrenz der Supermächte verläuft.

Die Wende 1989/90 als Folge des Untergangs des kommunistischen Systems wurde zur Herausforderung unverhoffter Einheit der beiden deutschen Staaten, deren antagonistische Entwicklung zwangsläufig eine soziale und kulturelle Vereinigungskrise zur Folge hatte. Die Brüche und Verwerfungen Deutschlands nach 1990 sind trotzdem nicht als Erscheinungen der Rückkehr zum Nationalstaat zu begreifen, sondern als sozialgeschichtliche und gesellschaftliche Probleme vor dem Hintergrund neuer europäischer und globaler Strukturen.

Alfred Haverkamp · Wolfgang Reinhard · Jürgen Kocka · Wolfgang Benz
Januar 2001

VORBEMERKUNG

Die nachstehende Darstellung der Geschichte des Ersten Weltkrieges ist ein Bestandteil der von Jürgen Kocka herausgegebenen Bandfolge 13–17 über das 19. Jahrhundert (1806–1918). Es entspricht in seiner Anordnung und dem Nachweis der Quellen und Literatur den Vorgaben für die 10. Auflage des *Gebhardt*. Gleichwohl ist sie als knappe, aber möglichst flächendeckende Präsentation angelegt und liest sich durchaus als eigenständige Darstellung. Sie bemüht sich, vor dem Hintergrund der militärischen und politischen Ereignisse die tiefgreifenden Veränderungen der deutschen Gesellschaft als Folge der Kriegführung sowie die dramatischen Verwerfungen der mentalen Strukturen insbesondere der Führungsschichten, ferner die sich stetig verschärfende Notlage der breiten Schichten der Bevölkerung und nicht zuletzt die sich wandelnden Formen der Erfahrung von Tod und Entbehrung, die alle Volksschichten mit allerdings unterschiedlicher Intensität traf, möglichst gleichgewichtig zu behandeln.

Die schweren Erschütterungen der politischen und gesellschaftlichen Ordnung als Folge des Krieges, aber auch die Versäulung der intellektuellen und kulturellen Eliten und die Entstehung eines aggressiven rassischen Nationalismus, der mit einem virulenten Antisemitismus einherging, verhinderten eine dauerhafte Stabilisierung der politischen Ordnung. Auf solche Weise wurde am Ende dem Aufstieg des Nationalsozialismus zur Macht der Weg bereitet.

Wolfgang J. Mommsen

VERZEICHNIS DER ABKÜRZUNGEN

ADB	Allgemeine Deutsche Biographie
AFGK	Archiv für Frankfurts Geschichte und Kunst
AfS	Archiv für Sozialgeschichte
AGS	Archiv für die Geschichte des Sozialismus und der Arbeiterbewegung
AHR	American Historical Review
AJS	American Journal of Sociology
AKG	Archiv für Kulturgeschichte
ASS	Archiv für Sozialwissenschaft und Sozialpolitik
BDLG	Blätter für deutsche Landesgeschichte
BGA	Beiträge zur Geschichte der Arbeiterbewegung
BHR	Business History Review
BHS	Beiträge zur Historischen Sozialkunde
CEH	Central European History
CSSH	Comparative Studies in Society and History
DVS	Deutsche Vierteljahresschrift
EDG	Enzyklopädie Deutscher Geschichte
EHQ	European History Quarterly
EHR	English Historical Review
ESS	Encyclopaedia of the Social Sciences, 15 Bde.
FBPG	Forschungen zur brandenburgischen und preußischen Geschichte
FOG	Forschungen zur osteuropäischen Geschichte
Francia	Francia. Forschungen zur westeuropäischen Geschichte
GG	Geschichte und Gesellschaft
GGr	Geschichtliche Grundbegriffe
GWU	Geschichte in Wissenschaft und Unterricht
HDWSG	Handbuch der deutschen Wirtschafts- und Sozialgeschichte
HEG	Handbuch der Europäischen Geschichte
HEWS	Handbuch der Europäischen Wirtschafts- und Sozialgeschichte
HJ	Historical Journal
HJb	Historisches Jahrbuch

	Verzeichnis der Abkürzungen
HPB	Historisch-Politisches Buch
HSF	Historische Sozialforschung
HSR	Historical Social Research
HT	History and Theory
HW	History Workshop
HZ	Historische Zeitschrift
IASL	Internationales Archiv für Sozialgeschichte der deutschen Literatur
IESBS	International Encyclopedia of the Social and Behavioral Sciences
IESS	International Encyclopaedia of the Social Sciences, 17 Bde.
IRSH	International Review of Social History
IWK	Internationale Wissenschaftliche Korrespondenz zur Geschichte der deutschen Arbeiterbewegung
JbS	Jahrbuch für Sozialwissenschaft
JbSBPS	Jahrbuch für die amtliche Statistik des Preußischen Staats
JbVK	Jahrbuch für Volkskunde und Kulturgeschichte
JbWG	Jahrbuch für Wirtschaftsgeschichte
JCH	Journal of Contemporary History
JEEH	Journal of European Economic History
JEH	Journal of Economic History
JHI	Journal of the History of Ideas
JIH	Journal of Interdisciplinary History
JMH	Journal of Modern History
JSH	Journal of Social History
KSG	Kritische Studien zur Geschichtswissenschaft
KZSS	Kölner Zeitschrift für Soziologie und Sozialpsychologie
MEGA	Marx-Engels Gesamtausgabe
MEW	Marx-Engels Werke, 39 Bde.
MGM	Militärgeschichtliche Mitteilungen
MIÖG	Mitteilungen des Instituts für Österreichische Geschichtsforschung
MWG	Max Weber Gesamtausgabe
NDB	Neue Deutsche Biographie
NPL	Neue Politische Literatur

PP	Past and Present
PSQ	Political Science Quarterly
PVS	Politische Vierteljahrschrift
RH	Revue Historique
RHES	Revue d'Histoire Economique et Sociale
RHM	Revue d'Histoire Moderne
RHMC	Revue d'Histoire Moderne et Contemporaine
Saec	Saeculum. Jahrbuch für Universalgeschichte
SH	Social History
SM	Scripta Mercaturae
Sowi	Sozialwissenschaftliche Informationen
SSH	Social Science History
StdDtR	Statistik des Deutschen Reichs
StorStor	Storia della storiografia
TechnikG	Technikgeschichte
TRE	Theologische Realenzyklopädie
VSDR	Vierteljahrshefte zur Statistik des Deutschen Reichs
VSWG	Vierteljahrschrift für Sozial- und Wirtschaftsgeschichte
WZB	Wissenschaftszentrum Berlin
ZAA	Zeitschrift für Agrargeschichte und Agrarsoziologie
ZBLG	Zeitschrift für Bayerische Landesgeschichte
ZfG	Zeitschrift für Geschichtswissenschaft
ZfO	Zeitschrift für Ostmitteleuropa-Forschung
ZfU	Zeitschrift für Unternehmensgeschichte
ZHF	Zeitschrift für Historische Forschung
ZKG	Zeitschrift für Kirchengeschichte
ZVdS	Zeitschrift des Vereins für deutsche Statistik

Allgemeine Quellen und Literatur (1789–1918) für die Bände 13–17

Vorbemerkung

Die folgende Bibliographie ist hochgradig selektiv und an der Gliederung von Band 13 orientiert. Sie konzentriert sich auf Werke übergreifenden Inhalts. Zur Periode und zu den Einzelproblemen, die in Band 17 behandelt werden, findet sich Literatur auf den Seiten 3–13. Der Reihentitel wird in der Regel nicht genannt, der Untertitel nur dann, wenn es aus Informationsgründen unabdingbar ist. Bei Werken, die (noch) im Erscheinen begriffen sind, wird der Fortsetzungsstrich angewendet (Bd. 1–). Die vor dem Erscheinungsjahr hochgestellte Auflagenziffer bezeichnet in der Regel die letzte *veränderte* Auflage.

Jürgen Kocka

1 Bibliographien, Literatur- und Forschungsberichte – *2* Handbücher, Nachschlagewerke, Lexika, Hilfsmittel – *3* Theorie, Methode, Geschichte der Geschichtsschreibung – *4* Zeitschriften – *5* Quellen – *6* Gesamtdarstellungen *a* Europa *b* Deutschland – *7* Das Jahrhundert der Industrialisierung – *a* Europa und allgemein *b* Deutschland *c* Einzelaspekte – *8* Das Jahrhundert der Bevölkerungsexplosion und der Wanderungen – *9* Das Jahrhundert der Nationalstaaten – *a* Nation, Nationalstaat, Nationalismus *b* Verfassung und Politik – *10* Ein bürgerliches Jahrhundert – *a* Klassenbildung und Arbeiter *b* Geschlechtergeschichte *c* Bürgertum, bürgerliche Kultur *d* Adel *e* Mittelschichten *f* Weitere Aspekte – *11* Die Modernität des 19. Jahrhunderts.

1 Bibliographien, Literatur- und Forschungsberichte

W. BAUMGART, Bücherverzeichnis zur deutschen Geschichte. Hilfsmittel, Handbücher, Quellen, ²1973; H. BERDING, Bibliographie zur Geschichtstheorie, 1977; Bibliographie für Zeitgeschichte, 1952–; Bibliographie zur Geschichte der deutschen Industrie- und Handelskammern und des Deutschen Industrie- und Handelstags, 1963; Bibliographie zur Städtegeschichte Deutschlands, Hg. E. KEYSER, 1969; F. C. DAHLMANN u. a., Quellenkunde der deutschen Geschichte. Bibliographie der Quellen und der Literatur zur deutschen Geschichte, Hg. H. HEIMPEL u. a., Bd. 1–11, 1969–1998; R. DIMPFEL, Biographische Nachschlagewerke, Adelslexika, Wappenbücher, 1922/1969; D. DOWE, Bibliographie zur Geschichte der deutschen Arbeiterbewegung, sozialistischen und kommunistischen Bewegung von den Anfängen bis 1863 (1945–1975), 1976; D. EMIG u. a., Arbeiterbewegung in Deutschland. Ein Dissertationsverzeichnis, 1977; G. FRANZ u. a., Historische Kartographie. Forschung und Bibliographie, ³1980; German History and Civilization 1806–1914. A Bibliography of Scholarly Periodical Literature, Hg. J. FOUT, 1974; Handbuch der bibliographischen Nachschlagewerke, Hg. W. TOTOK u. a., ⁴1972; A. HEIT, Bibliographie deutschsprachiger geschichtswissenschaftlicher Reihen nach Stücktiteln, Tl. 1, 1990; A. HEIT u. a., Maße und Gewichte des Mittelalters und der Neuzeit. Bibliographie zur Historischen Metrologie, Tl. 1, 1990; A. HEIT, Bibliographie deutschsprachiger Festschriften, Gedenkschriften und Sammelschriften aus dem Bereich der Geschichtswissenschaft, 1991; U. HERRMANN u. a., Bibliographie zur Geschichte der Kindheit, Jugend und Familie, 1980; Historical Abstracts, 1955– (CD-ROM); Historical Periodicals Directory, Hg. E. H. BOEHM, Bd. 1–5, 1981–1986; Historische Bibliographie, 1986– (CD-ROM); International Bibliography of Historical Sciences, 1926–; International Bibliography of Jewish History and Thought, 1984; Internationale Jahresbibliographie der Festschriften, 1, 1980 (1982)–; Jahrbuch der historischen Forschung in der Bundesrepublik Deutschland, Hg. R. MORSEY u. a., 1974–; Jahresberichte für deutsche Geschichte, 1925–1939/40, NF 1949– (CD-ROM 1991–); Katalog der Fest- und Denkschriften wirtschaftlicher Betriebe (Schacht-Sammlung), 1937; C. G. KAYSER, Vollständiges Bücherlexikon (Deutschland 1750–1910), Bd. 1–36, 1834–1911/1961–1963; O. LEISTNER, Internationale Bibliographie der Festschriften von den Anfängen bis 1979, Bd. 1–2, ²1984–1986; R. OBERSCHELP, Die Bibliographien zur deutschen Landesgeschichte und Landeskunde, ²1977; E. SAGARRA, Quellenbibliographie autobiographischer Schriften von Frauen im deutschen Kulturraum 1730–1918, in: IASL 11, 1986, 175–231; H.-G. SCHUMANN, Ausgewählte Bibliographie zur Geschichte der politischen Parteien in Deutschland, in: L. BERGSTRÄSSER u. a., Geschichte der politischen Parteien in Deutschland, 1965, 269–335; C. SEYFARTH u. a., Max-Weber-Bibliographie,

Allgemeine Quellen und Literatur (I, 2)   XXIII

²1982; J. STAMMHAMMER, Bibliographie des Sozialismus und Kommunismus, Bd. 1–3, ¹1893–1908, ²1963/64; Statistisches Jahrbuch für das Deutsche Reich, 1913, S. XIII-XXXII: Übersicht über die Veröffentlichungen des Kaiserlichen Statistischen Amtes; H. J. STEINBERG, Die deutsche sozialistische Arbeiterbewegung bis 1914. Eine bibliographische Einführung, 1979; H. STOOB u. a., Bibliographie zur deutschen historischen Städteforschung, 1986; K. TENFELDE u. a., Bibliographie zur Geschichte der deutschen Arbeiterschaft und Arbeiterbewegung 1863–1914 (1945–1975), 1981; H.-P. ULLMANN, Bibliographie zur Geschichte der deutschen Parteien und Interessenverbände, 1978; Wahlstatistik in Deutschland. Bibliographie 1848–1975, Hg. N. DIEDERICH u. a., 1976; H.-U. WEHLER, Bibliographie zur modernen deutschen Wirtschaftsgeschichte, 1976; H.-U. WEHLER, Bibliographie zur neueren deutschen Sozialgeschichte, 1993; B. WEISS, Literatur zur Geschichte der Naturwissenschaften und Technik, 1985; H. WESSEL, Bibliographie zur Unternehmensgeschichte, in: ZfU 22, 1977, 71–216; H. A. WINKLER u. a., Bibliographie zum Nationalismus, 1979; Women in Western European History, Hg. L. FREY u. a., 1982; World Bibliography of Bibliographies, Hg. T. BESTERMANN, Bd. 1–5, ⁴1965/66; World List of Historical Periodicals and Bibliographies, Hg. P. CARON u. a., 1939; W. ZAUNMÜLLER, Bibliographisches Handbuch der Sprachwörterbücher, 1958.

2 Handbücher, Nachschlagewerke, Lexika, Hilfsmittel
Allgemeine Deutsche Biographie, Bd. 1–56, 1875–1912; A. BETTELHEIM, Biographisches Jahrbuch und Deutscher Nekrolog, 1897–1917 f. d. Jahre 1896–1913 (fortgeführt als Deutsches Biographisches Jahrbuch, Bd. 1–11, 1914–1932); Biographisches Wörterbuch zur deutschen Geschichte, Bd. 1–3, ²1973–1975; A. von BRANDT, Werkzeug des Historikers, ¹⁵1998; G. DEHIO, Handbuch der deutschen Kunstdenkmäler (Neubearb.) 1971–; Deutscher Städteatlas, Hg. H. STOOB, Lfg. 1–, 1973–; Das Fischer Lexikon Geschichte, Hg. R. van DÜLMEN, 1990; G. FRANZ, Biographisches Wörterbuch zur deutschen Geschichte, 1952; Geschichte der deutschen Länder (Territorien-Ploetz), Bd. 2: Die deutschen Länder vom Wiener Kongreß bis zur Gegenwart, Hg. G. SANTE u. a., 1971; Geschichtliche Grundbegriffe, Hg. O. BRUNNER u. a., Bd. 1–8, 1972–1997; Großer Historischer Weltatlas, Tl. 3–4, Hg. Bayerischer Schulbuch-Verlag, ⁴1981–1995; H. GROTE-

FEND, Zeitrechnung des deutschen Mittelalters und der Neuzeit, Bd. 1–2, 1891–1898; Handbuch der historischen Stätten Deutschlands, Bd. 1–15, 1958–1998; Handwörterbuch des deutschen Aberglaubens, Bd. 1–9, Reg.-Bd., 1927–1942; Hilfswörterbuch für Historiker. Mittelalter und Neuzeit, Hg. E. HABERKERN u. a., 1935; G. KOEBLER, Historisches Lexikon der deutschen Länder, ²1989; W. KOSCH, Biographisches Staatshandbuch. Lexikon der Politik, Presse und Publizistik, Bd. 1–2, 1963; Kürschners Deutscher Gelehrtenkalender, Bd. 1–3, ¹⁸2001; Lexikon für Theologie und Kirche, Bd. 1–10, ³1993–; MEYERS Handbuch der Geschichte. Bd. 1: Lexikon der historischen Persönlichkeiten, 1968; Neue Deutsche Biographie (NDB), Bd. 1–, 1953–; Österreichischer Städteatlas, Hg. F. CZEIKE u. a., Lfg. 1–, 1982–; E. OPGENOORTH, Einführung in das Studium der Neueren Geschichte, 1969; PLOETZ. Epochen der modernen Geschichte, Hg. G. NIEMETZ u. a., 1986; Der Große Ploetz, ³²1998; F.-W. PUTZGER, Historischer Weltatlas, 1991; M. SCHEUCH, Historischer Atlas Österreichs, 1994; M. SCHWARZ, MdR, Biographisches Handbuch der Reichstage, 1965; B. SPULER, Regenten und Regierungen der Welt, Tl. 2: Neuere Zeit (1492–1965), Bd. 1–3, ²1962–1966; Theologische Realenzyklopädie (TRE), Bd. 1–, 1977–.

3 Theorie, Methode, Geschichte der Geschichtsschreibung
K. ACHAM u. a., Methoden der Geschichtswissenschaft und Archäologie, 1974; Alltagsgeschichte, Hg. A. LÜDTKE, 1989; E. BERNHEIM, Lehrbuch der historischen Methoden und der Geschichtsphilosophie, ⁵ᐟ⁶1914; M. BLOCH, Apologie der Geschichte oder Der Beruf des Historikers, Hg. L. FEBVRE, 1985; J. BURCKHARDT, Weltgeschichtliche Betrachtungen, Hg. P. GANZ, 1982; A. C. DANTO, Analytical Philosophy of History, 1965 (dt. Analytische Philosophie der Geschichte, 1973); Deutsche Geschichtswissenschaft nach dem Zweiten Weltkrieg, Hg. E. SCHULIN, 1989; J. G. DROYSEN, Historik, ⁸1977; R. J. EVANS, Fakten und Fiktionen. Über die Grundlagen historischer Erkenntnis, 1998; K.-G. FABER, Theorie der Geschichtswissenschaft, ⁵1982; H.-G. GADAMER, Wahrheit und Methode, ²1965; Geschichte schreiben in der Postmoderne, Hg. C. CONRAD u. a., 1994; Geschichte und Vergleich, Hg. H.-G. HAUPT u. a., 1996; Geschichtsdiskurs, Hg. W. KÜTTLER u. a., Bd. 1–5, 1993–1999; D. GROH, Anthropologische Dimensionen der Geschichte, 1992; J. HABERMAS, Zur Logik der So-

zialwissenschaften, ²1970; Handbuch der Geschichtsdidaktik, Hg. K. BERGMANN, Bd. 1–2, ³1985; W. HARDTWIG, Geschichtskultur und Wissenschaft, 1990; O. HINTZE, Soziologie und Geschichte, Hg. G. OESTREICH, ³1982; E. HOBSBAWM, On History (dt. Wieviel Geschichte braucht die Zukunft?), 1998; G. G. IGGERS, Deutsche Geschichtswissenschaft, ²1997; G. G. IGGERS, Geschichtswissenschaft im 20. Jahrhundert, 1993; K. H. JARAUSCH u. a., Quantitative Methoden in der Geschichtswissenschaft, 1985; J. KOCKA, Sozialgeschichte, ²1986; R. KOSELLECK, Zeitgeschichten. Studien zur Historik, 2000; T. S. KUHN, Die Struktur wissenschaftlicher Revolutionen, 1967; C. LORENZ, Konstruktion der Vergangenheit, 1997; Kultur & Geschichte, Hg. C. CONRAD u. a., 1998; Max Weber, der Historiker, Hg. J. KOCKA, 1986; H. MEDICK, »Missionare im Ruderboot«? Ethnologische Erkenntnisweisen als Herausforderung an die Sozialgeschichte, in: GG 10, 1984, 295–314; J. MERAN, Theorien in der Geschichtswissenschaft, 1985; W. J. MOMMSEN, Die Geschichtswissenschaft jenseits des Historismus, ²1972; U. MUHLACK, Geschichte und Theorie der Geschichtswissenschaft, in: GWU 49, 1998, 119–136, 187–199, 246–259, 360–369; T. NIPPERDEY, Gesellschaft, Kultur, Theorie, 1976; Objektivität und Parteilichkeit in der Geschichtswissenschaft, Hg. R. KOSELLECK, 1977; O. G. OEXLE, Geschichtswissenschaft im Zeichen des Historismus, 1996; Probleme der marxistischen Geschichtswissenschaft, Hg. E. ENGELBERG, 1972; J. RÜSEN, Grundzüge einer Historik, Bd. 1–3, 1983–1989; T. SCHIEDER, Geschichte als Wissenschaft, ²1965/1968; W. SCHULZE, Deutsche Geschichtswissenschaft nach 1945, 1993; W. SCHULZE, Sozialgeschichte, Alltagsgeschichte, Mikro-Historie, 1994; L. STONE, The Past and the Present, 1981; Theorie der modernen Geschichtsschreibung, Hg. P. ROSSI, 1987; Theorie und Erzählung in der Geschichte, Hg. J. KOCKA u. a., 1979; Über das Studium der Geschichte, Hg. W. HARDTWIG, 1990; M. WEBER, Wirtschaft und Gesellschaft. Grundriß der verstehenden Soziologie. Studienausgabe, 1956; M. WEBER, Gesammelte Aufsätze zur Wissenschaftslehre, ⁴1973; H.-U. WEHLER, Deutsche Historiker, 1973; H.-U. WEHLER, Historische Sozialwissenschaft und Geschichtsschreibung, 1980; H. V. WHITE, Metahistory, 1991.

4 Zeitschriften
American Historical Review (AHR), 1895/96–; Annales, 1929– (zunächst: Annales d'histoire économique et sociale; ab 1946: Annales. Economies. Sociétés. Civilisations [Annales ESC], ab 1994: Annales. Histoire, Science Sociales [Annales HSS]); Archiv für Kulturgeschichte (AKG), 1903–; Archiv für Sozialgeschichte (AfS), 1961–; Beiträge zur Geschichte der deutschen Arbeiterbewegung, 1959–; Blätter für deutsche Landesgeschichte (BDLG), 1853–; Central European History (CEH), 1968–; Comparative Studies in Society and History (CSSH), 1958/59–; English Historical Review (EHR), 1886–; Forschungen zur brandenburgischen und preußischen Geschichte (FBPG), 1888–1943, NF 1991–; Forschungen zur Osteuropäischen Geschichte (FOG), 1954–; Francia. Forschungen zur westeuropäischen Geschichte (Francia), 1973–; Gender & History, 1989–; Geschichte in Wissenschaft und Unterricht (GWU), 1950–; Geschichte und Gesellschaft (GG), 1975–; Historical Social Research – Historische Sozialforschung (HSR), 1979–; Historisch-politisches Buch (HPB), 1953–; Historische Anthropologie, 1993–; Historische Zeitschrift (HZ), 1859–; Historisches Jahrbuch (HJb), 1880–; History. The Journal of the Historical Association, 1916/17–; History and Computing, 1987–; History and Theory (HT), 1960–; L'Homme. Zeitschrift für Feministische Geschichtswissenschaft, 1990–; International Review of Social History (IRSH), 1956–; Internationale Wissenschaftliche Korrespondenz zur Geschichte der deutschen Arbeiterbewegung (IWK), 1965–; Jahrbuch für Geschichte, 1966–; Jahrbuch für Wirtschaftsgeschichte (JbWG), 1960–; Jahrbücher für Geschichte Osteuropas (JbbGO), 1936–; Jahrbücher für Nationalökonomie und Statistik, 1862–; Journal of Contemporary History, 1966–; Journal of Economic History (JEH), 1941–; Journal of European Economic History (JEEH), 1972–; Journal of Family History, 1976–; Journal of Interdisciplinary History (JIH), 1970–; Journal of Modern History (JMH), 1929–; Labor History, 1960–; Militärgeschichtliche Mitteilungen (MGM), 1967–; Le Mouvement Social, 1952–; Neue Politische Literatur (NPL), 1956–; Past & Present (PP), 1952–; Revue d'histoire moderne et contemporaine (RHMC), 1954–; Revue historique (RH), 1876–; Schmollers Jahrbuch für Wirtschafts- und Sozialwissenschaften, 1877–1970, NF Zeitschrift für Wirtschafts- und Sozialwissenschaften, 1971–; Saeculum. Jahrbuch für Universalgeschichte (Saec),

1950–; Scripta Mercaturae (SM), 1967–; Social History (SH), 1976–; Sozialwissenschaftliche Informationen für Unterricht und Studium, 1972–; Storia della storiografia (StorStor), 1982–; Technikgeschichte (TechnikG), 1965–; Tel Aviver Jahrbuch für deutsche Geschichte, 1972–; Tradition. Zeitschrift für Firmengeschichte und Unternehmerbiographie, 1956–1976, NF Zeitschrift für Unternehmensgeschichte (ZfU), 1977–; Urban History (Yearbook), 1974–; Vierteljahrschrift für Sozial- und Wirtschaftsgeschichte (VSWG), 1903–; Zeitschrift für Agrargeschichte und Agrarsoziologie (ZAA), 1953–; Zeitschrift für Bayerische Landesgeschichte (ZBLG), 1928–1943/44, 1946–; Zeitschrift für die Geschichte des Oberrheins (ZGO), 1886–; Zeitschrift für Geschichtswissenschaft (ZfG), 1953–; Zeitschrift für Historische Forschung (ZHF), 1974–; Zeitschrift für Kirchengeschichte (ZKG), 1887–; Zeitschrift für Ostmitteleuropa-Forschung. NF der Zeitschrift für Ostforschung (ZfO), 1952–.

5   Quellen

Acta Borussica, Abt. A-B, Berlin 1892–1982; Bevölkerung und Wirtschaft 1872–1972, Hg. Statistisches Bundesamt, 1972; Das Deutsche Kaiserreich 1871–1918. Ein historisches Lesebuch, Hg. G. A. RITTER, [4]1981; Freiherr vom Stein-Gedächtnisausgabe. Ausgewählte Quellen zur deutschen Geschichte des Mittelalters und der Neuzeit, Reihe A-D, 1955–; G. F. W. GHILLANY, Diplomatisches Handbuch 1648–1867, Bd. 1–3, 1855–1868; W. H. HUBBARD, Familiengeschichte. Materialien zur deutschen Familie seit dem Ende des 18. Jahrhunderts, 1983; de MARTENS, Recueil des principaux traités d'alliance, de paix, de trêve ⟨...⟩ depuis 1761 jusqu'à présent [= 1808], 3 Serien, 1893–1944; K. MARX u. F. ENGELS, Über Deutschland und die deutsche Arbeiterbewegung, 3 Bde, hg. v. Institut für Marxismus-Leninismus beim ZK der SED, [4]1961, 1970, 1980 (Sammlung einschlägiger Schriften, Briefe und Auszüge); Die Politischen Testamente der Hohenzollern, Hg. R. DIETRICH, 1986; Die Protokolle des Preußischen Staatsministeriums 1817–1934/38, Hg. Berlin-Brandenburgische Akademie der Wissenschaften, 1. Reihe (= Acta Borussica NF), 1999–; Quellen und Forschungen zur historischen Statistik von Deutschland, Hg. W. FISCHER u. a., Bd. 1–17, 1986–1995; Quellen zur Bevölkerungs-, Sozial- und Wirtschaftsstatistik Deutschlands 1815–1875, Hg. W. KÖLLMANN, Bde. 1–5, 1980–1995; Quellen zur deutschen Wirtschafts- und Sozialgeschichte im 19. Jahrhundert bis zur Reichsgründung, Hg. W. STEITZ, 1980; Quellen zur deutschen Wirtschafts- und Sozialgeschichte von der Reichsgründung bis zum Ersten Weltkrieg, Hg. W. STEITZ, 1985; Quellensammlung zur Geschichte der deutschen Sozialgeschichte 1867 bis 1914, Hg. K. E. BORN u. a., 1966–; K. REIF, Die Welt seit 1945 (= Geschichte in Quellen, Bd. 6), 1980; G. SCHÖNBRUNN, Das Bürgerliche Zeitalter 1815–1914 (= Geschichte in Quellen, Bd. 4.2), 1980; H. SCHULTHESS, Europäischer Geschichtskalender, 1861–1940; Sozialgeschichtliches Arbeitsbuch I [1815–1870], Hg. W. FISCHER u. a., 1982; Sozialgeschichtliches Arbeitsbuch II [1870–1914], Hg. G. HOHORST u. a., ²1978; Vom Deutschen Bund zum Kaiserreich 1815–1871, Hg. W. HARDTWIG u. a. (= Deutsche Geschichte in Quellen und Darstellungen, Bd. 7), 1997; Von der Französischen Revolution bis zum Wiener Kongreß 1789–1915, Hg. W. DEMEL u. a. (= Deutsche Geschichte in Quellen und Darstellungen, Bd. 6), 1995.

6 Gesamtdarstellungen

a Europa: G. A. CRAIG, Geschichte Europas 1815–1980, 1988; Europa im Zeitalter der Nationalstaaten und europäische Weltpolitik bis zum Ersten Weltkrieg, Hg. T. SCHIEDER (= HEG, Bd. 6), 1968; Europa von der Französischen Revolution zu den nationalstaatlichen Bewegungen des 19. Jahrhunderts, Hg. W. BUSSMANN (= HEG, Bd. 5), 1981; E. FEHRENBACH, Vom Ancien Régime zum Wiener Kongreß, ³1993; L. GALL, Europa auf dem Weg in die Moderne 1850–1980, ³1997; R. GILDEA, Barricades and Borders. Europe 1800–1914, 1987; E. J. HOBSBAWM, Europäische Revolutionen. 1789–1848, 1962; E. J. HOBSBAWM, Die Blütezeit des Kapitals. Eine Kulturgeschichte der Jahre 1848–1875, 1977; E. J. HOBSBAWM, Das imperiale Zeitalter 1875–1914, 1989; D. LANGEWIESCHE, Europa zwischen Restauration und Revolution 1815–1849, ³1993; A. MAYER, Adelsmacht und Bürgertum. Die Krise der europäischen Gesellschaft 1848–1914, 1984; Der Mensch des 19. Jahrhunderts, Hg. U. FREVERT u. a., 1999; C. MORAZÉ, Das Gesicht des 19. Jahrhunderts, 1959; T. SCHIEDER, Staatensystem als Vormacht der Welt 1848–1918 (= Propyläen Geschichte Europas, Bd. 5), 1975; G. SCHMIDT, Der europäische Imperialismus, 1985; G. SCHÖLLGEN, Das Zeitalter des Imperialismus, ³1994; D. STERNBERGER, Gerechtigkeit für das 19. Jahrhundert, 1975, 11–63; E. TROELTSCH, Das Neunzehnte Jahrhundert (1913), in: DERS., Aufsätze zur Geistesgeschichte und Religionssoziologie, 1925, 614–649; E. WEIS, Der Durchbruch des Bürgertums 1776–1847 (= Propyläen Geschichte Europas, Bd. 4), 1978.

b Deutschland: V. R. BERGHAHN, Imperial Germany 1871–1914, 1994; D. BLACKBOURN, The Long Nineteenth Century. A History of Germany, 1780–1918, 1997; D. BLACKBOURN u. a., The Peculiarities of German History, 1984; M. BOTZENHART, Reform, Restauration, Krise. Deutsche Geschichte 1789–1847, 1985; G. A. CRAIG, Deutsche Geschichte 1866–1945, 1980; Deutsche Geschichte, Bd. 2: Von 1789 bis 1917, 1965 [Synthese aus DDR-historischer Sicht]; N. ELIAS, Studien über die Deutschen. Machtkämpfe und Habitusentwicklung im 19. und 20. Jahrhundert, 1989; K.-G. FABER, Deutsche Geschichte im 19. Jahrhundert. Restauration und Revolution von 1815 bis 1851 (= Handbuch der deutschen Geschichte, Hg. L. JUST, Bd. 3/Ib), 1979; E. FEHRENBACH, Verfassungsstaat und Nationsbildung 1815–1871 (= EDG, Bd. 22), 1992; German History since 1800, Hg. M. FULBROOK u. a., 1997; H. JAMES, Deutsche Identität 1770–1890, 1991; S. KOTT, L'Allemagne du XIXe siècle, 1999; W. LOTH, Das Kaiserreich. Obrigkeitsstaat und politische Mobilisierung, 1996; H. H. LUTZ, Zwischen Habsburg und Preußen. Deutschland 1815–1866, 1985; G. MANN, Deutsche Geschichte des 19. und 20. Jahrhunderts, 1958; H. MÖLLER, Fürstenstaat oder Bürgernation. Deutschland 1763–1815, 1989; W. J. MOMMSEN, Das Ringen um den nationalen Staat (1850–1890), 1993; W. J. MOMMSEN, Bürgerstolz und Weltmachtstreben (1890–1918), 1995; T. NIPPERDEY, Deutsche Geschichte 1800–1866, 1983; T. NIPPERDEY, Deutsche Geschichte 1866–1918, Bd. 1–2, 1990, 1992; J. RADKAU, Das Zeitalter der Nervosität. Deutschland zwischen Bismarck und Hitler, 1998; R. RÜRUP, Deutschland im 19. Jahrhundert 1815–1871, in: Deutsche Geschichte, Bd. 3, 1985, 3–200; Scheidewege der deutschen Geschichte. Von der Reformation bis zur Wende, 1517–1989, Hg. H.-U. WEHLER, 1995; F. SCHNABEL, Deutsche Geschichte im neunzehnten Jahrhundert, Bd. 1–4, 1929–1937; J. J. SHEEHAN, Der Ausklang des alten Reiches. Deutschland seit dem Ende des Siebenjährigen Krieges bis zur gescheiterten Revolution 1763–1850, 1994; W. SIEMANN, Gesellschaft im Aufbruch. Deutschland 1849–1871, 1990; W. SIEMANN, Vom

Staatenbund zum Nationalstaat. Deutschland 1806–1871, 1995; C. STERN u. a., Wendepunkte deutscher Geschichte 1848–1990, ²1994; M. STÜRMER, Das ruhelose Reich. Deutschland 1866–1918, 1983; H.-P. ULLMANN, Das Deutsche Kaiserreich 1871–1918, 1995; V. ULLRICH, Die nervöse Großmacht 1871–1918, 1997; H.-U. WEHLER, Das Deutsche Kaiserreich 1871–1918, in: Deutsche Geschichte, Bd. 3, 1985, 203–404 [bereits separat ³1977]; H.-U. WEHLER, Deutsche Gesellschaftsgeschichte, bish. Bd. 1–3 [1700–1914], 1987, 1995; H. A. WINKLER, Der lange Weg nach Westen, Bd. 1: Deutsche Geschichte vom Ende des Alten Reiches bis zum Untergang der Weimarer Republik, 2000.

7 Das Jahrhundert der Industrialisierung
a Europa und allgemein: C. BUCHHEIM, Industrielle Revolutionen. Langfristige Wirtschaftsentwicklung in Großbritannien, Europa und Übersee, 1994; The Economics of Take-Off into Sustained Growth, Hg. W. W. ROSTOW, 1963; Europäische Wirtschaftsgeschichte, Hg. C. M. CIPOLLA u. a. (dt. Ausg. v. The Fontana Economic History of Europe), Bd. 4 u. 5, 1977, 1986; A. GERSCHENKRON, Economic Backwardness in Historial Perspective, 1962; Handbuch der europäischen Wirtschafts- und Sozialgeschichte, Hg. W. FISCHER u. a., Bd. 4 u. 5, 1983, 1985; E. L. JONES, Das Wunder Europas. Umwelt, Wirtschaft und Geopolitik in der Geschichte Europas und Asiens, 1991; H. KIESEWETTER, Das einzigartige Europa. Zufällige und notwendige Faktoren der Industrialisierung, 1996; D. S. LANDES, Der entfesselte Prometheus. Technologischer Wandel und industrielle Entwicklung in Westeuropa von 1750 bis zur Gegenwart, 1973; D. S. LANDES, Wohlstand und Armut der Nationen. Warum die einen reich und die anderen arm sind, 1999; A. MILWARD u. a., The Economic Development of Continental Europe [1780–1914], Bd. 1–2, 1973, 1977; S. POLLARD, Peaceful Conquest. The Industrialization of Europe 1760–1970, 1981; S. POLLARD, Typology of Industrialization Processes in the Nineteenth Century, 1990; W. W. ROSTOW, Stadien wirtschaftlichen Wachstums, ²1967; W. SOMBART, Der moderne Kapitalismus, 6 Bde. (1902–1927), 1987; P. N. STEARNS, The Industrial Revolution in World History, 1993; I. WALLERSTEIN, The Modern World System, Bd. 1–3, 1974–1989; M. WEBER, Wirtschaftsgeschichte, 1923.

b Deutschland: K. BORCHARDT, Die Industrielle Revolution in Deutschland, 1972; W. FISCHER, Wirtschaft und Gesellschaft im Zeitalter der Industrialisierung, 1972; W. FISCHER, Expansion, Integration, Globalisierung. Studien zur Geschichte der Weltwirtschaft, 1998; German Industry and German Industrialization, Hg. W. R. LEE, 1991; H.-W. HAHN, Die Industrielle Revolution in Deutschland, 1998; Handbuch der deutschen Wirtschafts- und Sozialgeschichte (HDWSG), Hg. H. AUBIN u. a., Bd. 2, 1976; F.-W. HENNING, Die Industrialisierung in Deutschland 1800–1914, 1973; F.-W. HENNING, Handbuch der Wirtschafts- und Sozialgeschichte Deutschlands, Bd. 2: Deutsche Wirtschafts- und Sozialgeschichte im 19. Jahrhundert, 1996; W. HOFFMANN u. a., Das Wachstum der deutschen Wirtschaft seit der Mitte des 19. Jahrhunderts, 1965; H. KIESEWETTER, Industrielle Revolution in Deutschland 1815–1914, 1989; T. PIERENKEMPER, Gewerbe und Industrie im 19. und 20. Jahrhundert, 1994; R. SPREE, Wachstumstrends und Konjunkturzyklen in der deutschen Wirtschaft von 1820 bis 1913, 1978; R. H. TILLY, Vom Zollverein zum Industriestaat. Die wirtschaftlich-soziale Entwicklung Deutschlands 1834 bis 1914, 1990; U. WENGENROTH, Deutsche Wirtschafts- und Technikgeschichte im 19. und 20. Jahrhundert, in: Deutsche Geschichte, Hg. M. VOGT, 1987, 298–348.

c Einzelaspekte: Besiegte Natur. Geschichte der Umwelt im 19. und 20. Jahrhundert, Hg. F.-J. BRÜGGEMEIER u. a., ²1989; P. BORSCHEID, Naturwissenschaft, Staat und Industrie in Baden (1848–1914), 1976; F.-J. BRÜGGEMEEIER, Tschernobyl, 26. April 1986. Die ökologische Herausforderung, 1998; Europäische Konsumgeschichte, Hg. H. SIEGRIST u. a., 1997; W. HÄDECKE, Poeten und Maschinen. Deutsche Dichter als Zeugen der Industrialisierung, 1993; Industrie und Umwelt, Hg. H. POHL, 1991; H. KAELBLE, Industrialisierung und soziale Ungleichheit, 1983; J. KOCKA, Unternehmer in der deutschen Industrialisierung, 1975; P. KRIEDTE u. a., Industrialisierung vor der Industrialisierung, 1977; J. RADKAU, Technik in Deutschland. Vom 18. Jahrhundert bis zur Gegenwart, 1988; J. RADKAU, Natur und Macht. Eine Weltgeschichte der Umwelt, 2000; F. REDLICH, Der Unternehmer, 1964; SPREE, Wachstumstrends (wie I, 7b); Umweltgeschichte, Hg. W. ABELSHAUSER, 1994; W. ZORN, Arbeit in Europa vom Mittelalter bis ins Industriezeitalter, in: Der Mensch und seine Arbeit, Hg. V. SCHUBERT, 1986, 181–212.

8 Das Jahrhundert der Bevölkerungsexplosion und der Wanderungen

W. ABEL, Massenarmut und Hungerkrisen im vorindustriellen Deutschland, ²1977; W. ABEL, Agrarkrisen und Agrarkonjunktur in Mitteleuropa vom 13. bis zum 19. Jahrhundert, ³1978; A. ARMENGEAUD, Population in Europa 1700–1914, 1970; K. J. BADE, Europa in Bewegung. Migration vom späten 18. Jahrhundert bis zur Gegenwart, 2000; Bevölkerungs-Ploetz, Bd. 4, ³1965; H. BLASCHKE, Bevölkerungsgeschichte von Sachsen bis zur industriellen Revolution, 1967; W. FISCHER, Armut in der Geschichte, 1982; R. GÖMMEL, Realeinkommen in Deutschland. Ein internationaler Vergleich (1815–1914), 1979; H. HARNISCH, Bevölkerung und Wirtschaft, in: JbW 1975/2, 57–87; G. HOHORST, Wirtschaftswachstum und Bevölkerungsentwicklung in Preußen 1816–1914, 1977; M. HUBERT, Deutschland im Wandel. Geschichte der deutschen Bevölkerung seit 1815, 1998; A. E. IMHOF, Die gewonnenen Jahre. Von der Zunahme unserer Lebensspanne seit 300 Jahren, 1981; A. E. IMHOF, Die Lebenszeit, 1988; A. E. IMHOF u. a., Lebenserwartungen in Deutschland vom 17. bis 19. Jahrhundert, 1990; W. KÖLLMANN, Bevölkerung in der industriellen Revolution, 1974; W. KÖLLMANN, Bevölkerungsgeschichte 1800–1970, in: HDWSG II, 1976, 9–50; E. KNODEL, The Decline of Fertility in Germany, 1974; W. R. KRABBE, Die deutsche Stadt im 19. und 20. Jahrhundert, 1989; D. LANGEWIESCHE, Wanderungsbewegungen in der Hochindustrialisierungsperiode. Regionale, interstädtische und innerstädtische Mobilität in Deutschland 1880–1914, in: VSWG 64, 1977, 1–40; R. LEE, Germany, in: European Demography and Economic Growth, Hg. DERS., 1979, 144–195; P. MARSCHALCK, Bevölkerungsgeschichte Deutschlands im 19. und 20. Jahrhundert, 1984; K.-J. MATZ, Pauperismus und Bevölkerung. Die gesetzlichen Ehebeschränkungen in den süddeutschen Staaten während des 19. Jahrhunderts, 1980; A. von NELL, Die Entwicklung der generativen Strukturen bürgerlicher und bäuerlicher Familien von 1750 bis zur Gegenwart, 1973; J. REULECKE, Geschichte der Urbanisierung in Deutschland, 1985; H. THÜMMLER, Zur regionalen Bevölkerungsentwicklung in Deutschland 1816–71, in: JbW 1977/1, 55–72.

9 *Das Jahrhundert der Nationalstaaten*
a *Nation, Nationalstaat, Nationalismus:* B. ANDERSON, Die Erfindung der Nation, 1993; J. BREUILLY, Nationalism and the State, ²1993; R. BRUBAKER, Staats-Bürger: Deutschland und Frankreich im historischen Vergleich (engl. 1992), 1994; O. DANN, Nation und Nationalismus in Deutschland 1870–1990, 1993; W. DEUTSCH, Der Nationalismus und seine Alternativen, 1972; D. DÜDING, Die deutsche Nationalbewegung des 19. Jahrhunderts als Vereinsbewegung, in: GWU 42, 1991, 601–624; Europäische Zivilgesellschaft in Ost und West, Hg. M. HILDERMEIER u. a., 2000; E. GELLNER, Nationalismus und Moderne, 1991; D. GOSEWINKEL, Staat, Nation, Volk. Staatsangehörigkeit und Einbürgerungspolitik vom Deutschen Bund bis zur Bundesrepublik Deutschland, 2001; Grenzfälle. Über alten und neuen Nationalismus, Hg. M. JEISMANN u. a., 1993; E. J. HOBSBAWM, Nation und Nationalismus, 1991; M. HROCH, Das Bürgertum in den nationalen Bewegungen des 19. Jahrhunderts, in: Bürgertum im 19. Jahrhundert (wie I, 10c), Bd. 3, 197–219; J. KOCKA, Probleme der politischen Integration der Deutschen 1867 bis 1945, in: Die Rolle der Nation in der deutschen Geschichte und Gegenwart, Hg. O. BÜSCH u. a., 1985, 118–136; D. LANGEWIESCHE, Nationalismus im 19. und 20. Jahrhundert: zwischen Partizipation und Aggression, 1994; D. LANGEWIESCHE, Nation, Nationalismus, Nationalstaat in Deutschland und Europa, 2000; E. LEMBERG, Nationalismus, 2 Bde., 1964; G. L. MOSSE, Die Nationalisierung der Massen. Politische Symbolik und Massenbewegungen in Deutschland von den Napoleonischen Kriegen bis zum Dritten Reich, 1976; Nation und Emotion. Deutschland und Frankreich im Vergleich, Hg. E. FRANÇOIS u. a., 1995; Nationalismus, Hg. H. A. WINKLER, 1978. T. NIPPERDEY, Nationalidee und Nationaldenkmal im 19. Jahrhundert, in: HZ 206, 1968, 529–585; W. SAUER, Das Problem des deutschen Nationalstaats, in: PVS 3, 1962, 159–186; T. SCHIEDER, Das Deutsche Kaiserreich als Nationalstaat, 1961; T. SCHIEDER, Nationalismus und Nationalstaat, ²1992; D. SCHNAPPER, Community of Citizens. On the Modern Idea of Nationality, 1998; H. SCHULZE, Staat und Nation in der europäischen Geschichte, 1994; J. J. SHEEHAN, The Problem of the Nation in German History, in: Die Rolle der Nation in der deutschen Geschichte und Gegenwart, Hg. O. BÜSCH u. a., 1985, 3–20; H.-U. WEHLER, Nationalismus, 2001.

b Verfassung und Politik: M. L. ANDERSON, Practicing Democracy. Elections and Political Culture in Imperial Germany, 2000; H. BEST, Politische Modernisierung und parlamentarische Führungsgruppen in Deutschland 1867–1918, in: HSF 13, 1988/45, 5–74; Deutsche Verwaltungsgeschichte, Hg. K. G. A. JESERICH u. a., Bd. 2–3, 1983, 1984; Elections, Mass Politics, and Social Change in Modern Germany, Hg. L. E. JONES u. a., 1992; Föderative Nation. Deutschlandkonzepte von der Reformation bis zum Ersten Weltkrieg, Hg. D. LANGEWIESCHE u. a., 2000; H. HEFFTER, Die deutsche Selbstverwaltung im 19. Jahrhundert, ²1969; K. HILDEBRAND, Das vergangene Reich. Deutsche Außenpolitik von Bismarck bis Hitler, 1995; O. HINTZE, Staat und Verfassung. Gesammelte Abhandlungen zur allgemeinen Verfassungsgeschichte, ²1962; E. R. HUBER, Deutsche Verfassungsgeschichte, Bd. 1–5, 1957–1978; W. R. KRABBE, Munizipalsozialismus und Interventionsstaat. Die Ausbreitung der städtischen Leistungsverwaltung im Kaiserreich, in: GWU 30, 1979, 265–283; M. R. LEPSIUS, Parteiensystem und Sozialstruktur. Zum Problem der Demokratisierung der deutschen Gesellschaft, in: DERS., Demokratie in Deutschland. Ausgewählte Aufsätze, 1993, 25–50 (erstmals 1966); H. LÜBBE, Politische Philosophie in Deutschland, 1963; Politik und Milieu. Wahl- und Elitenforschung im historischen und interkulturellen Vergleich, Hg. H. BEST, 1989; Probleme politischer Partizipation im Modernisierungsprozeß, Hg. P. STEINBACH, 1982; A. L. RAPHAEL, Recht und Ordnung. Herrschaft durch Verwaltung im 19. Jahrhundert, 2000; W. REINHARD, Geschichte der Staatsgewalt. Eine vergleichende Verfassungsgeschichte Europas von den Anfängen bis zur Gegenwart, 1999; G. A. RITTER, Entwicklungsprobleme des deutschen Parlamentarismus, in: Gesellschaft, Parlament und Regierung. Zur Geschichte des Parlamentarismus in Deutschland, Hg. DERS., 1974, 11–54; G. A. RITTER, Arbeiterbewegung, Parteien und Parlamentarismus, 1976; G. A. RITTER, Wahlgeschichtliches Arbeitsbuch 1871–1918, 1980; G. A. RITTER, Der Sozialstaat. Entstehung und Entwicklung im internationalen Vergleich, ²1991; P. SCHIERA, Laboratorium der bürgerlichen Welt. Deutsche Wissenschaft im 19. Jahrhundert, 1992; M. STOLLEIS, Der lange Abschied vom 19. Jahrhundert. Die Zäsur von 1914 aus rechtshistorischer Perspektive, 1997; H. P. ULLMANN, Interessenverbände in Deutschland, 1988; H. P. ULLMANN, Politik im Deutschen Kaiserreich 1871–1918, 1999.

10 Ein bürgerliches Jahrhundert
a Klassenbildung und Arbeiter: Die Arbeiter, Hg. W. RUPPERT, 1986; Arbeiter im Industrialisierungsprozeß. Herkunft, Lage und Verhalten, Hg. W. CONZE u. a., 1979; Arbeiter in Deutschland, Hg. D. LANGEWIESCHE u. a., 1981; Arbeiter und Arbeiterbewegung im Vergleich, Hg. K. TENFELDE, 1986; Arbeiter und Bürger im 19. Jahrhundert. Varianten ihres Verhältnisses im europäischen Vergleich, Hg. J. KOCKA, 1986; Arbeiterexistenz im 19. Jahrhundert, Hg. W. CONZE u. a., 1981; L. GALL, Von der ständischen zur bürgerlichen Gesellschaft, 1993; H. GREBING, Arbeiterbewegung. Sozialer Protest und kollektive Interessenvertretung bis 1914, 1989; A. HERZIG, Unterschichtenprotest in Deutschland 1790–1870, 1988; H. KAELBLE, Industrialisierung und soziale Ungleichheit. Europa im 19. Jahrhundert, 1983 (wie I, 7c); H. KAELBLE, Soziale Mobilität und Chancengleichheit im 19. und 20. Jahrhundert, 1983; Der Kampf um das tägliche Brot. Nahrungsmangel, Versorgungspolitik und Protest 1770–1990, Hg. M. GAILUS u. a., 1994; W. KASCHUBA, Lebenswelt und Kultur der unterbürgerlichen Schichten im 19. und 20. Jahrhundert, 1990; Klassen in der europäischen Sozialgeschichte, Hg. H.-U. WEHLER, 1979; J. KOCKA, Lohnarbeit und Klassenbildung. Arbeiter und Arbeiterbewegung in Deutschland 1800–1875, 1983; J. KOCKA, Arbeitsverhältnisse und Arbeiterexistenzen, 1990; G. A. RITTER, Staat, Arbeiterschaft und Arbeiterbewegung in Deutschland 1840–1933, 1980; G. A. RITTER u. a., Arbeiter im Deutschen Kaiserreich, 1992; F. ROTHENBACHER, Soziale Ungleichheit im Modernisierungsprozeß des 19. und 20. Jahrhunderts, 1989; G. SCHILDT, Die Arbeiterschaft im 19. und 20. Jahrhundert, 1996; G. SCHILDT, Die Landarbeiter im 19. Jahrhundert – eine unvollendete Klasse, in: AfS 36, 1996, 1–26; K. SCHÖNHOVEN, Die deutschen Gewerkschaften, 1987; Soziale Mobilität in Berlin 1825–1957, Hg. H. KAELBLE u. a., 1990; Sozialer Protest, Hg. H. VOLKMANN u. a., 1984; Streik, Hg. K. TENFELDE u. a., 1981; K. TENFELDE, Germany, in: The Formation of Labour Movements, 1870–1914, Hg. M. van der LINDEN u. a., 1990, 243–269; R. H. TILLY, Kapital, Staat und sozialer Protest in der deutschen Industrialisierung, 1980; H. ZWAHR, Proletariat und Bourgeoisie in Deutschland. Studien zur Klassendialektik, 1980.

b Geschlechtergeschichte: G. BOCK, Frauen in der europäischen Geschichte. Vom Mittelalter bis zur Gegenwart, 2000; G.-F. BUDDE, Das Geschlecht der Geschichte, in: Geschichte zwischen Kultur und Gesellschaft, Hg. T. MERGEL u. a., 1997, 125–150; G.-F. BUDDE, Geschlechtergeschichte, in: Geschichtswissenschaften. Eine Einführung, Hg. C. CORNELISSEN, 2000, 282–294; K. CANNING, Gender History, in: IESBS, vorauss. 2001; G. FRAISSE u. a., Das 19. Jahrhundert (= Geschichte der Frauen, Hg. G. DUBY u. a., Bd. 4), 1994; Frauen in der Geschichte des Rechts. Von der Frühen Neuzeit bis zur Gegenwart, Hg. U. GERHARD, 1997; Frauen suchen ihre Geschichte, Hg. K. HAUSEN, 1983; U. FREVERT, Frauen-Geschichte. Zwischen bürgerlicher Verbesserung und neuer Weiblichkeit, 1986; U. FREVERT, »Mann und Weib, und Weib und Mann«. Geschlechter-Differenzen in der Moderne, 1995; Gender and Class in Modern Europe, Hg. L. L. FRADER u. a., 1996; U. GERHARD, Verhältnisse und Verhinderungen. Frauenarbeit, Familie und Recht der Frauen im 19. Jahrhundert, 1978; U. GERHARD, Unerhört. Die Geschichte der deutschen Frauenbewegung, 1990; Geschlecht, Klasse, Ethnizität, Hg. G. HAUCK, 1993; Geschlechtergeschichte und Allgemeine Geschichte, Hg. H. MEDICK u. a., 1998; Geschlechterhierarchie und Arbeitsteilung, Hg. K. HAUSEN, 1993; K. HAUSEN, Gender in German History, in: German History since 1800 (wie I, 6b), 512–538; R. HABERMAS, Männer und Frauen des Bürgertums: eine Familiengeschichte (1750–1850), 2000; C. HONEGGER, Die Ordnung der Geschlechter. Die Wissenschaften vom Menschen und das Weib, 1991; Klasse und Geschlecht, Hg. J. KOCKA (= GG 18, 1992, H. 2); U. KNAPP, Frauenarbeit in Deutschland, 2 Bde., ²1986; Landsknechte, Soldatenfrauen und Nationalkrieger. Militär, Krieg und Geschlechterordnung im historischen Wandel, Hg. K. HAGEMANN u. a., 1998; Männergeschichte – Geschlechtergeschichte. Männlichkeit im Wandel der Moderne, Hg. T. KÜHNE, 1996; E. SAURER, Liebe und Arbeit. Geschichte der Geschlechterbeziehungen im 19. und 20. Jahrhundert, 1999; U. WECKEL, Der »mächtige Geist der Assoziation«. Ein- und Ausgrenzungen bei der Geselligkeit der Geschlechter im späten 18. und 19. Jahrhundert, in: AfS 38, 1998, 57–77.

c Bürgertum, bürgerliche Kultur: D. L. AUGUSTINE, Patricians and Parvenus: Wealth and High Society in Wilhelmine Germany, 1994; Bildungsbürgertum im 19. Jahrhundert, hg. W. CONZE u. a., T. 1–4, ²1992, 1990, 1992, 1989; G.-F. BUDDE, Auf dem Weg ins Bürgerleben. Kindheit und Erziehung in deutschen und englischen Bürgerfamilien, 1840–1914, 1994; Bürger in der Gesellschaft der Neuzeit, Hg. H.-J. PUHLE, 1991; Bürger und Bürgerlichkeit im 19. Jahrhundert, Hg. J. KOCKA, 1987; Bürgerinnen und Bürger, Hg. U. FREVERT, 1988; Bürgerkultur im 19. Jahrhundert, Hg. D. HEIN u. a., 1996; Bürgerliche Berufe, Hg. H. SIEGRIST, 1988; Bürgertum im 19. Jahrhundert, Hg. J. KOCKA, Bd. 1–3, 1995 (zuerst 1988); Bürgertum in der Habsburgermonarchie, Hg. E. BRUCKMÜLLER u. a., 1990; U. ENGELHARDT, Bildungsbürgertum, 1986; L. GALL, Bürgertum in Deutschland, 1989; W. HARDTWIG, Nationalismus und Bürgerkultur in Deutschland 1500–1914, 1994; J. KOCKA, Industrial Culture and Bourgeois Society. Business, Labour, and Bureaucracy in Modern Germany, 1999; M. R. LEPSIUS, Zur Soziologie des Bürgertums und der Bürgerlichkeit, in: Bürger und Bürgerlichkeit im 19. Jahrhundert, Hg. J. KOCKA, 1987, 79–100; T. MERGEL, Zwischen Klasse und Konfession. Katholisches Bürgertum im Rheinland 1794–1914, 1994; L. NIETHAMMER u. a., Bürgerliche Gesellschaft in Deutschland, 1990; M. RIEDEL, »Bürger, Stadtbürger, Bürgertum«, in: GGr, Bd. 1, 1972, 672–725; M. RIEDEL, »Gesellschaft, bürgerliche«, in: GGr, Bd. 2, 1975, 719–800; Sozial- und Kulturgeschichte des Bürgertums. Eine Bilanz des Bielefelder Sonderforschungsbereichs (1986–1997), Hg. P. LUNDGREEN, 2000; Stadt und Bürgertum im Übergang von der traditionalen zur modernen Gesellschaft, Hg. L. GALL, 1993; A.-C. TREPP, Sanfte Männlichkeit und selbständige Weiblichkeit. Frauen und Männer im Hamburger Bürgertum zwischen 1770 und 1840, 1996; Wege zur Geschichte des Bürgertums, Hg. K. TENFELDE u. a., 1994; H.-U. WEHLER, Wie bürgerlich war das Deutsche Kaiserreich?, in: Bürger und Bürgerlichkeit im 19. Jahrhundert, Hg. J. KOCKA, 1987, 243–280.

d Adel: Der Adel an der Schwelle des bürgerlichen Zeitalters 1780–1860, Hg. A. von REDEN-DOHNA u. a., 1988; F. L. CARSTEN, Geschichte der preußischen Junker, 1988; H. GOLLWITZER, Die Standesherren, ²1964; D. LIEVEN, Abschied von Macht und Würden. Der europäische Adel 1815–1914, 1995; H. REIF, Westfälischer Adel 1770–1860, 1979; H. REIF, Adel im 19. und 20. Jahrhundert, 1999; H. SPENKUCH, Das Preußische Herrenhaus. Adel und Bürgertum in der Ersten Kammer des Landtages 1854–1918, 1998; R. v. TRESKOW, Adel in Preußen: Anpassung und Kontinuität einer Familie 1800–1918, in: GG 17, 1991, 344–369.

e Mittelschichten: H.-G. HAUPT u. a., Die Kleinbürger. Eine europäische Sozialgeschichte des 19. Jahrhunderts, 1998; J. KOCKA, Die Angestellten in der deutschen Geschichte 1850–1980, 1981; F. LENGER, Sozialgeschichte der deutschen Handwerker seit 1800, 1988; G. SCHULZ, Die Angestellten seit dem 19. Jahrhundert, 2000.

f Weitere Aspekte: H. BERDING, Moderner Antisemitismus in Deutschland, 1988; W. K. BLESSING, Staat und Kirche in der Gesellschaft. Institutionelle Autorität und mentaler Wandel in Bayern während des 19. Jahrhunderts, 1982; Deutsch-jüdische Geschichte in der Neuzeit, Hg. M. A. MEYER, Bd. 2 (1780–1871) u. 3 (1871–1918), 1996, 1997; Handbuch der deutschen Bildungsgeschichte, Hg. K.-E. JEISMANN u. a., Bd. 3 (1800–70), 1987 u. 4 (1870–1918), Hg. C. BERG, 1991; A. HERZIG, Jüdische Geschichte in Deutschland. Von den Anfängen bis zur Gegenwart, 1997; Idylle oder Aufbruch? Das Dorf im bürgerlichen 19. Jahrhundert, Hg. W. JACOBEIT u. a., ²1991; Intellektuelle im Kaiserreich, Hg. G. HÜBINGER u. a., 1993; J. KOCKA u. a., Familie und soziale Plazierung, 1980; Kultureller Wandel im 19. Jahrhundert, Hg. G. WIEGELMANN, 1972; W. LEPENIES, Die drei Kulturen, 1988; W. J. MOMMSEN, Bürgerliche Kultur und künstlerische Avantgarde. Kultur und Politik im deutschen Kaiserreich 1870–1918, 1994; Religion und Gesellschaft im 19. Jahrhundert, Hg. W. SCHIEDER, 1993; J. REQUATE, Journalismus als Beruf. Entstehung und Entwicklung des Journalistenberufs im 19. Jahrhundert. Deutschland im internationalen Vergleich, 1995; H. ROSENBAUM, Formen der Familie, 1982; R. RÜRUP, Emanzipation und Antisemitismus. Studien zur »Judenfrage« der bürgerlichen Gesellschaft, 1975; Säkularisierung, Dechristianisierung, Rechristianisierung im neuzeitlichen Europa. Bilanz und Perspektiven der Forschung, Hg. H. LEHMANN, 1997; R. SIEDER, Sozialgeschichte der Familie, 1987; R. VIERHAUS u. a., Geschichte und Struktur der Kaiser-Wilhelm/Max-Planck-Gesellschaft, 1990; S. VOLKOV, Die Juden in Deutschland 1780–1918, 1994.

11 Die Modernität des 19. Jahrhunderts
Z. BAUMANN, Moderne und Ambivalenz, 1992; U. BECK u. a., Reflexive Modernization: Politics, Traditions, and Aesthetic in the Modern Social Order, 1994; H. BLUMENBERG, Die Legitimität der Neuzeit, 1966; R. DAHRENDORF, Gesellschaft und Demokratie in Deutschland, 1965; S. N. EISENSTADT, Tradition, Change, and Modernity, 1973; S. N. EISENSTADT, Multiple Modernities, in: Multiple Modernities (= Daedalus, Winter 2000), 1–29; N. ELIAS, Über den Prozeß der Zivilisation, 1976; Epochenschwelle und Epochenbewußtsein, Hg. R. HERZOG u. a., 1981; A. GIDDENS, The Consequences of Modernity, 1990; H. U. GUMBRECHT, »Modern, Modernität, Moderne«, in: GGr, Bd. 4, 1978, 93–131; J. HABERMAS, Theorie des kommunikativen Handelns, Bd. 2, 1981, 461–488; R. KOSELLECK, Zeitschichten (wie I, 3); R. KOSELLECK, Europäische Umrisse deutscher Geschichte, 1999; W. KÜTTLER, Theoriegeschichte und methodologische Probleme historischer Formationsanalyse, in: Formationstheorie und Geschichte, Hg. E. ENGELBERG u. a., 1978, 719–736; D. LERNER u. a., Modernization, in: IESS 10, 1968, 386–409; T. MERGEL, Geht es weiterhin voran? Die Modernisierungstheorie auf dem Weg zu einer Theorie der Moderne, in: Geschichte zwischen Kultur und Gesellschaft, Hg. DERS. u. a., 1997, 203–232; T. NIPPERDEY, Probleme der Modernisierung in Deutschland, in: Saeculum 30, 1979, 292–303; P. NOLTE, Modernization and Modernity in History, in: IESBS, vorauss. 2001; W. SCHLUCHTER, Paradoxes of Modernity. Culture and Conduct in the Theory of Max Weber, 1996; Studien zum Beginn der modernen Welt, Hg. R. KOSELLECK, 1977; P. WAGNER, Soziologie der Moderne, 1995; H.-U. WEHLER, Modernisierungstheorie und Geschichte, 1975; B. WITTROCK, Early Modernities: Varieties and Transitions, in: Early Modernities (= Daedalus, Summer 1998), 19–40; B. WITTROCK, Modernity: One, None, or Many?, in: Multiple Modernities (= Daedalus, Winter 2000), 31–60.

Abschnitt VI

Die Urkatastrophe Deutschlands
Der Erste Weltkrieg 1914–1918

Wolfgang J. Mommsen

Quellen und Literatur

A Quellen – *1* Quellen und Dokumentationen zur inneren Politik – *2* Quellen und Dokumentationen zur äußeren Politik – B Einzelne Personen – *3* Memoiren, autobiographische Schriften und personenbezogene Quellen – *4* Biographien und personenbezogene Studien – C Allgemeine Darstellungen und Monographien – *5* Gesamtdarstellungen – D Kriegsverlauf – *6* Julikrise und Kriegsausbruch 1914 – *7* Die politischen und militärischen Ereignisse 1914 bis 1917 – *a* »August 1914«, *b* Der deutsche Kriegsplan 1914, *c* Das Ringen um die Neutralen, *d* Die Politik der »Neuorientierung«, *e* Der Kriegsverlauf 1914–1917 – *8* Die deutsche Gesellschaft im Krieg – *a* Die wirtschaftliche Organisation des Krieges, *b* Die Kriegswirtschaft, *c* Die Sozialstruktur und die sozialen Konflikte, *d* Die kulturellen Eliten, *e* Kriegsalltag – *9* Die Peripetie des Krieges – *a* Verständigungsfrieden oder Siegfrieden, *b* Brest-Litowsk, *c* Die Westoffensive vom März 1918, *d* Der Zusammenbruch.

A   Quellen

1   Quellen und Dokumentationen zur inneren Politik
Aufrufe und Reden deutscher Professoren im Ersten Weltkrieg, Hg. K. BÖHME, 1975; Berichte des Berliner Polizeipräsidenten zur Stimmung und Lage der Bevölkerung in Berlin 1914–1918, Hg. I. MATERNA u. a., 1987; Bethmann Hollwegs Kriegsreden, Hg. F. THIMME, 1919; Der Friede von Brest-Litowsk, Hg. W. HAHLWEG, 1971; Frontalltag im Ersten Weltkrieg, Hg. B. ULRICH u. a., 1994; Die Gewerkschaften in Weltkrieg und Revolution 1914–1919, Hg. K. SCHÖNHOVEN, 1985; Der Hauptausschuß des Deutschen Reichstags 1915–1918, Hg. R. SCHIFFERS u. a., Bd. 1–4, 1981–1983; Innensicht eines Krieges, Hg. E. JOHANN, 1968; Der Interfraktionelle Ausschuß 1917/18, Hg. E. MATTHIAS u. a., Bd. 1–2, 1959; Kriegsbriefe gefallener Studenten, Hg. P. WITKOP, 1929; Das Kriegstagebuch des Reichstagsabgeordneten Eduard David 1914–1918, Hg. S. MILLER u. a., 1966; Materialien zur Statistik des Deutschen Reiches: 1914–1945, Hg. D. PETZINA u. a., 1978; Materialien zur Statistik des Kaiserreichs 1870–1914, Hg. G. HOHORST u. a., ²1978; Militär und

Innenpolitik im Weltkrieg 1914–1918, Bd. 1–2, Hg. W. DEIST, 1972; Die Regierung des Prinzen Max von Baden, Hg. E. MATTHIAS u. a., 1962; Die Reichstagsfraktion der deutschen Sozialdemokratie 1898 bis 1918, Bd. 1–2, Hg. E. MATTHIAS u. a., 1966; Stenographische Berichte über die Verhandlungen des Deutschen Reichstages (1871–1918), 1871–1918; Stenographische Berichte über die Verhandlungen des Preußischen Hauses der Abgeordneten (1871–1918), 1871–1918; Stenographische Berichte über die Verhandlungen des Preußischen Herrenhauses (1871–1918), 1871–1918; Von Bassermann zu Stresemann, Hg. K.-P. REISS, 1967.

2 Quellen und Dokumentationen zur äußeren Politik
L'Allemagne et les problèmes de la paix pendant la première guerre mondiale, Hg. A. SCHERER u. a., Bd. 1–4, 1962–1978; Amtliche Urkunden zur Vorgeschichte des Waffenstillstandes 1918, Hg. Auswärtiges Amt u. a., ²1924; Der Friedensappell Papst Benedikts XV. vom 1. August 1917 und die Mittelmächte, Hg. W. STEGLICH, 1970; Die Friedensversuche der kriegführenden Mächte im Sommer und Herbst 1917, Hg. W. STEGLICH, 1984; Deutsche Gesandtschaftsberichte zum Kriegsausbruch 1914, Hg. A. BACH, 1937; Julikrise und Kriegsausbruch 1914, Hg. I. GEISS, Bd. 1–2, 1963–1964; Der Krieg zur See 1914–1918, Bd. 1–23, 1920–1966; Lenins Rückkehr nach Rußland, Hg. W. HAHLWEG, 1957; Urkunden der Obersten Heeresleitung über ihre Tätigkeit 1916–18, Hg. E. LUDENDORFF, 1920; Der Weltkrieg im Bild, 1927; Der Weltkrieg 1914 bis 1918, Bd. 1–14, Hg. Reichsarchiv, 1925–1944.

B Einzelne Personen

3 Memoiren, autobiographische Schriften und personenbezogene Quellen
M. BAUER, Der große Krieg in Feld und Heimat, 1921; L. BERG, »Pro fide et patria!«, Hg. F. BETKER u. a., 1998; T. von BETHMANN HOLLWEG, Betrachtungen zum Weltkriege, Hg. J. DÜLFFER, 1989; C. von DELBRÜCK, Die wirtschaftliche Mobilmachung in Deutschland 1914, Hg. J. von DELBRÜCK, 1924; M. ERZBERGER, Erlebnisse im Weltkrieg, 1920; W. GROENER, Lebenserinnerungen, Hg. F. Frh. HILLER VON GAERTRINGEN, 1957; K. HELFFERICH, Der Weltkrieg, Bd. 2,

1919; E. LUDENDORFF, Meine Kriegserinnerungen: 1914–1918, 1919; E. LUDENDORFF, Kriegführung und Politik, 1922; Prinz MAX VON BADEN, Erinnerungen und Dokumente, Hg. G. MANN u. a., 1968; H. von MOLTKE, Erinnerungen, Briefe und Dokumente 1877–1916, Hg. E. von MOLTKE, 1922; H. von MOLTKE, Vom Kabinettskrieg zum Volkskrieg, Hg. S. FÖRSTER, 1992; F. PAYER, Von Bethmann Hollweg bis Ebert, 1923; W. RATHENAU, Hauptwerke und Gespräche, Hg. E. SCHULIN, 1977; K. RIEZLER, Tagebücher, Aufsätze, Dokumente, Hg. K. D. ERDMANN, 1972; P. SCHEIDEMANN, Der Zusammenbruch, 1921; P. SCHEIDEMANN, Memoiren eines Sozialdemokraten, Bd. 1–2, 1928; A. von TIRPITZ, Erinnerungen, 1919; A. von TIRPITZ, Der Aufbau der deutschen Weltmacht, 1924; A. von TIRPITZ, Politische Dokumente, Bd. 1–2, 1924–1926; M. WEBER, Gesamtausgabe, Abteilung I, Schriften und Reden: Bd. 15, Zur Politik im Weltkrieg, Hg. W. J. MOMMSEN u. a., 1984 (MWG I/15), Bd. 16, Zur Neuordnung Deutschlands, Hg. W. J. MOMMSEN u. a., 1988 (MWG I/16); K. Graf WESTARP, Konservative Politik im letzten Jahrzehnt des Kaiserreiches, Bd. 1–2, 1935; T. WOLFF, Theodor Wolff: Der Chronist, Hg. B. SÖSEMANN, 1997.

4 Biographien und personenbezogene Studien
H. AFFLERBACH, Falkenhayn, 1994; C. CLARK, Kaiser Wilhelm II. Profiles in Power, 2000; E. DEMM, Ein Liberaler in Kaiserreich und Republik. Der politische Weg Alfred Webers bis 1920, 1990; G. D. FELDMAN, Hugo Stinnes, 1998; F. LENGER, Werner Sombart 1863–1941, 1994; W. J. MOMMSEN, Max Weber und die deutsche Politik, ²1974; G. A. von MÜLLER, Der Kaiser, Hg. W. GÖRLITZ, 1965; M. SALEWSKI, Tirpitz, 1979; B. SCHWERTFEGER, Kaiser und Kabinettschef, 1931; P. THEINER, Sozialer Liberalismus und deutsche Weltpolitik, 1983; E. von VIETSCH, Bethmann Hollweg, 1969; J. G. WILLIAMSON, Karl Helfferich, 1971.

C Allgemeine Darstellungen und Monographien

5 Gesamtdarstellungen
J. J. BECKER, L'Europe dans la Grande Guerre, 1996; F. R. BRIDGE, From Sadowa to Sarajevo, 1972; R. CHICKERING, Imperial Germany and the Great War, 1998; Deutschland im Ersten Weltkrieg, Hg. F.

KLEIN u. a., Bd. 1–3, 1968–1970; Der Erste Weltkrieg, Hg. W. MICHALKA, 1994; N. FERGUSON, The Pity of War, 1998 (dt. gekürzte Ausgabe: Der falsche Krieg, 1999); M. FERRO, Der Große Krieg 1914–1918, 1988; F. FISCHER, Griff nach der Weltmacht, 1961; F. FISCHER, Der Krieg der Illusionen, 1969; G. HARDACH, Der Erste Weltkrieg, 1973; H. H. HERWIG, The First World War, ³1998; P. KIELMANSEGG, Deutschland und der Erste Weltkrieg, ²1980; Kriegsende 1918, Hg. J. DUPPLER u. a., 1999; MOMMSEN, Bürgerstolz (wie I, 6b), (v. a. 564–892); T. NIPPERDEY, Deutsche Geschichte, Bd. 2, ²1998 (v. a. 758–876); 14–18, La très Grande Guerre, Hg. Le centre de recherche de l'Historial de Péronne, 1994; M. RAUCHENSTEINER, Der Tod des Doppeladlers, ²1994; G. RITTER, Staatskunst und Kriegshandwerk, Bd. 3–4, 1964–1968; S. ROBSON, The First World War, 1998; H. STRACHAN, The First World War, Bd. 1: To arms, 2001; Eine Welt von Feinden, Hg. W. KRUSE, 1997; T. WILSON, The myriad Faces of War, ²1988.

D *Kriegsverlauf*

6 *Julikrise und Kriegsausbruch 1914*

H. AFFLERBACH, Der Dreibund, 2002; L. ALBERTINI, The Origins of the War of 1914, Bd. 1–3, 1952–1957; V. R. BERGHAHN, Germany and the Approach of War in 1914, 1973; V. R. BERGHAHN, Rüstung und Machtpolitik, 1973; K. BOECKH, Von den Balkankriegen zum Ersten Weltkrieg, 1996; F. R. BRIDGE, 1914, ²1988; The Coming of the First World War, Hg. R. J. W. EVANS u. a., 1988; Decisions for War, Hg. K. M. WILSON, 1995; J. DÜLFFER u. a., Vermiedene Kriege, 1997; F. FELLNER, Der Dreibund, 1960; F. FELLNER, Die »Mission Hoyos«, in: Studien zum Kontinuitätsproblem der deutschen Geschichte, Bd. 1, Hg. W. ALFF, 1984, 283–316; FERGUSON, The Pity of War (wie VI, 5); FISCHER, Griff (wie VI, 5); FISCHER, Krieg (wie VI, 5); Flucht in den Krieg?, Hg. G. SCHÖLLGEN, 1991; S. FÖRSTER, Der deutsche Generalstab und die Illusion des kurzen Krieges, 1871–1914, in: Lange und kurze Wege in den Ersten Weltkrieg, 1996, 115–158 (zuerst erschienen in: MGM 54, 1995, 61–95); S. FÖRSTER, Im Reich des Absurden – Die Ursachen des Ersten Weltkrieges, in: Wie Kriege entstehen, Hg. B. WEGNER, 2000, 211–252; I. GEISS, Das Deutsche Reich und die Vorgeschichte des Ersten Weltkriegs, 1985; I. GEISS,

Der lange Weg in die Katastrophe, 1990; W. GUTSCHE, Der gewollte Krieg, 1984; D. HERRMANN, The Arming of Europe and the Making of the First World War, 1996; K. HILDEBRANDT, Imperialismus, Wettrüsten und Kriegsausbruch 1914, in: NPL 20/2, 1975, 160–194, und 20/3, 339–364; K. HILDEBRANDT, Julikrise 1914: Das europäische Sicherheitsdilemma, in: GWU 36, 1985, 469–502; A. HILLGRUBER, Riezlers Theorie des kalkulierten Risikos und Bethmann Hollwegs politische Konzeption in der Julikrise 1914, in: HZ 202, 1966, 333–351; M. HOWARD, Men against Fire, in: Makers of Modern Strategy, Hg. P. PARET u. a., 1986, 510ff.; J. JOLL, 1914, 1968; J. JOLL, The Origins of the First World War, ²1992 (dt.: Die Ursprünge des Ersten Weltkrieges, 1988); F. KERN, Skizzen zum Kriegsausbruch im Jahre 1914, 1968; Lange und kurze Wege in den Ersten Weltkrieg, 1996; Military Strategy and the Origins of the First World War, Hg. S. E. MILLER u. a., 1985; W. J. MOMMSEN, Der Topos vom unvermeidlichen Krieg, in: DERS., Der autoritäre Nationalstaat, 1990, 380–406; W. J. MOMMSEN, Großmachtstellung und Weltpolitik, 1993; The Origins of World War I, Hg. R. F. HAMILTON u. a., 2003; M. RAUH, Die britisch-russische Marinekonvention von 1914 und der Ausbruch des Ersten Weltkrieges, in: MGM 41, 1987, 37–62; J. REMAK, 1914 – The Third Balcan War, in: JMH 43, 1971, 353–366; RIEZLER, Tagebücher (wie VI, 3); Rüstung im Zeichen der wilhelminischen Weltpolitik, Hg. V. R. BERGHAHN u. a., 1988; P. W. SCHROEDER, World War I as Galloping Gertie, in: JMH 44, 1972, 319–345; B. F. SCHULTE, Europäische Krise und Erster Weltkrieg, 1983; F. STERN, Bethmann Hollweg und der Krieg, 1968; D. STEVENSON, Armaments and the Coming of War, 1996; D. STEVENSON, The Outbreak of the First World War, 1997; D. STORZ, Kriegsbild und Rüstung vor 1914, 1992; L. C. F. TURNER, Origins of the First World War, korr. Reprint 1983; V. ULLRICH, Das deutsche Kalkül in der Julikrise 1914 und die Frage der englischen Neutralität, in: GWU 34, 1983, 79–97; S. R. WILLIAMSON, Austria-Hungary and the Origins of the First World War, 1991; E. ZECHLIN, Motive und Taktik der Reichsleitung 1914, in: Der Monat 209, 1966, 91–95.

7 *Die politischen und militärischen Ereignisse 1914–1917*
a *»August 1914«:* M. CREUTZ, Die Pressepolitik der kaiserlichen Regierung während des Ersten Weltkriegs, 1996; W. DEIST, Zensur

und Propaganda in Deutschland während des Ersten Weltkriegs, in: DERS., Militär, Staat und Gesellschaft, 1991, 153–163; T. EISERMANN, Pressephotographie und Informationskontrolle im Ersten Weltkrieg, 2000; D. GROH, Negative Integration und revolutionärer Attentismus, 1973; W. GUTSCHE, Aufstieg und Fall eines kaiserlichen Reichskanzlers, 1973; B. HÜPPAUF, Kriegsfotographie, in: Der Erste Weltkrieg (wie VI, 5), 875–909; K. H. JARAUSCH, The enigmatic Chancellor, 1973; K. KOSZYK, Deutsche Pressepolitik im Ersten Weltkrieg, 1968; Kriegsbegeisterung und mentale Kriegsvorbereitung, Hg. M. van der LINDEN u. a., 1991; W. KRUSE, Die Kriegsbegeisterung im Deutschen Reich zu Beginn des Ersten Weltkrieges, in: Kriegsbegeisterung (wie VI, 7a), 73–87; W. KRUSE, Krieg und nationale Integration, 1994; S. MILLER, Burgfrieden und Klassenkampf, 1974; W. J. MOMMSEN, Die Regierung Bethmann Hollweg und die öffentliche Meinung 1914–1917, in: Vierteljahrshefte für Zeitgeschichte 17, 1969, 117–159; T. RAITHEL, Das »Wunder« der inneren Einheit, 1996; C. SCHUDNAGIES, Der Kriegs- oder Belagerungszustand im Deutschen Reich während des Ersten Weltkrieges, 1994; M. STÖCKER, »Augusterlebnis 1914« in Darmstadt, 1994; VIETSCH, Bethmann Hollweg (wie VI, 4); D. WELCH, Germany, Propaganda & Total War, 2000.

b Der deutsche Kriegsplan 1914: AFFLERBACH, Falkenhayn (wie VI, 4); R. B. ASPREY, The first Battle of the Marne, 1962; A. BUCHHOLZ, Moltke, Schlieffen and Prussian War Planning, 1991; K.-H. JANSSEN, Der Kanzler und der General, 1967; RAUCHENSTEINER, Tod (wie VI, 5); G. RITTER, Der Schlieffenplan, 1956; STORZ, Kriegsbild (wie VI, 6); B. TUNSTALL, Planning for War against Russia and Serbia, 1993; L. C. F. TURNER, The Significance of the Schlieffen Plan, in: The War Plans (wie VI, 7b), 199–221; The War Plans of the Great Powers, Hg. P. M. KENNEDY, 1979.

c Das Ringen um die Neutralen: R. J. BOSWORTH, Italy and the Approach of the First World War, 1983; A. DALLIN u. a., Russian Diplomacy and Eastern Europe, 1963; W. W. GOTTLIEB, Studies in Secret Diplomacy during the First World War, 1957; V. G. LIULEVICIUS, War Land on the Eastern Front, 2000; A. MONTICONE, Deutschland und die Neutralität Italiens, 1982; W. A. RENZI, In the

Shadow of the Sword, 1987; L. RICCARDI, Alleati non amici, 1992; C. SCHEIDEMANN, Ulrich Graf Brockdorff-Rantzau (1869–1928), 1998; C. J. SMITH, The Russian Struggle for Power, 1914–1917, 1956; W. STEGLICH, Bündnissicherung oder Verständigungsfrieden, 1958; A. STRAZHAS, Deutsche Ostpolitik im Ersten Weltkrieg, 1993; L. VALIANI, Le origini della guerra del 1914 e dell' intervento italiano nelle ricerche e nelle pubblicazioni dell' ultimo ventennio, in: Rivista Storica Italiana 78, 1966, 584–613; E. ZECHLIN, Das »Schlesische Angebot« und die italienische Kriegsgefahr 1915, in: GWU 14, 1963, 533–554.

d *Die Politik der »Neuorientierung«:* H. J. BIEBER, Gewerkschaften in Krieg und Revolution, Bd. 1–2, 1981; W. EISENBEISS, Die bürgerliche Friedensbewegung in Deutschland während des Ersten Weltkrieges, 1980; FELDMAN, Hugo Stinnes (wie VI, 4); G. D FELDMAN, Armee, Industrie und Arbeiterschaft in Deutschland 1914 bis 1918, 1985; FISCHER, Griff (wie VI, 5); I. GEISS, Der polnische Grenzstreifen, 1914–1918, 1960; H. HAGENLÜCKE, Deutsche Vaterlandspartei, 1997; K.-H. JANSSEN, Macht und Verblendung, 1963; H. LEMKE, Allianz und Rivalität, 1977; MILLER, Burgfrieden (wie VI, 7a); G.-H. SOUTOU, L'or et le sang, 1989; STEGLICH, Bündnissicherung (wie VI, 7c); D. STEGMANN, Die Erben Bismarcks, 1970; F. WENDE, Die belgische Frage in der deutschen Politik des Ersten Weltkrieges, 1969.

e *Der Kriegsverlauf 1914–1917:* L. BERGSTRÄSSER, Die preußische Wahlrechtsfrage im Kriege und die Entstehung der Osterbotschaft 1917, 1929; HARDACH, Der Erste Weltkrieg (wie VI, 5); Marine und Marinepolitik im kaiserlichen Deutschland, Hg. H. SCHOTTELIUS u. a., 1972; E. R. MAY, The World War and American Isolation, ³1966; T. OPPELLAND, Reichstag und Außenpolitik im Ersten Weltkrieg, 1995; T. OPPELLAND, Wilsons Politik im Ersten Weltkrieg aus der Sicht der liberalen Parteien in Deutschland, in: Zwei Wege in die Moderne, Hg. R. FIEBIG-VON HASE u. a., 1998, 129–158; R. PATEMANN, Der Kampf um die preußische Wahlreform im Ersten Weltkrieg, 1964; RITTER, Staatskunst, Bd. 3 (wie VI, 5); A. SPINDLER, Der Handelskrieg mit U-Booten, Bd. 1–3, 1932–1934; A. SPINDLER, Wie es zu dem Entschluß zum uneingeschränkten U-Bootskrieg 1917 gekommen ist, 1960; B. STEGEMANN, Die deutsche Marinepolitik 1916–1918, 1970.

8 Die deutsche Gesellschaft im Krieg
a Die wirtschaftliche Organisation des Krieges: F. AEREBOE, Der Einfluß des Krieges auf die landwirtschaftliche Produktion in Deutschland, 1927; H. G. EHLERT, Die wirtschaftliche Zentralbehörde des Deutschen Reiches 1914 bis 1919, 1982; G. D. FELDMAN, The Great Disorder, ²1997; J. FLEMMING, Landwirtschaftliche Interessen und Demokratie, 1978; O. GOEBEL, Deutsche Rohstoffwirtschaft im Weltkrieg, 1930; G. HECKER, Walther Rathenau und sein Verhältnis zu Militär und Krieg, 1983; A. HOPBACH, Unternehmer im Ersten Weltkrieg, 1998; E. KLEIN, Geschichte der deutschen Landwirtschaft im Industriezeitalter, 1973; J. KOCKA, Klassengesellschaft im Krieg, ²1978; A. ROERKOHL, Hungerblockade und Heimatfront, 1991; K. ROESLER, Die Finanzpolitik des Deutschen Reiches im Ersten Weltkrieg, 1967; H. SCHÄFER, Regionale Wirtschaftspolitik in der Kriegswirtschaft, 1983; M. SCHUMACHER, Land und Politik, 1978; A. SKALWEIT, Die deutsche Kriegsernährungswirtschaft, 1927; H. WEBER, Ludendorff und die Monopole, 1966; M. ZEIDLER, Die deutsche Kriegsfinanzierung 1914 bis 1918 und ihre Folgen, in: Der Erste Weltkrieg (wie VI, 5), 415–433; F. ZUNKEL, Industrie und Staatssozialismus, 1974.

b Die Kriegswirtschaft: F. AEREBOE u. a., Preisverhältnisse landwirtschaftlicher Erzeugnisse im Kriege, 1917; Arbeiterschaft in Deutschland 1914–1918, Hg. G. MAI, 1985; S. BAJOHR, Die Hälfte der Fabrik, 1979; Capital Cities at War, Hg. J. M. WINTER, 1997; U. DANIEL, Arbeiterfrauen in der Kriegsgesellschaft, 1989; FELDMAN, Armee (wie VI, 7d); KOCKA, Klassengesellschaft (wie VI, 8a); R. MEERWARTH u. a., Die Einwirkung des Krieges auf Bevölkerungsbewegung, Einkommen und Lebenshaltung in Deutschland, 1932; U. RATZ, Die Wohlfahrtspflege in Frankfurt am Main während des Ersten Weltkrieges am Beispiel Wilhelm Mertons, 1994; U. RATZ, Zwischen Arbeitsgemeinschaft und Koalition, 1994; A. ROERKOHL, Die Lebensmittelversorgung während des Ersten Weltkrieges im Spannungsfeld kommunaler und staatlicher Maßnahmen, in: Durchbruch zum modernen Massenkonsum, Hg. H. J. TEUTEBERG, 1987, 309–370; ROERKOHL, Hungerblockade (wie VI, 8a).

c *Die Sozialstruktur und die sozialen Konflikte:* BIEBER, Gewerkschaften (wie VI, 7d); G. BRY, Wages in Germany 1871–1945, 1960; L. BURCHARDT, Die Auswirkungen der Kriegswirtschaft auf die deutsche Zivilbevölkerung im Ersten und im Zweiten Weltkrieg, in: MGM 15, 1974, 65–97; DANIEL, Arbeiterfrauen (wie VI, 8b); Deutschlands Gesundheitsverhältnisse unter dem Einfluß des Weltkrieges, Hg. F. BUMM, Bd. 1–2, 1928; FLEMMING, Interessen (wie VI, 8a); GOEBEL, Rohstoffwirtschaft (wie VI, 8a); KOCKA, Klassengesellschaft (wie VI, 8a); KOCKA, Die Angestellten (wie I, 10e), 1981; E. LEDERER, Die ökonomische Umschichtung im Kriege, I. und II., in: ASS 45, 1918/19, 1–39 u. 430–463; M. LIEPMANN, Krieg und Kriminalität in Deutschland, 1930; G. MAI, Kriegswirtschaft und Arbeiterbewegung in Württemberg 1914–1918, 1983; Materialien zur Statistik des Deutschen Reiches (wie VI, 1); MEERWARTH u. a., Einwirkung (wie VI, 8b); R. G. MOELLER, Dimensions of Social Conflict in the Great War, in: CEH 14, 1981, 142–168; A. OFFER, The First World War, 1989; RATZ, Arbeitsgemeinschaft (wie VI, 8b); ROERKOHL, Lebensmittelversorgung (wie VI, 8b); ROERKOHL, Hungerblockade (wie VI, 8a); SCHÄFER, Wirtschaftspolitik (wie VI, 8a); M. SCHECK, Zwischen Weltkrieg und Revolution, 1981; K.-D. SCHWARZ, Weltkrieg und Revolution in Nürnberg, 1971; E. H. TOBIN, War and the Working Class, in: CEH 18, 1985, 257–298; V. ULLRICH, Die Hamburger Arbeiterbewegung vom Vorabend des Ersten Weltkrieges bis zur Revolution 1918/19, Bd. 1–2, 1976.

d *Die kulturellen Eliten:* Ansichten vom Krieg, Hg. B. HÜPPAUF, 1984; H. BARKHAUSEN, Filmpropaganda für Deutschland im Ersten und Zweiten Weltkrieg, 1982; M. BECKMANN, Briefe im Kriege, Hg. M. TUBE, 1984; BERG, »Pro fide et patria!« (wie VI, 3); G. BESIER, Die protestantischen Kirchen Europas im Ersten Weltkrieg, 1984; P. BÜTTNER, Freud und der Erste Weltkrieg, 1975; R. CORK, A bitter Truth, 1994; Die Dichter und der Krieg, Hg. T. ANZ u. a., 1982; EISENBEISS, Friedensbewegung (wie VI, 7d); K. FLASCH, Die geistige Mobilmachung, 2000; »Gott mit uns«, Hg. G. KRUMEICH u. a., 2000; K. HAMMER, Deutsche Kriegstheologie, ²1974; C. HEMPEL-KÜTER

u. a., Ernst Toller: Auf der Suche nach dem geistigen Führer, in: Literatur, Politik und soziale Prozesse, Hg. M. HUBER, 1997, 78–106; A. J. HOOVER, God, Germany, and Britain in the Great War, 1989; H. HÜRTEN, Patriotismus und Friedenswille, in: ... und auch Soldaten fragten, Hg. H. J. BRANDT, 1992, 17–37; M. KLEPSCH, Romain Rolland im Ersten Weltkrieg, 2000; J. KLIER, Von der Kriegspredigt zum Friedensappell, 1991; H. KORTE, Der Krieg in der Lyrik des Expressionismus, 1981; Krieg der Geister, Hg. U. SCHNEIDER u. a., 2000; Kultur und Krieg, Hg. W. J. MOMMSEN u. a., 1996; Die letzten Tage der Menschheit, Hg. R. ROTHER, 1994; M. LLANQUE, Demokratisches Denken im Krieg, 2000; W. LOTH, Katholiken im Kaiserreich, 1984; Militärseelsorge im Ersten Weltkrieg, Hg. H.-J. WOLLASCH, 1987; H. MISSALLA, »Gott mit uns«, 1968; W. J. MOMMSEN, Max Weber (wie VI, 4); MOMMSEN, Bürgerliche Kultur (wie I, 10f); W. J. MOMMSEN, Bürgerliche Kultur und politische Ordnung, 2000; T. NIPPERDEY, Religion im Umbruch, 1988; W. PRESSEL, Die Kriegspredigt 1914–1918 in der Evangelischen Kirche Deutschlands, 1967; H.-J. SCHEIDGEN, Deutsche Bischöfe im Ersten Weltkrieg, 1991; M. SCHIAN, Die deutsche evangelische Kirche im Weltkriege, Bd. 1–2, 1921–1925; K. SCHWABE, Wissenschaft und Kriegsmoral, 1969; J. SEGAL, Krieg als Erlösung, 1997; U. SIEG, Jüdische Intellektuelle im Ersten Weltkrieg, 2000; J. v. UNGERN-STERNBERG u. a., Der Aufruf »An die Kulturwelt«, 1996.

e   Kriegsalltag: S. AUTSCH, Der Krieg als Reise, 1999; O. BARTOV, Trauma and Absence, in: Time to kill, Hg. P. ADDISON u. a., 1997, 347–358; FREVERT, Frauen-Geschichte (wie I, 10b); Frontalltag (wie VI, 1); U. v. GERSDORFF, Frauen im Kriegsdienst 1914–1945, 1969; C. HÄMMERLE, »Wir stricken und nähen Wäsche für Soldaten ...«, in: Homme 3, 1992, 88–128; S. HERING, Die Kriegsgewinnlerinnen, 1990; C. JAHR, »Der Krieg zwingt die Justiz, ihr Innerstes zu revidieren«, in: Armeen und ihre Deserteure, Hg. U. BRÖCKLING u. a., 1998, S. 187–221; C. JAHR, Gewöhnliche Soldaten, 1998; J. KEEGAN, Das Antlitz des Krieges, ^{2}1991; Kriegsalltag, Hg. P. KNOCH, 1989; Kriegserfahrungen. Studien zur Sozial- und Mentalitätsgeschichte des Ersten Weltkriegs, Hg. G. HIRSCHFELD u. a., 1997; M. LURZ, Kriegerdenkmäler in Deutschland, Bd. 3, 1985; Die Medizin und der Erste Weltkrieg, Hg. W. U. ECKART u. a., 1996; W. J. MOMMSEN, Das

§ 1 Forschungsstand und Kontroversen in der Forschung 13

Kriegserlebnis, in: Militärgeschichtliche Zeitschrift 59, 2000, 125–138; G. L. MOSSE, Gefallen für das Vaterland, 1993; L. MOYER, Victory must be Ours, 1995; C. SCHUBERT-WELLER, »Kein schönrer Tod …«, 1998; B. ULRICH, Die Augenzeugen, 1997; R. WHALEN, Bitter Wounds, 1984; B. ZIEMANN, Fahnenflucht im deutschen Heer 1914–1918, in: MGM 55, 1996, 93–130.

9 Die Peripetie des Krieges
a Verständigungsfrieden oder Siegfrieden: L. L. FARRAR, Divide and Conquer, 1978; Der Interfraktionelle Ausschuß (wie VI, 1); M. KITCHEN, The Silent Dictatorship, 1976; 1917–1918 als Epochengrenze, Hg. H. SUNDHAUSSEN, 2000; W. STEGLICH, Die Friedenspolitik der Mittelmächte 1917/18, Bd. 1, 1964; D. STEVENSON, The Failure of Peace by Negotiation in 1917, in: HJ 34, 1991, 65–86.

b Brest-Litowsk: W. BAUMGART, Deutsche Ostpolitik 1918, 1966; E. BORNEMANN, Der Frieden von Bukarest, 1978; P. BOROWSKY, Deutsche Ukrainepolitik 1918, 1970; Germany and the Revolution in Russia, Hg. Z. A. B. ZEMAN, 1958; W. HAHLWEG, Der Diktatfrieden von Brest-Litowsk 1918 und die bolschewistische Weltrevolution, 1960; E. HERESCH, Geheimakte Parvus, 2000; K. HILDEBRANDT, Das deutsche Ostimperium 1918, in: Gestaltungskraft des Politischen (Fs. E. Kolb), Hg. W. PYTA u. a., 1998, 109–124; Lenins Rückkehr (wie VI, 2); S. E. ASCHHEIM, Eastern Jews, German Jews and Germany's Ostpolitik in the First World War, in: Leo Baeck Institute Year-Book 28, 1983, 351–365.

c Die Westoffensive vom März 1918: W. DEIST, Der militärische Zusammenbruch des Kaiserreichs, in: Das Unrechtsregime (Fs. W. Jochmann), Bd. 1, Hg. U. BÜTTNER u. a., 1986, 101–129; W. DEIST, Verdeckter Militärstreik im Kriegsjahr 1918?, in: Der Krieg des kleinen Mannes, Hg. W. WETTE, 1992, 146–167; Kriegsende (wie VI, 5); K. SCHWABE, Woodrow Wilson, Revolutionary Germany, and Peacemaking 1918–1919, 1985.

d Der Zusammenbruch: DEIST, Zusammenbruch (wie VI, 9c); Die Regierung des Prinzen Max von Baden (wie VI, 1); K. SCHWABE, Deutsche Revolution und Wilson-Friede, 1971.

§ 1   Forschungsstand und Kontroversen in der Forschung

In der Geschichtswissenschaft besteht heute weithin Einigkeit darüber, daß der Erste Weltkrieg, wie George Kennan dies formuliert hat, die »Urkatastrophe« des 20. Jahrhunderts gewesen ist.[1] Der Erste Weltkrieg steht am Anfang einer Epoche gewaltiger Umwälzungen, die erst in den letzten Jahren dieses Jahrhunderts einer neuen, freilich immer noch instabilen Weltgesellschaft Platz gemacht haben. Die politischen und sozialen Erschütterungen des Ersten Weltkrieges unterminierten die überkommene bürgerliche Sozialordnung Europas; sie beschleunigten den Niedergang des Bürgertums als führender gesellschaftlicher Schicht; sie setzten neue politische Kräfte frei, welche Europa und die Welt bis zur Unkenntlichkeit veränderten, einerseits den Nationalsozialismus und die faschistischen Bewegungen, andererseits das sowjetische Experiment der Errichtung eines marxistisch-leninistischen Herrschaftssystems zunächst »in einem [rückständigen, d. Vf.] Lande« und, teilweise als Folge des Zweiten Weltkrieges, seiner zeitweiligen Ausweitung auf ganz Osteuropa. Darüber hinaus sind die Ausstrahlungen des Marxismus-Leninismus namentlich auf die außereuropäische Welt noch heute wahrnehmbar, wenngleich sie seit längerem rückläufig sind. Der Erste Weltkrieg brachte in der Zwischenkriegszeit die Kulmination westlicher imperialer Herrschaft über weite Regionen des Erdballs. Gleichzeitig wurden in diesen Jahren die Ansätze gelegt, die dann nach dem Zweiten Weltkrieg in einen weltweiten Prozeß der Dekolonisation einmündeten. Vor allem aber wurden die europäischen und namentlich die deutsche Gesellschaft durch die politischen, wirtschaftlichen, sozialen und moralischen Auswirkungen des Ersten Weltkrieges tiefgreifend verändert und destabilisiert; überdies war er die Inkubationsphase der extremen völkischen Nationalismen und des rassischen Antisemitismus.

Es ist daher nicht erstaunlich, daß sich die Geschichtswissenschaft seit geraumer Zeit mit steigender Intensität erneut der Erforschung der Geschichte des Ersten Weltkrieges zugewandt hat. Angesichts der politischen Relevanz der Deutungen dieses gewaltigen Geschehens setzten die wissenschaftlichen und mehr noch die publizistischen Veröf-

---

[1] G. F. KENNAN, Bismarcks europäisches System in der Auflösung, 1981, 12. Vgl. auch E. SCHULIN, Die Urkatastrophe des zwanzigsten Jahrhunderts, in: Der Erste Weltkrieg (wie VI, 5), 3–27.

§ 1 Forschungsstand und Kontroversen in der Forschung 15

fentlichungen über den Ersten Weltkrieg schon in den frühen zwanziger Jahren ein. Die Zeit des Nationalsozialismus brachte in Deutschland eine Unterbrechung ernsthafter Forschung, verbunden mit weitgehender Abschottung gegenüber der westlichen Geschichtswissenschaft. In der Bundesrepublik Deutschland wurde die Debatte über den Ersten Weltkrieg dann von Fritz Fischer 1959 mit einem Aufsatz in der Historischen Zeitschrift über die deutschen Kriegsziele im Ersten Weltkrieg neu eröffnet. Fischer stellte den in den vergangenen Jahrzehnten nicht ohne Einmischung politischer Faktoren erreichten weitgehenden Konsens über den Ersten Weltkrieg und seine Ursachen radikal in Frage und setzte damit eine Auseinandersetzung in Gang, die bis in unsere Gegenwart hinein anhält, auch wenn sie inzwischen an Schärfe verloren hat.[2] Fischer, der seine Position im Laufe der Debatte immer mehr verschärfte, vertrat die provozierende These, daß das Deutsche Reich seit 1911 oder doch jedenfalls seit dem sogenannten »Kriegsrat« vom 8. Dezember 1912 zielbewußt auf die Herbeiführung eines europäischen Krieges hingearbeitet habe, allerdings unter der Prämisse, daß Großbritanniens Neutralität gewährleistet sein würde. Insbesondere Gerhard Ritter trat Fischer damals scharf entgegen und mit ihm eine ganze Phalanx von Historikern der älteren Generation. Inzwischen hat sich der Kern der These Fritz Fischers, daß nämlich das Deutsche Reich die Hauptverantwortung für den Ausbruch des Ersten Weltkrieges trage, im wesentlichen durchgesetzt, während seine These, daß das Deutsche Reich schon in den letzten Vorkriegsjahren konsequent auf den Krieg hingearbeitet habe und eine Kontinuität der deutschen Kriegsziele unter Einschluß der unmittelbaren Vorkriegsjahre bestehe, heute nur noch von einer Minderheit in der Forschung vertreten wird. Die internationale Forschung hat inzwischen den Anteil der anderen Großmächte deutlicher herausgearbeitet; Niall Ferguson hat jüngsthin gar die britische Politik als Hauptschuldigen ausmachen wollen.[3] Aber von einem »Hineinschlittern« der europäischen Mächte in den Krieg kann nicht länger die

---

[2] Ein überwiegend den Standpunkt Fischers teilender Überblick über die kaum noch überschaubare Debatte bei J. A. MOSES, The Politics of Illusion, 1975. Vgl. auch W. J. MOMMSEN, The Debate on German War Aims, in: JCH 1, 1966, 47 ff. (dt. in: Kriegsausbruch 1914, 1967, 60 ff.); V. R. BERGHAHN, Die Fischer-Kontroverse, in: GG 6, 1980, 403–419; W. JÄGER, Historische Forschung und politische Kultur in Deutschland, 1984, 106 ff.
[3] FERGUSON, The Pity of War (wie VI, 5).

Rede sein. Die Akzente in der jüngsten Forschung werden unterschiedlich gesetzt. Diplomatiegeschichtlich ausgerichtete Autoren betonen stärker die Erstarrung der sich vor dem Kriege verhärtenden Bündnissysteme, andere Autoren sehen in dem Kriegsentschluß der Reichsleitung und in geringerem Maße der österreichischen und der zarischen Regierungen einen Ausweg aus inneren Schwierigkeiten, wieder andere betonen, daß die Kluft, die sich zwischen den traditionellen Führungseliten und den ausgeprägt nationalistisch eingestellten bürgerlichen Schichten aufgetan hatte, die überalterten Führungseliten teilweise wider besseres Wissen zur »Flucht nach vorn« in den Krieg veranlaßt habe. Die Frage, ob die Zustimmung der Sozialdemokratie zu den Kriegskrediten im August 1914 Verrat an der Arbeiterklasse gewesen sei, hat an Bedeutung verloren; ebenso wird die früher verbreitete Auffassung, daß die loyale Haltung der Sozialdemokratie im Kriege Deutschland vor dem Versinken im Bolschewismus bewahrt habe, heute nicht mehr als aktuell angesehen. Der Ansicht, daß der Krieg zu einer Verschärfung der Klassengegensätze innerhalb der deutschen Gesellschaft geführt habe,[4] steht heute eine differenziertere Deutung gegenüber, die davon ausgeht, daß nicht die Arbeiterschaft, sondern der sogenannte alte Mittelstand und die Unterschichten die hauptsächliche Last des dramatischen Verarmungsprozesses der Kriegsjahre getragen haben, mit langfristigen Auswirkungen für die Stabilität der Nachkriegsordnung.[5]

In der jüngsten Forschung ist darüber hinaus die geläufige These vom »Geist des 4. August«, der die gesamte Nation in einer alle Schichten umfassenden nationalen Aufbruchstimmung vereint habe, in Zweifel gezogen worden, und gelegentlich wird dieser sogar als Fiktion oder gar als Mythos bezeichnet.[6] Eine Fülle von Regionalstudien hat ein weit differenzierteres Verhalten der Bevölkerung bei Kriegsausbruch aufgewiesen, als bisher bekannt war.[7] Andererseits war das Empfinden, nunmehr zu solidarischem Handeln verpflichtet zu sein, überaus weit verbreitet; Akte direkten Widerstands gegen den

---

[4] KOCKA, Klassengesellschaft (wie VI, 8a).
[5] Zusammenfassend W. J. MOMMSEN, The Social Consequences of the First World War, in: Total War and Social Change, Hg. A. MARWICK, 1988, 25–44.
[6] Vgl. J. T. VERHEY, The Spirit of 1914, 2000, auch in deutscher Fassung: Der »Geist von 1914« und die Erfindung der Volksgemeinschaft, 2000; ferner KRUSE, Krieg (wie VI, 7a).
[7] Exemplarisch sei genannt C. GEINITZ, Kriegsfurcht und Kampfbereitschaft, 1998.

§ 1 Forschungsstand und Kontroversen in der Forschung 17

Krieg gab es so gut wie nicht. Überhaupt ist die Zunahme von Regionalstudien, die Aussagen über die Mentalität der Bevölkerung oder bestimmter Bevölkerungsgruppen zu gewinnen suchen, ein Signum der Entwicklung der neueren Forschung.[8] Demgegenüber sind die Probleme des Kriegsverlaufs, insbesondere die Ereignisse auf militärischem Gebiet, zurückgetreten. Die in der älteren Literatur durchweg zu findende Leitfrage, ob und unter welchen Umständen bestimmte militärische Operationen, beispielsweise die großen, überaus verlustreichen Offensiven im Westen, oder gar die Kriegführung als solche einen »befriedigenderen« Verlauf hätten nehmen können, spielt kaum noch eine Rolle. Nationalgeschichtsschreibung in diesem Sinne liegt hinter uns. Der überaus folgenreiche Verlauf der militärischen Operationen als solcher kann natürlich nicht außer acht bleiben, wohl aber hat diese Thematik einen geringeren Stellenwert als die materiellen und »humanen« Kosten des Krieges.

Die Auseinandersetzung über die Kriegsziele nimmt auch in der jüngsten Forschung einen wichtigen Platz ein; inzwischen hat durch Studien der Kriegsziele der anderen kriegführenden Mächte, namentlich Frankreichs und Großbritanniens, eine weniger deutschlandzentrierte Sichtweise Platz gegriffen.[9] Die Auseinandersetzungen über die Kriegsziele werden heute weniger unter moralischen Gesichtspunkten verhandelt denn als zentraler Aspekt der innenpolitischen und namentlich der parteipolitischen Tageskämpfe; im übrigen wird hier nicht nur die Rolle der nationalen Agitationsverbände in den Blick genommen, sondern vor allem auch der organisierten wirtschaftlichen und gesellschaftlichen Interessen. Vielleicht noch größere Aufmerksamkeit gilt der Tatsache, daß sich in diesem Kontext neue Varianten eines extremen Nationalismus ausbildeten, die nun nicht mehr vor der Forderung der Aussiedlung beziehungsweise der Vertreibung ganzer Bevölkerungsgruppen, des »ethnic cleansing«, namentlich im Osten, zurückschreckten, in Antizipation der »Volkstumspolitik« des Nationalsozialismus. In diesem Zusammenhang geht die neuere Forschung den Manifestationen eines radikalen Antisemitismus nach, so beispielsweise in Ludendorffs Forderung vom Frühjahr 1917, daß der

---

[8] Vgl. auch J. KOCKA, Gebrochener Bann, in: Das lange 19. Jahrhundert (Fs. E. Engelberg), Hg. W. KÜTTLER, Bd. 1, 1999, 99–104.
[9] Beispielsweise SOUTOU, L'or et le sang (wie VI, 7d).

sogenannte »polnische Grenzstreifen« von Österreich-Ungarn an das Deutsche Reich »judenfrei« zu übergeben sei.[10]

Eine intensive Debatte ist über die Frage geführt worden, ob während des Ersten Weltkriegs ein Prozeß der »stillen Parlamentarisierung« stattgefunden habe, der die Gründung der demokratischen Republik von Weimar vorbereitet habe. Unzweifelhaft dürfte sein, daß während des Krieges auch in den Führungsschichten die Einsicht beständig zunahm, es sei notwendig geworden, die Bevölkerung vor allem in innenpolitischen Fragen in höherem Maße an den politischen Entscheidungen zu beteiligen, auch wenn alle konkreten Verfassungsreformen, insbesondere die Reform des preußischen Dreiklassenwahlrechts, von den konservativen Eliten bis in den Oktober 1918 hinein abgeblockt wurden. Andererseits drängten die sogenannten »Mehrheitsparteien« des Zentrums, der Fortschrittlichen Volkspartei, der Mehrheitssozialdemokratie und der Nationalliberalen seit 1917 immer stärker auf eine aktive Beteiligung des Reichstags an den politischen Entscheidungen, vorzugsweise durch Einsetzung parlamentarischer Beiräte bei wichtigen Ministerien oder zentralen Regierungsbehörden. Sie strebten die Kontrolle der Exekutive durch permanent tagende Ausschüsse an, wie den sogenannten Siebener-Ausschuß, über deren Wirksamkeit man allerdings geteilter Meinung sein kann.[11]

Einen großen Raum in der Diskussion über den Ersten Weltkrieg nimmt die Frage der wirtschaftlichen und gesellschaftlichen Auswirkungen des Krieges ein. In diesem Zusammenhang ist nach wie vor umstritten, ob der Erste Weltkrieg als der erste totale Krieg in der neueren Geschichte zu gelten hat.[12] Unübersehbar führten die weitreichenden Eingriffe in das Wirtschaftsleben und in die Lebensformen jedes einzelnen zwecks einer maximalen Steigerung der Kriegsanstrengungen sowohl an den Fronten als auch in der »Heimat« zu folgenreichen Verformungen der wirtschaftlichen und gesellschaftlichen Ordnung. Der wirtschaftliche Niedergang des Bürgertums und die soziale Deklassierung der Beamtenschaft einerseits, die relative

---

[10] GEISS, Grenzstreifen (wie VI, 7d); W. J. MOMMSEN, Das Deutsche Reich und Österreich-Ungarn im Ersten Weltkrieg, in: Der »Zweibund« 1879, Hg. H. RUMPLER u. a., 1996, 383–407, hier 402f.; siehe dazu ferner L'Allemagne (wie VI, 2), Bd. 2, 1966, 488ff.
[11] Vgl. MOMMSEN, Bürgerstolz (wie I, 6b), 688–690.
[12] Vgl. Anticipating Total War, Hg. M. F. BOEMEKE u. a., 1999; ferner Great War, Total War, Hg. R. CHICKERING u. a., 2000.

§ 1 Forschungsstand und Kontroversen in der Forschung 19

Stärkung der Position der organisierten Arbeiterschaft andererseits gehören gewiß dazu. Allerdings beschleunigte die Kriegssituation vielfach nur langfristig ablaufende Umschichtungsprozesse, ohne deren Richtung zu verändern, beispielsweise die Zunahme der Beschäftigung von Frauen, und dies nicht einmal immer mit irreversiblen Auswirkungen. Besondere Aufmerksamkeit hatte in diesem Zusammenhang die Beschleunigung der Kapitalkonzentration, als Folge der kriegsbedingten Begünstigung der Großbetriebe der Rüstungs- und Grundstoffindustrien. Insbesondere stellt sich die Frage, ob und wie weit durch die Art der Finanzierung des Krieges nicht nur die Zahl der materiell an einem siegreichen Ausgang des Krieges Interessierten vermehrt, sondern vor allem die Grundlagen für die katastrophale Nachkriegsinflation gelegt wurden.

Die enormen Kriegsverluste, die nahezu jede Familie trafen und namentlich im gebildeten Bürgertum, aus dem viele Kriegsoffiziere rekrutiert wurden, der Auslöschung einer ganzen Generation nahekamen, hatten eine traumatische Wirkung auf die breiten Schichten der Bevölkerung und ließen die Deutung des Krieges als eines apokalyptischen Geschehens aufkommen, während gleichzeitig die Botschaft der christlichen Kirchen an Überzeugungskraft einbüßte.[13] In längerfristiger demographischer Perspektive hatte der Einbruch der Geburtenzahlen, nach den Ergebnissen der demographischen Forschung, allerdings keine bleibenden Auswirkungen.[14]

Die Auswirkungen des massenhaft erfahrenen Kriegstodes auf die Mentalität der Bevölkerung sind uns bislang nur unzureichend bekannt. Erste Studien gibt es über den Umgang mit dem Tode, über die Einrichtung von Kriegerfriedhöfen, die vorzugsweise als »Heldenhaine« inmitten der Natur konzipiert wurden, und über Kriegerdenkmale, die allerdings zumeist erst nach dem Ende des Krieges entstanden.[15]

Hingegen hat inzwischen auf breiter Front die Erforschung der Alltagsgeschichte des Ersten Weltkrieges eingesetzt, sowohl in der »Heimat« als auch an der Front, in der Absicht, der bislang vorherrschenden Geschichte »von oben« eine Geschichte »von unten« entgegenzusetzen und die Erfahrungen des »kleinen Mannes« beziehungsweise

---

[13] Dazu Kriegserlebnis, Hg. K. VONDUNG, 1980.
[14] Vgl. dazu R. WALL u. a., The Upheaval of War, 1988.
[15] R. KOSELLECK, Kriegerdenkmale als Identitätsstiftungen der Überlebenden, in: Identität, Hg. O. MARQUARD u. a., 1979, 255–276.

der unterschiedlichsten Gruppen der Gesellschaft in das historische Bewußtsein einzubeziehen.[16] Allerdings liegen bisher nur einige eindrucksvolle Regional- bzw. Lokalstudien vor,[17] während eine neue Synthese noch aussteht.[18] Noch schwieriger stehen die Dinge hinsichtlich des sogenannten »Fronterlebnisses« beziehungsweise der Erfahrungen der Soldaten an der Front. Einzelne wichtige Quellengattungen sind hier neu erschlossen worden, so die Schützengraben- und Armeezeitungen und die Regimentsgeschichten. Jedoch wissen wir über die konkreten Erfahrungen des einzelnen Soldaten an den Fronten relativ wenig. Eine große Zahl neuerer Arbeiten stützt sich auf die Sammlung und Auswertung von Feldpostbriefen.[19] Aber es stellt sich immer deutlicher heraus, daß die Soldaten an der Front ihre tatsächlichen, tief erschütternden Fronterlebnisse nur in Ausnahmefällen in Briefen an ihre Angehörigen zum Ausdruck gebracht haben, ganz abgesehen davon, daß sich das Grauen des Kriegsgeschehens zumeist ohnehin einer literarischen Gestaltung entzog. Vielmehr ist die Massenquelle der Feldpostbriefe eine Enttäuschung; man kann mit »Briefen aus dem Felde« vieles beweisen. Sie lassen sich für die unterschiedlichsten ideologischen Zwecke instrumentalisieren, wie sich schon an den unterschiedlichen Ausgaben der von Philipp Witkop herausgegebenen Briefe gefallener Studenten zeigen läßt.[20] Der Realität am nächsten dürften noch visuelle oder literarische Darstellungen von Künstlern wie Otto Dix und Max Beckmann oder Schriftstellern wie August Stramm oder Fritz von Unruh kommen, gerade wegen der diesem Medium eigenen Subjektivität.

Dies führt zu dem noch kontroverseren Thema der Entstehung beziehungsweise der absichtsvollen Schaffung von Mythen, die sich an konkrete historische Ereignisse des Ersten Weltkriegs anschließen, diese aber in dramatischer Weise zuspitzen und überhöhen und dann

---

[16] Vgl. Der Krieg des »kleinen Mannes« (wie VI, 9c).
[17] V. ULLRICH, Kriegsalltag, 1982; Kriegserfahrungen (wie VI, 8e).
[18] Ein erster Anlauf findet sich bei G. KRUMEICH, Kriegsgeschichte im Wandel, in: Keiner fühlt sich hier mehr als Mensch ..., Hg. G. HIRSCHFELD u. a., 1993, 11–24.
[19] Zu nennen ist hier insbesondere der Sammelband Kriegsalltag (wie VI, 8e); ferner G. SCHNEIDER, Kriegspostkarten des Ersten Weltkriegs als Geschichtsquellen, in: Stationen einer Hochschullehrerlaufbahn (Fs. A. Kuhn), Hg. U. ARNOLD u. a., 1999, 148–196.
[20] Vgl. u. a. M. HETTLING u. a., Der Weltkrieg als Epos, in: Keiner fühlt sich hier mehr als Mensch (wie Anm. 18), 175–198.

eine eigenständige, von dem tatsächlichen Geschehen weitgehend abgelöste Wirkung ausüben. Als solche Mythen lassen sich das sogenannte »Erlebnis des 4. August« und der personalplebiszitär ausgerichtete Mythos des »Siegers der Schlacht von Tannenberg« ausmachen, ohne den die spätere Reichspräsidentschaft Hindenburgs nicht möglich gewesen wäre. Besonders folgenreich wurde der »Mythos von Langemarck«, der auf eine tendenziöse Verlautbarung der Obersten Heeresleitung zurückgeht, die nach der mißlungenen Offensive in Flandern die Nachricht vom heldenhaften Sterben junger Soldaten unter Absingen des Deutschlandliedes verbreitete; der »Langemarckmythos« wurde zur Propagierung und schließlich zur Rechtfertigung eines erneuten »Opferganges« der jungen Generation instrumentalisiert.[21] Ungleich wirksamer war die von George Mosse eindrucksvoll rekonstruierte mythische Vorstellung, daß das Opfer der gefallenen Soldaten die nachfolgenden Generationen dazu verpflichte, das Werk, für das sie ihr Leben gaben, fortzuführen und gegebenenfalls in einem erneuten Kriege wieder gut zu machen, was an ihnen versäumt worden sei.[22] Dergleichen Vorstellungen erhielten eine zusätzliche Stütze in dem stellenweise aufkommenden Glauben an die Wiederkehr der gefallenen Soldaten beziehungsweise die Visitation der Lebenden durch ihre gefallenen Brüder.[23] Solche mythischen Ideen gaben einen fruchtbaren Nährboden ab für die Entstehung der »Dolchstoßlegende«, mit anderen Worten der Vorstellung von der Unbesiegbarkeit der deutschen Armeen im Felde. Bedeutsamer vielleicht noch war der Mythos der Geburt eines »neuen Menschen« im Stahlbad der Materialschlachten des Ersten Weltkrieges.[24] Die daraus erwachsene Ideologie des »Frontkämpfers«, der vorrangig über die Zukunft der Nation zu befinden habe, hatte fatale Auswirkungen auf die politische Kultur der Weimarer Republik.

---

[21] Vgl. B. HÜPPAUF, Langemarck, Verdun and the Myth of a New Man in Germany after the First World War, in: War & Society 6, 1988, 70–103, hier 74 ff.
[22] MOSSE, Gefallen für das Vaterland (wie VI, 8e).
[23] Vgl. dazu Jay M. WINTER, Sites of memory, sites of mourning, 1995, der auf der Grundlage solcher Beobachtungen für eine neue »cultural history of the Great War« plädiert.
[24] Vgl. B. HÜPPAUF, Schlachtenmythen und die Konstruktion des »Neuen Menschen«, in: Keiner fühlt sich hier mehr als Mensch (wie Anm. 18), 43–84, hier 59 ff.

§ 2 Julikrise und Kriegsausbruch 1914

In der Julikrise 1914 trafen drei unterschiedliche Entwicklungstrends aufeinander, die zusammengenommen den Ausbruch des Ersten Weltkriegs nahezu unvermeidlich gemacht haben. Als erstes müssen hier die imperialistischen Bestrebungen sowohl der Großmächte als auch der Mächte mittleren Ranges genannt werden, die nicht nur auf den Erwerb überseeischer Kolonien oder Einflußzonen beziehungsweise die Arrondierung bereits bestehender Kolonialreiche gerichtet waren, sondern auch auf die Expansion der eigenen nationalen Territorien. Zwar hatten die imperialistischen Konflikte zwischen den Großmächten, namentlich zwischen dem Deutschen Reich und dem britischen Empire, im Frühjahr 1914 bereits ihren Höhepunkt überschritten; in einer Reihe von regionalen Vereinbarungen, nicht zuletzt zwischen dem Deutschen Reich und Großbritannien über die Bagdadbahn und über die Zukunft der portugiesischen Kolonien, deren Aufteilung zwischen den beiden Mächten im Juni 1914 nur noch eine Frage der Zeit zu sein schien, waren Spannungen abgebaut worden. Auch die deutsch-russischen Rivalitäten hinsichtlich der informellen Vorherrschaft im Osmanischen Reich hatten eine gewisse Beruhigung erfahren. Gleichwohl standen die europäischen Mächte in imperialistischen Fragen weiterhin auf dem Sprung. In Berlin hoffte man, daß man als Juniorpartner des britischen Imperialismus erfolgreicher sein würde als in den vergangenen Jahrzehnten mehr oder minder scharfer Konfrontation, aber der Einsatz militärischer Macht, sofern die geschmeidigeren Methoden des informellen Imperialismus mit wirtschaftlichen und diplomatischen Mitteln nicht zu Erfolgen führen sollten, wurde hier wie anderswo nicht grundsätzlich ausgeschlossen. Die deutsche Öffentlichkeit war freilich nur unzureichend darüber informiert, daß die Karten für eine künftige Vermehrung der territorialen Besitzungen und der informellen Einflußzonen in Übersee ungünstig waren und daß die Interessen der deutschen Wirtschaft gar nicht auf vermehrten Kolonialbesitz, sondern auf den ungestörten Ausbau des deutschen informellen Handelsimperiums in Europa und in Übersee ausgerichtet waren. Die Diskrepanz zwischen der wirtschaftlichen Potenz Deutschlands und der einstweilen mageren Ausbeute der deutschen »Weltpolitik« hatte namentlich in den bürgerlichen Schichten eine Erwartungshaltung entstehen lassen, die von der

Reichsleitung den weiteren Ausbau der überseeischen Besitzungen (wenn auch noch nicht den »Durchbruch zur Weltmachtstellung«) gegebenenfalls unter Ausspielung der militärischen Macht des Deutschen Reiches als eines Drohpotentials verlangte. Diese seit 1911 anschwellende Strömung in der Öffentlichkeit, die von den nationalistischen Agitationsverbänden nach Kräften geschürt wurde, setzte die deutsche Reichsleitung unter permanenten Druck, gerade deshalb, weil die Exekutive im bestehenden halbkonstitutionellen System über kein taugliches Mittel verfügte, um die lautstarke Agitation für ein größeres Deutschland in den Grenzen zu halten, die mit den Bedingungen des internationalen Systems vereinbar waren. Auf dem Umweg über die Parteien und Verbände haben diese Bestrebungen maßgeblich auf die Entscheidungen der Reichsleitung in der Julikrise eingewirkt.

Es kam erschwerend hinzu, daß seit 1911 die kleineren Mächte ihrerseits in verstärktem Maße expansive Ambitionen entwickelten. Die italienischen imperialistischen Aspirationen in Nordafrika waren nach der zweiten Marokkokrise in ein akutes Stadium getreten, sie richteten sich nach der erfolgreichen Annexion Libyens nun vornehmlich auf die Steigerung des eigenen wirtschaftlichen und politischen Einflusses an der Adria. Die Balkanstaaten hingegen trachteten nach einer Arrondierung ihrer Besitzungen, sei es auf Kosten der Reste der europäischen Teile des Osmanischen Reiches, sei es auf Kosten Österreich-Ungarns, und zerstritten sich nach dem Ende des Ersten Balkankrieges über die gemeinsame Beute. Österreich-Ungarn aber sah nach dem Frieden von Bukarest seine Vormachtstellung in dieser Region akut bedroht, einerseits durch die irredentistischen Aktivitäten der Südslawen, die indirekt den Bestand des habsburgischen Vielvölkerstaates gefährdeten, andererseits durch die expansiven Bestrebungen Serbiens. Das österreichisch-ungarische Außenamt und mehr noch die österreichischen Militärs, allen voran der Generalstabschef Conrad von Hötzendorf, wollten die angeschlagene Hegemonialstellung der Donaumonarchie auf dem Balkan bei nächstbester Gelegenheit mit gewaltsamen Mitteln wiederherstellen. Die turbulenten Verhältnisse auf dem Balkan hatten bisher durch die gemeinsamen Interventionen der Großmächte in Grenzen gehalten werden können. Seit 1912 funktionierte dies wegen des erbitterten Gegensatzes zwischen dem zarischen Rußland und der Donaumonarchie in den Balkanfragen, aber auch, weil die deutschen und die österreichischen Interessen in dieser Region auseinanderliefen, nicht länger. Die chronische Instabilität der Verhältnisse auf dem Balkan war eine der wesentlichen Voraussetzungen, wenn auch nicht die eigentliche Ursache für den Ausbruch des Ersten Weltkrieges, der gelegentlich als »Dritter Balkankrieg« bezeichnet worden ist.[1]

Der zweite Entwicklungstrend war der Rüstungswettlauf der großen Mächte, der im letzten Jahrzehnt vor 1914 eine erhebliche Beschleunigung erfahren hatte.[2] Im Vordergrund der öffentlichen Aufmerksamkeit stand schon damals der deutsche Schlachtflottenbau. Der Staatssekretär des Reichsmarineamts von Tirpitz hatte darauf gesetzt, daß es möglich sein werde, durch den konsequenten und kontinuierlichen Ausbau einer deutschen Schlachtflotte binnen zweier Jahrzehnte eine Seestreitmacht zu schaffen, die der britischen Flotte zwar immer noch nicht ebenbürtig, aber hinsichtlich der Zahl und Leistungsfähigkeit der Einheiten sowie einer überlegenen Ausbildung der Mannschaften so stark sein werde, daß Großbritannien dem Deutschen Reich in weltpolitischen Fragen werde entgegenkommen müssen. Diese Rechnung war nicht aufgegangen, und der Versuch, gegen eine Verlangsamung des deutschen Flottenausbaus eine Neutralitätserklärung Großbritannien für den Fall eines unprovozierten Kontinentalkrieges einzuhandeln, war gescheitert. Seit 1912 steckte die Reichsleitung alle verfügbaren Finanzmittel in den weiteren Ausbau des Landheeres. Die Aufrüstung war zusätzlich bedingt durch die einhellige Überzeugung der Generalstäbe, daß ein durchschlagender Erfolg in einem Kontinentalkrieg nur durch große, unmittelbar nach Kriegsausbruch geführte Offensivschläge zu erwarten sei.[3] Die Offensivstrategie der Militärs und die hochkomplizierten Aufmarschpläne, die dafür ausgearbeitet wurden, reduzierten im Krisenfall die Flexibilität der Diplomatie, weil es aus militärischen Gründen notwendig wurde, so früh wie möglich loszuschlagen. Außerdem erhielt die Erwartung, daß es früher oder später zu einem großen europäischen Kriege kommen werde, immer mehr Nahrung und nahm schließlich

---

[1] Vgl. REMAK, 1914 – The Third Balcan War (wie VI, 6).
[2] Vgl. BERGHAHN, Rüstung (wie VI, 6); Rüstung (wie VI, 6) sowie STORZ, Kriegsbild (wie VI, 6); STEVENSON, Armaments (wie VI, 6).
[3] Vgl. Military Strategy (wie VI, 6); HOWARD, Men against Fire (wie VI, 6).

§ 2 Julikrise und Kriegsausbruch 1914   25

die Qualität einer »self-fulfilling prophecy« an.[4] Die Militärs, aber auch die deutsche Öffentlichkeit empfanden die intensiven russischen Rüstungsmaßnahmen und insbesondere den Ausbau des russischen Eisenbahnsystems in den westlichen Gouvernements des Zarenreiches, der mit französischer finanzieller Unterstützung vorangetrieben wurde, als unmittelbare Bedrohung. Diese Besorgnisse steigerten sich in militärischen und in Regierungskreisen im Frühjahr 1914 zu der Annahme, daß das zarische Rußland nach Abschluß der laufenden Rüstungsmaßnahmen 1916/17 einen Angriffskrieg gegen die Mittelmächte zu führen beabsichtige.

Ein weiterer Faktor war die zunehmende Versäulung der Bündnissysteme.[5] Der Zweibund und seine Ergänzung, der Dreibund, waren jedenfalls zur Zeit Bismarcks strikt defensiv ausgelegte Bündnisse gewesen.[6] Im Laufe der Jahre war insbesondere der Dreibund mit Italien schrittweise in ein Bündnis zur Absicherung und Unterstützung der imperialistischen Aspirationen Italiens umgedeutet worden, ohne freilich die italienischen Erwartungen wirklich zu befriedigen. Auch der Zweibund selbst hatte angesichts fehlender Alternativen die deutsche Diplomatie in stärkere Abhängigkeit von der Donaumonarchie gebracht, als sie sich selbst einzugestehen wagte. Umgekehrt war die russisch-französische Allianz über die Jahre hinweg immer fester gefügt und durch Vereinbarungen der Generalstäbe ergänzt worden, die im Kriegsfall die beiderseitigen Armeen zum sofortigen Übergang zur Offensive verpflichteten. Das Zünglein an der Waage des europäischen Mächtesystems war bei Lage der Dinge Großbritannien. Sir Edward Grey hatte Großbritannien seit der Agadirkrise 1911 immer stärker Frankreich angenähert, bis hin zum Abschluß von Vereinbarungen der Generalstäbe für den Kriegsfall, allerdings mit dem Vorbehalt, daß die Handlungsfreiheit Großbritanniens dadurch nicht beschränkt würde. Er verfolgte eine diplomatische Linie, die ihm durch die ablehnende Haltung der großen Mehrheit der Liberalen im Unterhaus vorgezeichnet war, die aber weder die französische Regierung befriedigte noch gegenüber den Mittelmächten eine eindeutige Posi-

---

[4] Vgl. MOMMSEN, Topos (wie VI, 6), JOLL, Origins (wie VI, 6).
[5] Vgl. dazu HILDEBRANDT, Imperialismus (wie VI, 6); DERS., Julikrise 1914 (wie VI, 6).
[6] FELLNER, Dreibund (wie VI, 6) sowie AFFLERBACH, Dreibund (wie VI, 6); vgl. dazu auch den Beitrag von V. BERGHAHN, [10]Gebhardt, Bd. 16.

tion bezog. Tatsächlich wurden die Entscheidungen der britischen Regierung durch diese Vereinbarungen, insbesondere ein Flottenabkommen, welches den Schutz der Nordseeküste allein der britischen Flotte übertrug, weit stärker festgelegt, als Sir Edward Grey sich dies jemals eingestanden hat.[7] Als Grey dann im Mai 1914 überdies in Verhandlungen mit dem zarischen Rußland über eine Flottenkonvention eintrat, in der unter anderem von einer möglichen Landung britischer Truppen in Pommern die Rede war, war die Reichsleitung mit einigem Recht alarmiert.[8] Aus ihrer Sicht drohte sich nun der Ring der Entente um die Mittelmächte vollends zu schließen. Die Mächtekonstellation ließ den Regierungen im Konfliktfall nur geringen Spielraum, wollten sie nicht den Bestand des jeweils eigenen Bündnissystems aufs Spiel setzen und einen erheblichen Prestigeverlust hinnehmen.

Dies alles mochte noch angehen, wenn nicht die Regierungen der kontinentaleuropäischen Großstaaten, namentlich des Deutschen Reiches, der Donaumonarchie und des Zarenreiches gegenüber den aufsteigenden bürgerlichen Schichten, die sich weithin einem imperialistischen Nationalismus verschrieben hatten, schon länger in die Defensive geraten wären. Es war schwierig geworden, unpopuläre außenpolitische Entscheidungen zu treffen und damit womöglich die bestehende halbautoritäre Herrschaftsordnung zu gefährden. Dies gilt in besonderem Maße für das Deutsche Reich unter dem Reichskanzler Theobald von Bethmann Hollweg, dem schon seit einiger Zeit vorgeworfen wurde, sowohl im Innern, insbesondere gegenüber der Sozialdemokratie, allzu nachgiebig zu operieren als auch eine schwächliche Außenpolitik zu betreiben, welche die nationalen Interessen ungenügend wahre. Die Nationalliberalen und konservativen Parteien sahen eine kraftvolle Weltpolitik, wenn nicht sogar einen Krieg als geeignetes Mittel an, um die Sozialdemokratie wirksam in ihre Schranken zu verweisen oder gar zu zerstören. Die Zentrumspartei, die inzwischen eine Schlüsselstellung im Reichstag erlangt hatte und zusammen mit den Nationalliberalen auf ein höheres Maß der Kontrolle der Exekutive durch den Reichstag hinarbeitete, hätte es

---

[7] Die jüngste, ungemein kritische Analyse der britischen Politik im Juli 1914 bei FERGUSON, The Pity of War (wie VI, 5).
[8] RAUH, Marinekonvention (wie VI, 6).

§ 2 Julikrise und Kriegsausbruch 1914

schwerlich ohne massive Proteste hingenommen, wenn das Deutsche Reich die katholische Vormacht Österreich-Ungarn in einer existentiellen Krise im Stich gelassen hätte. Die strukturell, nicht personell bedingte Schwäche des kaiserlichen Beamtenregimes unter Bethmann Hollweg hätte eine Niederlage oder auch nur eine größere Einbuße von Prestige auf außenpolitischem Felde nicht überlebt. Es kam hinzu, daß die Reichsverfassung und die militärische Tradition Preußen-Deutschlands den militärischen Instanzen, insbesondere dem Chef des Generalstabs, gleichsam eine kontrollfreie Nebenregierung einräumten, die von den Entscheidungen der »zivilen Reichsleitung« unabhängig war.

Es trifft nicht zu, daß die Reichsleitung von langer Hand auf den Krieg hingearbeitet habe.[9] Wohl aber gab es in den Kreisen der engeren Führungselite, namentlich bei den Militärs, wie auch in der Öffentlichkeit zahlreiche Stimmen, die von einem Präventivkrieg eine Lösung sowohl der inneren als auch der außenpolitischen Probleme des Deutschen Reiches erwarteten. Bethmann Hollweg gehörte nachweislich nicht dazu. Jedoch mußte sich die Reichsleitung im Frühsommer 1914 dem Argument stellen, daß sie, wie der Generalstabschef von Moltke gegenüber dem Staatssekretär des Äußeren von Jagow erklärte, angesichts der fortschreitenden Verschlechterung der militärischen Gesamtlage der Mittelmächte durch die russischen Rüstungsanstrengungen ihre Politik »auf die baldige Herbeiführung eines Krieges« einstellen müsse. Zum gegenwärtigen Zeitpunkt könne ein Zweifrontenkrieg noch mit Aussicht auf Erfolg geführt werden, späterhin jedoch nicht mehr.[10] Nur wenig später traf die Nachricht von der Ermordung des österreichisch-ungarischen Thronfolgers und seiner Gemahlin in Sarajewo am 28. Juni 1914 durch eine Gruppe von jugendlichen Nationalisten ein und stellte die Reichsleitung vor die Frage, ob man einem Krieg, der sich als Folge der nun wieder aufflammenden Balkankrise ergeben könne, unter den gegebenen Umständen auch weiterhin aus dem Wege gehen dürfe. Denn es war

---

[9] Dies war bekanntlich die Ansicht Fritz Fischers, der eine systematische Kriegsvorbereitung seit der sog. Krisenkonferenz vom 8. Dezember 1912 nachzuweisen gesucht hat, eine These, die gegenwärtig noch von A. Gasser, J. C. G. Röhl und B. F. Schulte vertreten wird.

[10] Gespräch von Jagows mit Moltke am 20. Mai oder 3. Juni 1914, veröffentlicht bei ZECHLIN, Motive (wie VI, 6).

damit zu rechnen, daß die Donaumonarchie dieses Attentat, das, wie man allgemein glaubte, auf die Machenschaften der serbischen Regierung zurückzuführen sei, zum Anlaß nehmen wolle, um endlich den lang ersehnten militärischen Schlag gegen Serbien zu führen und die Ergebnisse des in Wien als demütigend empfundenen Friedens von Bukarest von 1913, der den Zweiten Balkankrieg beendet hatte, mit Gewalt zu annullieren.[11]

Die Reichsleitung sah sich demnach schon Anfang Juli 1914, noch vor dem Eintreffen des österreichisch-ungarischen Sonderbotschafters Graf Hoyos in Berlin am 5. Juli, vor schwerwiegende Entscheidungen gestellt. Sollte sie, in Fortsetzung ihrer bisherigen Balkanpolitik, die verbündete Donaumonarchie einmal mehr vor einem Feldzug gegen Serbien abhalten, weil dieser zum Eingreifen Rußlands und zu einem allgemeinen europäischen Krieg führen könne, auf die Gefahr hin, ihren letzten verläßlichen Bundesgenossen zu verlieren? Oder sollte sie für einen raschen militärischen Schlag Österreich-Ungarns gegen Serbien, für den die Konstellation so günstig erschien wie niemals zuvor, ihre Unterstützung zusagen, in der Hoffnung, daß Rußland ebenso wie in der Annexionskrise 1908 (die Annexion der bisher nur unter österreichisch-ungarischer Verwaltung stehenden Provinzen Bosnien und Herzegovina) am Ende zurückweichen werde? Es war bekannt, daß die britische Politik für die »Königsmörder« in Sarajewo nicht die geringsten Sympathien hegte und auch Frankreich friedenswillig war und vermutlich nicht bereit sein würde, wegen solcher Händel in einen europäischen Krieg verwickelt zu werden. Man war sich in Berlin der Tatsache durchaus bewußt, daß eine militärische Strafaktion der Donaumonarchie gegen Serbien einen allgemeinen europäischen Krieg auslösen konnte. Dennoch rechnete sich Bethmann Hollweg gute Chancen dafür aus, daß es gelingen werde, diesen Krieg zu lokalisieren, sofern die Donaumonarchie den geplanten Militärschlag rasch und ohne nennenswerten Zeitverzug durchführte. Nur wenn das zarische Rußland ohnehin zum Krieg entschlossen sei, werde es zu einem allgemeinen Krieg kommen. In diesem Fall aber galt das Diktum der Militärs, daß das Deutsche Reich einen europäi-

---

[11] Vgl. dazu G. KRONENBITTER, »Nur los lassen«, in: Lange und kurze Wege (wie VI, 6), 159–187, mit weiterführender Literatur, sowie WILLIAMSON, Austria-Hungary (wie VI, 6).

§ 2 Julikrise und Kriegsausbruch 1914

schen Krieg besser jetzt, solange er angesichts der unfertigen russischen Rüstungen noch gewonnen werden könne, als zu einem späteren Zeitpunkt führen solle.

Unter dem Druck der Argumente des Generalstabs entschloß sich die Reichsleitung zu einem mittleren Kurs,[12] nämlich den bevorstehenden lokalen Krieg gegen Serbien zu einem Testfall zu erheben, ob Rußland wirklich zum Krieg entschlossen sei, freilich in der Hoffnung, daß dieses am Ende nachgeben und dergestalt das Katastrophenszenario der Militärs durch den weiteren Gang der Dinge falsifiziert werde.[13] Tatsächlich beruhte das Drängen der Militärs, insbesondere Moltkes selbst, auf eine kriegerische Lösung weniger auf rationalem Kalkül und der Gewißheit, vermittels des Schlieffenplans jetzt noch einen Mehrfrontenkrieg gewinnen zu können, als auf der Sorge, daß bei weiterem Zuwarten die strategischen Planungen des Generalstabs in völliger Ausweglosigkeit enden könnten; im Grunde waren diese schlechthin irrational.[14] Einige der hohen Militärs, namentlich der Kriegsminister General Erich von Falkenhayn, wünschten sich aus militärischem Ehrgeiz schon länger einen »ehrlichen« Krieg herbei und klagten über die Schlappheit und Timidität der »zivilen« Reichsleitung und nicht zuletzt Wilhelms II. selbst. Moltke hingegen fürchtete den Krieg, aber befangen in dem Glauben, daß ein europäischer Krieg angesichts der zunehmenden Spannungen unter den Großmächten ohnehin nicht vermeidbar sei, plädierte er dafür, diesen so bald wie möglich zu führen.[15] Die Diplomaten im Umkreis Bethmann Hollwegs rechneten sich zudem eine günstige Chance dafür aus, daß es im Zuge der zu erwartenden Auseinandersetzungen der Großmächte über die Frage einer Lokalisierung des österreichisch-serbischen Krieges gelingen könnte, die anderen Großmächte auseinanderzumanövrieren und den Ring der Entente zu sprengen.[16] Es kam hinzu, daß es aus innenpolitischen Gründen angezeigt war, die günstige Gelegenheit, einen großen diplomatischen Erfolg der Mittel-

---

[12] Fritz Kern sprach gegenüber Tirpitz rückblickend treffend von einem »Eventualpräventivkrieg«. Skizzen zum Kriegsausbruch (wie VI, 6), 9.
[13] Ausführlicher Nachweis bei MOMMSEN, Großmachtstellung (wie VI, 6), 302 ff.
[14] So FÖRSTER, Generalstab (wie VI, 6).
[15] Ebd., 156; Moltke an Bethmann Hollweg, 29. Juli 1914, Julikrise (wie VI, 2), Bd. 2, 263.
[16] Siehe dazu HILLGRUBER, Riezlers Theorie (wie VI, 6).

mächte zu erzielen, nicht ungenutzt verstreichen zu lassen, um so mehr, als die Unterstützung der Donaumonarchie, die man in Deutschland nach wie vor als einen deutschen Staat betrachtete, in der Öffentlichkeit immer noch populär war. Für den Fall, daß es doch zu einem europäischen Krieg kommen werde, bot sich zudem die Aussicht, dem zarischen Rußland die Schuld zuzuschieben und die Unterstützung der Bevölkerung unter Einschluß womöglich auch der Sozialdemokratie für den Krieg zu gewinnen. Dies lief auf ein höchst machiavellistisches Kalkül hinaus, welches den erwarteten Balkankrieg für eigene, weiterreichende politische Ziele zu instrumentalisieren gedachte.

Die Ausstellung eines »Blankoschecks« für Österreich-Ungarn, den Graf Hoyos denn auch füglich am 5. Juli 1914 in seinen Gesprächen mit Bethmann Hollweg und Wilhelm II. entgegennehmen konnte, oder genauer die deutsche Unterstützung für einen Feldzug Österreich-Ungarns, durch den Serbien als politischer Machtfaktor auf dem Balkan ausgeschaltet werden sollte, hatte demgemäß nur wenig mit »Nibelungentreue« zu tun.[17] Allerdings suchte die Reichsleitung die Wiener Regierung zu raschem, energischem Handeln zu veranlassen, um den Schock, den das Attentat bei den anderen europäischen Dynastien ausgelöst hatte, auszunutzen. »Ein schnelles fait accompli, und dann freundlich gegen die Entente, dann kann der choc ausgehalten werden«, notierte Kurt Riezler, ein enger Mitarbeiter des Kanzlers, in seinem Tagebuch.[18] Bethmann Hollweg selbst nannte diese Entscheidung »ein[en] Sprung ins Dunkle«, den er persönlich als »schwerste Pflicht« betrachte.[19]

In den folgenden Wochen tat die Reichsleitung nach außen hin alles, um den Eindruck zu erwecken, daß sie das Attentat von Sarajewo als eine wenig bedeutende Affäre ansehe, welche den europäischen Frieden in keiner Weise gefährde. Jedoch liefen die Dinge von vornherein nicht so, wie sich die Reichsleitung dies vorgestellt hatte. Die Österreicher dachten gar nicht daran, unverzüglich loszuschlagen. Vielmehr kam es in Wien zu langwierigen Auseinandersetzungen dar-

---

[17] Vgl. FELLNER, Die »Mission Hoyos« (wie VI, 6).
[18] Eintragung vom 11. Juli 1914, RIEZLER, Tagebücher (wie VI, 3), 185.
[19] Ebd.

§ 2 Julikrise und Kriegsausbruch 1914 31

über, ob man sich tatsächlich auf einen Krieg gegen Serbien einlassen und unter welchen Bedingungen dieser geführt werden sollte. Namentlich der ungarische Regierungschef Graf Tisza wandte sich gegen den Entschluß zum Krieg, nicht zuletzt weil dieser eine weitere Stärkung des slawischen Elements in der Donaumonarchie zur Folge haben werde, und konnte nur nach langem Hin und Her unter Ausspielen des Arguments, daß das Deutsche Reich sonst Österreich-Ungarn gänzlich fallen lassen werde, umgestimmt werden. Erst am 15. Juli wurde dann ein überaus scharf gehaltenes Ultimatum an Serbien beschlossen, von dem man annahm, daß die serbische Regierung es auf keinen Fall werde annehmen können. Da aber der französische Staatspräsident Poincaré vom 20. bis 23. Juli 1914 zu einem Staatsbesuch in St. Petersburg angesagt war und dann womöglich einen Kriegsentschluß hätte nahelegen können, wurde die Übergabe des Ultimatums bis zum 23. Juli verschoben. Damit war wertvolle Zeit verstrichen. Die Schutzbehauptung der deutschen Regierung, daß sie mit dem Ultimatum nichts zu tun gehabt habe und über dessen Inhalt nicht informiert gewesen sei, hatte schon zu diesem Zeitpunkt jegliche Glaubwürdigkeit eingebüßt. Es kam aber noch schlimmer. Die serbische Regierung nahm das Ultimatum in fast allen Punkten an und verbuchte damit einen wichtigen moralischen Erfolg. Plötzlich saß nicht mehr Serbien, sondern die österreichisch-ungarische Regierung, die gleichwohl die Beziehungen zu Serbien abgebrochen hatte, auf der Anklagebank und mit ihr die deutsche Diplomatie, die es offensichtlich versäumt hatte, auf Wien rechtzeitig mäßigend einzuwirken.

Spätestens zu diesem Zeitpunkt wären ernstliche Kurskorrekturen an der deutschen Strategie in der Julikrise angebracht gewesen. Aber in der Reichskanzlei hielt man dafür, daß man nun Nerven bewahren und unbeirrt an der bisherigen Linie festhalten müsse. Bethmann Hollweg lehnte das Ansinnen ab, Berlin möge auf Österreich-Ungarn einwirken, um dieses vor Kriegshandlungen gegen Serbien mit seinen unabsehbaren Konsequenzen zurückzuhalten, und wies den Vorschlag der britischen Regierung, eine Botschafterkonferenz zur Schlichtung des Konflikts einzuberufen, mit dem Argument ab, daß man die Donaumonarchie in einer für sie existentiellen Frage nicht vor den Areopag der Großmächte zitieren dürfe. Auch jetzt noch war es das Ziel der Reichsleitung, Rußland in aller Form die Entscheidung darüber zuzuschieben, ob »aus dem österreichisch-serbischen Handel, den alle übrigen Großmächte zu lokalisieren wünschen, ein europäischer Krieg entsteht«.[20]

Jedoch zeichnete sich nur wenig später ab, daß keine Aussicht bestand, die anderen Großmächte über der serbischen Frage auseinanderzudividieren. Allerdings nahm die Reichsleitung seit der Rückkehr Wilhelms II. von seiner Nordlandreise eine Kurskorrektur vor. Bethmann Hollweg richtete seit dem 28. Juli zunehmend dringlichere Appelle an Wien, man möge in direkte Verhandlungen mit der zarischen Regierung über die Reichweite des gegenüber Serbien beabsichtigten Vorgehens eintreten, um den Ausbruch eines allgemeinen Krieges doch noch abzuwenden, oder, falls dies nicht gelingen sollte, sicherzustellen, daß das Deutsche Reich nicht am Ende wegen der Zurückweisung aller Vermittlungsbemühungen als die am Krieg schuldige Macht dastehe. Doch wollten sich die Österreicher keinesfalls die Gelegenheit nehmen lassen, das verhaßte Serbien mit Gewalt niederzuwerfen, zumal der deutsche Generalstabschef von Moltke seinen österreichischen Kollegen ermutigte, nun hart zu bleiben und am Kriegsentschluß festzuhalten.

Schon zu diesem Zeitpunkt war nicht mehr klar, ob Bethmann Hollweg noch mit einer friedlichen Lösung der Krise im Sinne der ursprünglichen Intentionen der Reichsleitung rechnete oder ob er nur noch darum bemüht war, die Verantwortung für den ausbrechenden Krieg gegenüber der öffentlichen Meinung dem zarischen Rußland zuzuschieben. Immerhin widerstand der Reichskanzler dem Drängen der Militärs, das Tauziehen um Krieg und Frieden abzukürzen und, wie dies im Sinne des deutschen Feldzugsplans lag, nunmehr unverzüglich loszuschlagen. Er wollte die Hoffnung noch nicht aufgeben, daß doch Verhandlungen zwischen Wien und St. Petersburg zustande kommen würden und Großbritannien dann das zarische Rußland vor dem Äußersten zurückhalten, oder, sofern dies nicht gelingen sollte, wenigstens neutral bleiben werde. Doch Moltke wollte nun nicht länger zuwarten und forderte unverzügliches Handeln, und dies, obschon der bevorstehende Krieg »die Kultur fast des gesamten Europas auf Jahrzehnte hinaus vernichten« würde.[21] Als Bethmann Hollweg auf

---

[20] So in einem dann nicht abgesandten, aber die deutsche Strategie offen ansprechenden Erlaß vom 26. Juli 1914, Julikrise (wie VI, 2), Bd. 2, 46.
[21] Moltke an Bethmann Hollweg, 29. Juli 1914 (ausgefertigt noch am 28. Juli); Julikrise (wie VI, 2), Bd. 2, 263.

§ 2 Julikrise und Kriegsausbruch 1914

die Möglichkeit einer britischen Intervention zur Erhaltung des Friedens verwies, in die der Kanzler seine letzten Hoffnungen auf eine friedliche Lösung der Krise gesetzt hatte, verlangte der Generalstabschef eine sofortige definitive Klärung des Verhältnisses zu Großbritannien. Als dann ein Gespräch des Reichskanzlers mit dem britischen Botschafter Goschen am späten Abend des 29. Juli ergab, daß mit der Neutralität Großbritanniens im Kriegsfall nicht gerechnet werden könne, sondern dies aller Wahrscheinlichkeit nach Frankreich und Rußland unterstützen werde, gewannen die Militärs endgültig die Oberhand. Moltke forderte nun unter Berufung auf die strategischen Notwendigkeiten die unverzügliche Auslösung des Krieges. Die diplomatischen Schritte der Reichsleitung dienten seit dem 30. Juli vorwiegend dem Ziel, die moralischen Prämissen, unter denen der Krieg geführt werden müsse, vor der Weltöffentlichkeit und der deutschen Bevölkerung zu verbessern und sicherzustellen, daß nach außen hin am Friedenswillen der deutschen Politik kein Zweifel aufkommen könne. Letzteres war bemerkenswert erfolgreich; insbesondere gelang es, die Führung der Sozialdemokratischen Partei davon zu überzeugen, daß die Reichsleitung grundsätzlich um die Erhaltung des Friedens bemüht sei.

Mit dem Bekanntwerden der russischen Mobilmachung am Morgen des 31. Juli waren dann die Würfel gefallen. Am 1. August nachmittags wurde in Berlin die Mobilmachung angeordnet, die unter den damaligen Umständen gleichbedeutend mit dem Beginn des Krieges war. Unter dem von den Militärs vorgegebenen Zeitdruck geriet nun der Fahrplan der deutschen diplomatischen Schritte bezüglich der Kriegseröffnung gänzlich durcheinander. Dabei trat einmal mehr die Doppelbödigkeit der deutschen Strategie in der Julikrise zutage. Zeitgleich mit der Mobilmachung wurde am 1. August 1914 nachmittags in St. Petersburg, das wenig später in Petrograd umbenannt wurde, die deutsche Kriegserklärung übergeben; weil aber die unverzügliche Bestätigung dieses Schritts aus technischen Gründen ausblieb, erfand man eine russische Grenzverletzung, die dann vor der Öffentlichkeit als Vorwand für die Eröffnung der Feindseligkeiten gegen Rußland benutzt wurde. Am folgenden Tag erging dann auch die Kriegserklärung an Frankreich, ebenfalls wegen angeblicher französischer Grenzverletzungen. Die Sommation an die belgische Regierung, in welcher der freie Durchmarsch der deutschen Truppen gefordert wurde, erging, noch bevor der Kriegszustand mit Frankreich eingetreten war, obschon dieser ja als Rechtsgrund für die Verletzung der Neutralität Belgiens angeführt wurde. Der Ablauf der Dinge, der nun mehr gänzlich von den militärischen Erfordernissen diktiert war, wurde noch einmal kurzfristig unterbrochen durch eine Nachricht aus London, wonach die britische Regierung, sofern das Deutsche Reich von einem Angriff auf Frankreich Abstand nehmen würde, gegebenenfalls neutral bleiben werde. Diese Mitteilung wurde in Berlin mit großer Genugtuung aufgenommen, und man wähnte schon, daß das deutsche Kalkül, nämlich Rußland zu isolieren und die Entente zu entzweien, nun doch noch aufgegangen sei. Das unverbindliche britische Angebot ging darauf zurück, daß Sir Edward Grey zu diesem Zeitpunkt noch nicht sicher sein konnte, ob er für seine Politik die Unterstützung der Mehrheit der Abgeordneten der Liberalen Partei im House of Commons erhalten würde.[22] Aber es löste sich wenig später in Luft auf, zumal Moltke erklärt hatte, an dem bereits angelaufenen Westaufmarsch der deutschen Armeen jetzt nichts mehr ändern zu können. Am 4. August 1914 erklärte auch Großbritannien dem Deutschen Reich den Krieg.

Die ursprüngliche deutsche Strategie war vollkommen gescheitert. Das Deutsche Reich und Österreich-Ungarn befanden sich in einem Krieg gegen drei Großmächte, während die eigenen Bundesgenossen Italien und Rumänien keine Neigung zeigten, das Bündnisverhältnis zu honorieren. Allerdings hätte sich der Erste Weltkrieg vielleicht noch vermeiden lassen, wenn die anderen Großmächte, namentlich das zarische Rußland, mehr Zeit dafür eingeräumt hätten, um das deutsche Kalkül vollends zu dekuvrieren, statt sich ihrerseits vom Drängen der Militärs und der nationalistischen Tagesströmungen zu unwiderruflichen Schritten drängen zu lassen. Nur innenpolitisch erwies sich die Politik Bethmann Hollwegs als ein voller Erfolg. Die deutsche Bevölkerung einschließlich der großen Mehrheit der Arbeiterschaft schenkte den Beteuerungen der Regierung Glauben, daß dieser Krieg ein von langer Hand vorbereiteter Überfall der Alliierten und namentlich eine Folge der Perfidie Englands sei und nicht eines doppelbödigen machiavellistischen Kalküls, das eher auf Schwäche

---

[22] Dazu jetzt FERGUSON, The Pity of War (wie VI, 5), 159–161.

als auf Stärke beruhte und in dem eine Führungsschicht, die sich innerlich bereits überlebt hatte, ihr Heil suchte und dabei alles aufs Spiel setzte.

§ 3 Die politischen und militärischen Ereignisse 1914–1917

a) »August 1914« und »Burgfriede«. Die innere Politik in den ersten Monaten des Krieges

Die Verkündung der Mobilmachung am 1. August 1914, die gleichbedeutend mit der Eröffnung des Krieges war, wurde von der deutschen Öffentlichkeit überwiegend »mit schweigendem Ernst«, zugleich aber mit einer gewissen Erleichterung aufgenommen, als »Befreiung von dem lähmenden Druck« der vorangegangenen Tage und Wochen.[1] Eine Flutwelle nationaler Gesinnung erfaßte große Teile der Bevölkerung; das Empfinden nationaler Solidarität ließ alle jene Gruppen, die in den vergangenen Monaten gegen den Krieg agitiert hatten, zunächst verstummen. In den Großstädten, vor allem in der Hauptstadt Berlin, kam es zu nationalistischen Massendemonstrationen. Vor dem Berliner Stadtschloß begrüßte eine begeisterte Menge die Bekanntgabe der Mobilmachung mit »unbeschreiblichem Jubel« und »Hurrarufen«.[2] In einer kurzen Ansprache rief Kaiser Wilhelm II. der Menge zu: »Wenn es zum Kriege kommen soll, hört jede Partei auf, wir sind nur noch deutsche Brüder.«[3]

Die nationale Begeisterung der Augusttage war echt, sie war keine Fiktion, wie jüngst behauptet worden ist.[4] Aber sie ging einher mit depressiven Stimmungen und tiefer Sorge vor dem, was kommen würde.[5] Die Aufbruchstimmung des »August 1914« wurde in erster Linie von den bürgerlichen Schichten und der Intelligenz in den städ-

---

[1] Vgl. ULLRICH, Kriegsalltag (wie § 1, Anm. 17), 13.
[2] Nach dem Bericht der Frankfurter Zeitung vom 1. August 1914, zitiert nach: Innenansicht (wie VI, 1), 14.
[3] Ebd.
[4] VERHEY, Der »Geist von 1914« (wie § 1, Anm. 6).
[5] Max Beckmanns zeitgenössische Federzeichnung »Die Mobilmachung« dokumentiert eindrucksvoll diese Stimmung, die freilich mit Entschlossenheit und Bereitschaft zu solidarischem Handeln einherging.

tischen Zentren getragen; in der Provinz und mehr noch auf dem flachen Lande konnte davon nicht die Rede sein. Namentlich in ländlichen Gegenden löste die Mobilmachung, die dazu führte, daß mitten in der Ernte die arbeitsfähigen Männer eingezogen und die Pferde requiriert wurden, weithin Schrecken und Irritation aus; von Kriegsbegeisterung war hier nichts zu spüren.[6] Aber gleichwohl ging durch die Bevölkerung das Empfinden, daß man sich in dem nun ausbrechenden Krieg loyal hinter die Regierung zu stellen habe.

In den August- und Septembertagen fanden sich nicht nur die Reservisten, die nun zur Truppe eingezogen wurden und gemäß den deutschen Kriegsplanungen unverzüglich zum Einsatz kommen sollten, in ihren Garnisonen ein, sondern auch eine Flut von Kriegsfreiwilligen, die häufig mit großer Ungeduld auf ihre unverzügliche Einberufung zu den Fahnen drängten. Die Ersatzeinheiten waren in aller Regel gar nicht imstande, diese große Zahl von Kriegsfreiwilligen zur Ausbildung anzunehmen; viele wurden auf einen späteren Zeitpunkt vertröstet. Der Drang, sich freiwillig zur Armee zu melden, war nahezu unwiderstehlich; nur wenige vermochten sich diesem Sog zu entziehen, und viele von denen, welche aus Altersgründen nicht mehr für den Dienst an der Waffe in Frage kamen, bedauerten dies bitterlich.[7] Auch wenn die nationale Euphorie der ersten Augustwochen schon bald einer nüchterneren Einstellung Platz machte, war doch die Geschlossenheit der Nation einstweilen nicht ernstlich beeinträchtigt.

Die loyale Haltung der breiten Schichten der Bevölkerung, einschließlich auch der Industriearbeiterschaft,[8] ging nicht zuletzt auf die geschickte Strategie der Reichsleitung zurück, die in der deutschen Öffentlichkeit den Eindruck erweckt hatte, daß das friedliebende Deutsche Reich von Rußland und Frankreich überraschend mit Krieg überzogen worden war, nur weil es sich in der serbischen Frage loyal hinter seinen Bundesgenossen gestellt habe. Diese Auffassung verfestigte sich noch mehr, als dann am 4. August 1914 auch Großbritannien in den Krieg eintrat, das »perfide Albion«, wie die Zeitgenossen

---

[6] Vgl dazu Frontalltag (wie VI, 1); ferner eine große Zahl von regionalen und lokalen Studien, beispielsweise C. GEINITZ u. a., Das Augusterlebnis in Südbaden, in: Kriegserfahrungen (wie VI, 8e), 20–35. Ferner GEINITZ, Kriegsfurcht (wie § 1, Anm. 7).
[7] M. WEBER, Max Weber, 1926, S. 527.
[8] Vgl. den Stimmungsbericht des Berliner Polizeipräsidenten vom 5. September 1914, in: Berichte des Berliner Polizeipräsidenten (wie VI, 1), 7.

§ 3 Die politischen und militärischen Ereignisse 1914–1917

es sahen, weil es den Mittelmächten schnöde in den Rücken gefallen sei. Die Parole vom aufgezwungenen Verteidigungskrieg erleichterte die Mobilisierung aller Schichten der Bevölkerung, unter Einschluß auch der Arbeiterschaft. Allerdings wird man davon auszugehen haben, daß die Sozialdemokratie schon lange vor 1914 bereit gewesen war, ihren Teil zur Verteidigung des Reiches beizutragen, sofern dieses ohne eigenes Verschulden in einen Krieg, insbesondere einen solchen mit dem zarischen Rußland, verwickelt werden sollte.[9] Die Sozialdemokratie stimmte den Kriegskrediten am 4. August 1914 unter dem Vorbehalt zu, daß das Deutsche Reich einen Verteidigungskrieg führe, der beendet werden müsse, sobald »das Ziel der Sicherung erreicht« sei. Diese Haltung wurde überall als eine Sensation empfunden und mit großem Jubel begrüßt.[10] Die innerparteiliche Opposition innerhalb der Sozialdemokratie war kraft der Fraktionsdisziplin zum Stillhalten gezwungen worden; Liebknecht und Rühle hatten zuvor gegen den beginnenden »imperialistischen Krieg« protestiert, ohne doch damit durchzudringen.

Die Zeitgenossen sahen in der Zustimmung der Sozialdemokratie zu den Kriegskrediten eine historische Wende, und im konservativen Lager tauchte sogleich die Sorge auf, daß dies zu einer bedrohlichen Stärkung des politischen Gewichts der Sozialdemokratie innerhalb des politischen Systems führen könne. Für den Augenblick aber stand das Bekenntnis zur nationalen Geschlossenheit obenan, und es wurde – zumindest der Absicht nach – besiegelt durch die feierliche Proklamation eines »Burgfriedens« zwischen den Parteien und Interessenverbänden für die Dauer der Kriegshandlungen. Gleichzeitig verabschiedete der Reichstag mit Zustimmung auch der Sozialdemokratie ein ganzes Bündel von Ermächtigungsgesetzen, durch die der Bundesrat für die Dauer des Krieges zum Erlaß von gesetzesgleichen Verordnungen weitreichender Art ermächtigt wurde, ein Schritt, welcher der Selbstentmachtung des Parlaments nahekam.

Die Reichsleitung unter Bethmann Hollweg arbeitete zielbewußt darauf hin, die innere Politik für die gesamte Dauer des Krieges

---

[9] Die umfangreiche ältere Literatur bei KRUSE, Krieg (wie VI, 7a). Repräsentativ MILLER, Burgfrieden (wie VI, 7a) sowie GROH, Integration (wie VI, 7a). Siehe ferner W. MÜHLHAUSEN, Die Sozialdemokratie am Scheideweg, in: Der Erste Weltkrieg (wie VI, 5), 649–671.
[10] MILLER, Burgfrieden (wie VI, 7a), 63.

gleichsam stillzulegen und zu einem halbautoritären bürokratischen Regiment überzugehen; sie fand dafür Verständnis sogar bei den Führern der großen Parteien. Diesem Zweck diente unter anderem auch die amtliche Pressezensur, die von den Stellvertretenden Generalkommandos ausgeübt wurde. Da deren Chefs im Prinzip nur dem Kaiser als Oberstem Kriegsherrn unterstanden und *de jure* von jeglicher politischer Kontrolle freigestellt waren, schien die Reichsleitung in wünschenswerter Weise vor jeglicher Kritik seitens der öffentlichen Meinung abgeschirmt.[11]

Schon bald aber zeigte sich, daß die Reichsleitung sich gegenüber den militärischen Zensurbehörden, welche die politische Rechte bevorzugten und immer wieder nationalistische Eskapaden durchgehen ließen, in einer schwachen Position befand.[12] Die Berufung auf die »Kommandogewalt« war gegenüber der Öffentlichkeit eine wirksame Waffe, aber sie kehrte sich zunehmend auch gegen die »zivile« Reichsleitung. In der Folge sah sich die Reichskanzlei mit einer Fülle von Beschwerden über die von Korpsbezirk zu Korpsbezirk höchst unterschiedliche Handhabung der Zensur konfrontiert, ohne gegenüber den Zensurbehörden über eine ausreichende Autorität zu verfügen. Im Oktober 1915 wurde schließlich eine Reichspressezensurstelle unter Oberstleutnant Erhard Eduard Deutelmoser eingerichtet; sie sollte die Zensurmaßnahmen der Stellvertretenden Generalkommandos koordinieren und im Sinne der Reichsleitung beeinflussen, jedoch dies mit durchaus bescheidenen Ergebnissen. Erfolgreicher war die Einrichtung regelmäßiger Pressekonferenzen unter Beteiligung von Repräsentanten der großen deutschen Zeitungen, die es erlaubten, die Berichterstattung der Presse im Sinne der Reichsleitung und, soweit dies angängig war, der militärischen Instanzen zu steuern, wesentlich dank der freiwilligen Kooperation der Zeitungsverleger und Journalisten, die es für ihre nationale Pflicht ansahen, die politische Linie der amtlichen Instanzen ihrerseits zu vertreten und im Zweifelsfall Selbstzensur zu üben.[13] Dies aber reichte nicht aus, um der Reichsleitung in den großen politischen Fragen eine Führungsposition in der

---

[11] Zu diesem Sachverhalt grundlegend die Edition Militär (wie VI, 1), Bd. 1, 61ff. Eine knappe Zusammenfassung in DEIST, Zensur (wie VI, 7a), 153–163.
[12] MOMMSEN, Regierung (wie VI, 7a).
[13] Vgl. CREUTZ, Pressepolitik (wie VI, 7a) und allgemein KOSZYK, Pressepolitik (wie VI, 7a).

§ 3 Die politischen und militärischen Ereignisse 1914–1917   39

öffentlichen Meinung zu sichern. Im Gegenteil, schon bald brach die anfängliche Einigkeit unter nationalem Vorzeichen auseinander und machte einem Kampf aller gegen alle Platz, der allerdings unter dem Deckmantel des offiziell aufrechterhaltenen »Burgfriedens« in halböffentlicher Form geführt werden mußte.

Auch sonst ließ sich die innere Politik nicht in dem Umfang einfrieren, wie dies Bethmann Hollweg anfänglich vorgeschwebt hatte. Den Staatsbehörden, die sich auf die Ermächtigungen des Bundesrats berufen konnten, gelang es zwar, die vielfältigen Probleme, die sich aus der Kriegssituation ergaben, einigermaßen zu meistern, z. B. die Unterstützung der »Kriegerfrauen« beziehungsweise der Familien, deren Ernährer zum Kriegsdienst eingezogen worden waren, sowie die Eindämmung der nach Kriegsausbruch zunächst weithin auftretenden Arbeitslosigkeit und die Regelung von Engpässen in der Lebensmittelversorgung. Gleichwohl konnte auf die Mitwirkung des Reichstags nicht vollständig verzichtet werden. Am 2. Dezember 1914 trat dieser erneut zusammen, vertagte sich jedoch sogleich wieder auf unbestimmte Zeit. Die parlamentarischen Auseinandersetzungen wurden in den Hauptausschuß des Reichstags verlagert, dessen Verhandlungen der Vertraulichkeit unterlagen und der daher geeigneter erschien, die großen Fragen des Krieges zu verhandeln.[14] Allerdings änderte dies wenig daran, daß die Initiative weiterhin bei den Staatsbehörden und der Reichsleitung verblieb. Die politischen Parteien sahen sich in eine Wartestellung abgedrängt. Es sollte sich freilich in der Folge zeigen, daß die aus der Sicht der großen Mehrheit der Zeitgenossen so leistungsfähige bürokratische Maschinerie des halbautoritären Staates auf die Dauer nicht in der Lage war, die zahlreichen neu auftretenden Probleme aus eigener Kraft zu meistern, insbesondere eine befriedigende Organisation der Kriegswirtschaft, welche sich schon bald außerstande zeigte, den exponentiell steigenden Bedürfnissen der Kriegführung zu genügen.

Die Augusttage lösten eine Flutwelle der Hilfsbereitschaft der ersten Stunde aus. Die Freien Gewerkschaften suchten die plötzliche Notlage, in die viele ihrer Mitglieder durch die anfangs des Krieges auftretende weitverbreitete Arbeitslosigkeit gerieten, zu lindern, doch reichten die zur Unterstützung ihrer Mitglieder akkumulierten Mittel

---

[14] Hauptausschuß (wie VI, 1), Bd. 1.

bei weitem nicht aus; die Gemeinden mußten helfend einspringen. Überall kam es zu spontaner Hilfsbereitschaft. Im Überschwang der ersten Kriegswochen war auch bei den Frauen die Bereitschaft vorhanden, ihren Beitrag zu den Kriegsanstrengungen zu erbringen. Die Vaterländischen Frauenvereine stellten sich dem Roten Kreuz für Aufgaben der Krankenpflege zur Verfügung, und auch sonst fehlte es nicht an willigen Helfern.[15] Die zu ihren Gestellungsorten eilenden Reservisten und Kriegsfreiwilligen wurden auf den Bahnhöfen von den örtlichen Verbänden des Roten Kreuzes und von zahlreichen Helfern großzügig versorgt. In noch höherem Maße galt dies für die Truppeneinheiten, die sich auf dem Weg an die Fronten befanden. Sie wurden vielerorts begeistert gefeiert. Zumindest in der Öffentlichkeit trat eine Gesinnung nationaler Solidarität zutage, die alle kritischen Stimmen zunächst in den Hintergrund drängte.[16]

b) Das Scheitern des ursprünglichen deutschen Kriegsplans
   (August 1914–Herbst 1915)

Der Erste Weltkrieg war der erste Krieg, der mit Massenheeren geführt wurde und der zugleich in steigendem Umfang durch den Einsatz von neuen Waffensystemen mit ungeheurer Vernichtungskraft geprägt war. Dadurch wurde das Gesicht des Krieges in einer bislang nicht vorstellbaren Weise verändert. Für den Soldaten an der Front wurde der Spaten wichtiger als das Bajonett und die Schußwaffe. Mit der Einführung des Maschinengewehrs und einer schnellfeuernden Feldartillerie wurde der Charakter der Kriegführung zunehmend zugunsten der Defensive verschoben.[17] Dies wurde von den europäischen Generalstäben jedoch nicht erkannt; sie alle setzten bei Kriegsbeginn auf die Überlegenheit der Offensive. Dies traf insbesondere für die Oberste Heeresleitung unter Generalfeldmarschall Helmuth von Moltke zu (einem Neffen des Siegers der Schlacht bei Sedan

---

[15] Beispiele bei E. KOCH, »Jeder tut, was er kann fürs Vaterland«, in: Kriegserfahrungen (wie VI, 8e), 36–52.
[16] Die damals gegründete »Deutsche Gesellschaft 1914« schrieb die Aufrechterhaltung des »Geistes von 1914« ausdrücklich als ihre Zweckbestimmung in ihre Satzung hinein. Vgl. M. MEYER, Die Deutsche Gesellschaft von 1914, Phil. Diss., 1998 (masch.).
[17] Zur Veränderung des Kriegsbilds siehe STORZ, Kriegsbild (wie VI, 6).

§ 3 Die politischen und militärischen Ereignisse 1914–1917   41

1870), dem Wilhelm II. als Oberster Kriegsherr bei Kriegsausbruch den ihm verfassungsrechtlich zustehenden Oberbefehl übertragen hatte.

Die deutsche Kriegsplanung wurde durch die Notwendigkeit bestimmt, von Anbeginn einen Krieg an zwei Fronten führen zu müssen. Hinzu kam das Ungleichgewicht der militärischen Stärkeverhältnisse der Heere der Mittelmächte einerseits, Frankreichs und Rußlands andererseits: Das deutsche Heer verfügte vor Kriegsausbruch über eine Friedenspräsenzstärke von 671 000 Mann und das österreichisch-ungarische über 478 000 Mann, während Frankreich 927 000 Mann und Rußland 1 445 000 Mann unter Waffen hielten. Unter diesen Umständen setzte der deutsche Generalstab auf die Vorteile der Offensive zum frühestmöglichen Zeitpunkt. Der deutsche Feldzugsplan sah eine großangelegte Umfassungsoperation im Westen ursprünglich unter Verletzung der Neutralität Belgiens vor, durch die Frankreich binnen weniger Wochen niedergeworfen werden sollte, noch bevor die Hauptmasse der russischen Streitkräfte voll einsatzfähig sein würde.[18] Die wichtigste Modifikation des ursprünglich schon 1905 von Graf Schlieffen ausgearbeiteten Plans betraf den Verzicht auf den Durchmarsch durch die Niederlande, deren Neutralität vor allem aus wirtschaftlichen Gründen respektiert werden sollte.[19] Allerdings hatten sich die Prämissen, auf denen der Schlieffenplan beruhte, seit 1905 erheblich verändert. Vor allem war durch den Bau der russischen Westbahnen der Zeitraum, den die Bereitstellung schlagkräftiger russischer Armeen an den Grenzen des Deutschen Reiches beziehungsweise Österreich-Ungarns beanspruchte, erheblich verkürzt und damit der Zeitdruck für die Durchführung der Angriffsoperationen im Westen beträchtlich erhöht worden. Außerdem war es zweifelhaft, ob bei den bestehenden Stärkeverhältnissen ein solch kühner Kriegsplan überhaupt durchführbar sein würde, ganz abgesehen von der Frage, ob dieser im Zeitalter des Volkskriegs überhaupt zu einer definitiven Ausschaltung Frankreichs hätte führen können, was ja auch 1870/71 trotz des Sieges von Sedan nicht wirklich gelungen war.

Die Oberste Heeresleitung hoffte, die numerische Überlegenheit der feindlichen Armeen durch eine rasche Mobilisierung der Reser-

---

[18] RITTER, Schlieffenplan (wie VI, 7b); TURNER, Significance (wie VI, 7b).
[19] Vgl. dazu M. FREY, Der Erste Weltkrieg und die Niederlande, 1998.

visten ausgleichen zu können, die, wie mit einigem Recht angenommen wurde, dank ihrer guten Ausbildung während ihrer aktiven Dienstzeit schon zu einem frühen Zeitpunkt auch an den Fronten eingesetzt werden könnten. Außerdem versprach der hohe Ausbildungsstand des deutschen Heeres, welcher größere Schlagkraft und Beweglichkeit bedeutete, aus der Sicht der deutschen Militärs einen entscheidenden Vorteil. Tatsächlich gelang es, das deutsche Heer binnen weniger Wochen auf eine Stärke von über drei Millionen Mann zu bringen.

Unter den gegebenen Umständen hatte sich die deutsche Armeeführung von Anfang an unter einen ungeheuren Zeitdruck gesetzt, sofern der große Plan gelingen sollte, durch eine gigantische Umfassungsoperation den französischen Festungsgürtel im Westen weiträumig zu umgehen und die französischen Armeen dann nach Osten und Südosten gegen die deutschen Fronten am Rhein und die schweizerische Grenze abzudrängen und schließlich vernichtend zu schlagen. Der französische Generalstabschef Joffre tat der Obersten Heeresleitung den Gefallen, seinerseits an der Saar zur Offensive überzugehen; Saarburg wurde zwar zeitweilig von französischen Einheiten besetzt, aber der von Joffre angestrebte Durchbruch der französischen Armeen im Elsaß konnte in schweren, auf beiden Seiten ungewöhnlich verlustreichen Kämpfen verhindert werden. Allerdings erfüllte sich die Erwartung nicht, daß sich die Belgier mit der Zusicherung territorialer Integrität nach dem Ende der Kampfhandlungen begnügten und wohlwollende Neutralität wahrten. Dies brachte eine fühlbare Gefährdung des Zeitplans der deutschen Angriffsoperationen, die am 2. August mit der Besetzung Luxemburgs begonnen hatten, mit sich. Insbesondere verzögerte sich infolge zähen belgischen Widerstands die Einnahme der strategisch wichtigen Stadt Lüttich; erst am 17. August konnte sie endgültig in Besitz genommen werden. Nicht zuletzt deshalb kam es im Zuge des Vormarschs der deutschen Armeen in Belgien zu zahlreichen Gewalttaten gegen die belgische Zivilbevölkerung, die man, teilweise aufgrund mehrerer Fälle von »friendly fire«, zu Unrecht beschuldigte, unter Verletzung des Völkerrechts als Franktireurs zu operieren.[20] Bedeutsamer war, daß sich die belgische

---

[20] A. KRAMER, »Greueltaten«, in: Keiner fühlt sich hier mehr als Mensch (wie § 1, Anm. 18), 85–114. Siehe ferner J. HORNE u. a., German »Atrocities« and Franco-

§ 3 Die politischen und militärischen Ereignisse 1914–1917   43

Armee nach ersten Kämpfen mit der 1. Armee unter dem Befehl von Klucks nach Antwerpen zurückzog und damit erhebliche deutsche Kräfte zur Zernierung und Belagerung Antwerpens abgezweigt werden mußten. Dennoch verliefen die militärischen Operationen im Westen einstweilen weitgehend nach Plan.

Hingegen zeichneten sich im Osten, wo die Oberste Heeresleitung nur schwache Sicherungskräfte zurückgelassen hatte, aus deutscher Sicht bedrohliche Entwicklungen ab. Die russischen Armeen waren weit früher als seinerzeit erwartet zum Angriff angetreten, übrigens in Übereinstimmung mit den geheimen französisch-russischen Bündnisvereinbarungen. Drei russische Armeen waren in Galizien eingebrochen und bedrohten die Nordostflanke der Donaumonarchie. Die Österreicher, deren Angriff auf Serbien mit einem militärischen Fiasko endete, waren außerstande, der russischen Gefahr aus eigener Kraft zu begegnen. Schlimmer noch, in den Grenzgefechten im Osten waren die deutschen Truppen unterlegen. Zeitweise wurde erwogen, die deutschen Verbände auf die Weichsellinie zurückzuziehen; die Vorbereitungen für eine eventuelle Sprengung der Weichselbrücken waren bereits getroffen. Doch dann wurde von diesem Schritt, der die weitgehende Preisgabe Ostpreußens bedeutet haben würde, wieder Abstand genommen. Der Schock war groß, und die Möglichkeit, daß die zahlenmäßig weit überlegenen russischen Armeen womöglich bis nach Berlin vorstoßen könnten, nicht auszuschließen. Moltke sah sich gezwungen, Generalmajor Erich Ludendorff, der soeben mit großer Energie und harter Hand die Eroberung Lüttichs zuwege gebracht hatte, nach Osten zu entsenden. Da er rangmäßig noch nicht dazu befugt war, selbst den Oberbefehl der deutschen Streitkräfte im Osten zu übernehmen, wurde ihm der Form halber ein verdienter älterer General zur Seite gestellt, nämlich Paul von Hindenburg. Noch bevor die neuen Befehlsstrukturen im Osten vollständig umgesetzt waren, gingen die deutschen Verbände aufgrund von Planungen, die großenteils noch von Major Hoffmann im Stab Oberost ausgearbeitet worden waren, zum Gegenangriff über. Es gelang, die russische Narewarmee in der Schlacht bei Tannenberg vom 26. bis 30. August 1914 vernichtend zu schlagen. Den neuen Befehlshabern aber wurde der Ruhm

German Opinion, 1914, in: JMH 66, 1994, 1–33, sowie L. WIELAND, Belgien 1914, 1984. Jetzt auch J. HORNE u. a., German Atrocities 1914. A History of Denial, 2001.

zugeschrieben, das Deutsche Reich vor der Invasion der russischen Armeen gerettet zu haben. Der Hindenburg-Mythos war geboren.

Im Westen aber stellte sich mit dem weiteren Vordringen der deutschen Armeen immer deutlicher heraus, daß sich Massenheere unter den damaligen technischen Bedingungen nur schwer wie auf einem Reißbrett führen ließen, zumal die Nachrichtenverbindungen zwischen den einzelnen Armeen zum Obersten Hauptquartier in Koblenz und dann seit Ende August in Luxemburg zu wünschen übrigließen. Am 27. August standen die deutschen Armeen bereits an der Oise. Angesichts der schon jetzt auftretenden Versorgungs- und Kommunikationsprobleme traf die Oberste Heeresleitung zusammen mit dem Befehlshaber der 1. Armee Kluck eine folgenschwere Entscheidung, die der Aufgabe des ursprünglichen Schlieffenplans gleichkam, nämlich statt einer Umfassungsoperation westlich von Paris unmittelbar auf die französische Hauptstadt zu marschieren, um die französischen Armeen nicht zur Ruhe kommen zu lassen.[21] Die Verfolgung und Zerschlagung der gegnerischen Armeen, nicht aber eine umfassende Vernichtungsschlacht nach dem Vorbild von Sedan war nunmehr das strategische Ziel. Am 3. September verließ die französische Regierung die bedrohte Hauptstadt und begab sich ins ferne Bordeaux; in Paris selbst bemühte sich der Kriegsminister General Messimy fieberhaft darum, neue Truppen aus dem Boden zu stampfen. Am 4. September standen die Spitzen der 1. Armee unter Kluck 60 Kilometer vor Paris; die Dinge standen auf Messers Schneide. Nunmehr gab der französische Generalstabschef Joffre mit bemerkenswerter Kaltblütigkeit den denkwürdigen Armeebefehl zum Gegenangriff der französischen Streitkräfte und des englischen Expeditionskorps auf der ganzen Breite der Front. Im Zuge der Kampfhandlungen entstand eine gefährliche Lücke zwischen den deutschen Angriffsarmeen. Die 2. Armee unter Bülow sah sich durch die Operationen des britischen Expeditionskorps, das in diese Lücke hineinstieß, auf ihrer Flanke bedroht, obschon sich dieses bisher nicht als ernstzunehmender Gegner erwiesen hatte. In dieser kritischen und unübersichtlichen Situation entschied dann Oberstleutnant Richard Hentsch als Emissär der Obersten Heeresleitung am 8. September vor Ort, die deutschen Armeen auf die Linie Noyon-Verdun zurückzunehmen. Auf diese Weise

---

[21] Vgl. C. BARNETT, Anatomie eines Krieges, 1966, 82.

§ 3 Die politischen und militärischen Ereignisse 1914–1917   45

sollte eine Konsolidierung der Lage erreicht und den erschöpften Armeen eine Verschnaufpause bis zu einer Fortführung der Offensive gewährt werden.[22]

Tatsächlich aber war damit der deutsche Feldzugsplan gescheitert, nämlich Frankreich in einem ersten großen Anlauf entscheidend zu schlagen und friedensbereit zu machen. Es hatte sich erwiesen, daß die deutschen Streitkräfte, an denen die Strapazen des wochenlangen Vormarsches unter beständigen Kämpfen und bei sich verschlechternder Nachschublage nicht spurlos vorübergegangen waren, nicht ausgereicht hatten, um die französischen Armeen und das britische Expeditionskorps entscheidend zu schlagen. Dies wäre selbst unter günstigeren Umständen und einer entschlosseneren militärischen Führung kaum anders gewesen.[23] Es stellte sich nun heraus, daß der deutsche Feldzugsplan ein gigantisches Vabanquespiel gewesen war, das auf die Hypertrophie militärischen Denkens in der deutschen Gesellschaft zurückging. Denn an eine Erneuerung der Offensive im bisherigen Stil war nicht zu denken. Moltke selbst verlor die Nerven: »Es geht schlecht. […] Der so hoffnungsvoll begonnene Anfang des Krieges wird in das Gegenteil umschlagen. […] Wir müssen ersticken in dem Kampf gegen Ost und West.«[24] Der Generalstabschef mußte durch den bisherigen Kriegsminister General Erich von Falkenhayn ersetzt werden, der das persönliche Vertrauen Wilhelms II. besaß, obschon der Wechsel in der Obersten Heeresleitung bis Ende Oktober 1914 vor der Öffentlichkeit geheimgehalten wurde.

Der Abbruch der großen Westoffensive an der Marne wurde in den Führungskreisen des Deutschen Reiches, die insgeheim mit einer baldigen Beendigung der Kriegshandlungen im Westen gerechnet hatten, mit großer Bestürzung aufgenommen. Die geheimen Planungen für einen eventuellen Friedensschluß mit Frankreich, die zur Ausarbei-

---

[22] Vgl. auch S. HAFFNER u. a., Das Wunder an der Marne, 1982.
[23] Für die kontroversen Diskussionen in der älteren Forschung über die Frage, ob die Zurücknahme der 1. und 2. Armee richtig oder falsch gewesen sei und ob der deutsche Kriegsplan doch zum Erfolg hätte führen können, siehe die Darstellung des Reichsarchivs, Der Weltkrieg 1914 bis 1918 (wie VI, 2), Bd. 4; ferner G. JÄSCHKE, Zum Problem der Marne-Schlacht von 1914, in: HZ 190, 1960, 311–348; BARNETT, Anatomie (wie Anm. 21), sowie jüngst H. AFFLERBACH, Die militärische Planung des Deutschen Reiches im Ersten Weltkrieg, in: Der Erste Weltkrieg (wie VI, 5), 286.
[24] MOLTKE, Erinnerungen (wie VI, 3), 385.

tung des sogenannten »Septemberprogramms« vom 8. September 1914 geführt hatten, mußten wieder auf Eis gelegt werden. Noch schien jedoch nicht alles verloren; auch der Reichskanzler Bethmann Hollweg bemühte sich, gute Miene zum einem bösen Spiel zu machen und Zuversichtlichkeit auszustrahlen.[25] Die Versuche, die französischen und britischen Armeen durch erneute frontale Angriffe aus ihren Stellungen in Nordfrankreich hinauszuwerfen, erwiesen sich nach verlustreichen Kämpfen als aussichtslos. Falkenhayn suchte nun die britischen und französischen Streitkräfte im Westen zu überflügeln, und so kam es zu einem Wettlauf um die Erreichung der Kanalküste. Als dieser nicht gelang, setzte Falkenhayn alles auf eine letzte Karte, nämlich einen Durchbruch durch die britischen Stellungen in Flandern unter Einsatz aller ihm erreichbaren Verbände, einschließlich zahlreicher unzureichend ausgebildeter und völlig unerfahrener Reservisten. Diese äußerst verlustreichen Angriffsoperationen, die dann Anlaß zur Schaffung des »Mythos von Langemarck« gaben,[26] endeten damit, daß Mitte November 1914 die gesamte Westfront von Dixmuiden an der flandrischen Küste bis zur Schweizer Grenze im Stellungskrieg erstarrte. In Nordfrankreich und in den Vogesen entstanden nun auf beiden Seiten der Front tiefgestaffelte Verteidigungssysteme, die nach und nach immer stärker ausgebaut und mit betonierten Bunkern ausgestattet wurden. Die Soldaten wurden zu menschlichen Maulwürfen, die unter unvorstellbar drückenden Verhältnissen zum Ausharren in den Gräben verdammt waren. Der Kampf gegen Schlamm und Krankheit wurde wichtiger als der Kampf gegen den Gegner, den man häufig wochenlang überhaupt nicht zu Gesicht bekam. Für den einzelnen Soldaten wurde das eigentliche Problem, wie man angesichts der enormen physischen und psychischen Belastungen des Grabenkrieges das eigene Überleben so gut wie möglich sicherstellen und die eigene Identität behaupten könne. Nur die Solidarität der Gruppe konnte dies gewährleisten, während die konventionellen soldatischen Werte wie Tapferkeit, nationale Gesinnung, Opferbereitschaft für das Vaterland und dergleichen zunehmend ihre Verbindlichkeit verloren.

---

[25] Vgl. AFFLERBACH, Falkenhayn (wie VI, 4), 191.
[26] Siehe oben, Anm. 21. Vgl. auch K. UNRUH, Langemarck, ²1995, HÜPPAUF, Schlachtenmythen (wie § 1, Anm. 24), 45ff.

§ 3 Die politischen und militärischen Ereignisse 1914–1917 47

Auf den ersten Blick war die militärische Lage des Deutschen Reiches Ende 1914 trotz allem sehr gut. Belgien und Nordfrankreich befanden sich in deutscher Hand; die anfängliche Besetzung von Teilen des Reichsgebiets durch französische Truppen gehörte der Vergangenheit an, und durch die Schlacht bei Tannenberg und die ihr nachfolgenden Operationen im Osten war die Gefahr eines russischen Einbruchs in das Reichsgebiet abgewendet worden. Dagegen befand sich die Donaumonarchie in ernster Bedrängnis. Die russischen Armeen waren tief nach Galizien vorgedrungen; die Festung Przemysl war von russischen Truppen eingeschlossen. Außerdem hatten die wiederholten Versuche der Österreicher, sich Serbiens zu bemächtigen, mit einem nahezu vollständigen Fiasko geendet. Es war kein Trost, daß das Osmanische Reich, das im Oktober 1914 auf seiten der Mittelmächte in den Krieg eingetreten war, sich einstweilen gut behauptet hatte. Schwerer wog, daß Großbritannien dazu übergegangen war, außerhalb der Reichweite der deutschen Flotte in der Nordsee einen weitgespannten Blockadering aufzubauen, gegen den es kein taugliches Mittel gab und der die Zufuhren aus Übersee nach Deutschland abzuschnüren begann.[27] Die Ankündigung eines deutschen Unterseebootkriegs im Gegenzug durch Großadmiral Alfred von Tirpitz am 22. November 1914 war mangels einer ausreichenden Zahl von Unterseebooten nur eine leere Drohung. Vorderhand war nicht zu sehen, wie die Mittelmächte diesen Krieg in absehbarer Zukunft für sich entscheiden könnten; vielmehr war ersichtlich, daß die Zeit gegen sie arbeitete.

Der neue Chef der Obersten Heeresleitung General Erich von Falkenhayn erklärte dem Reichskanzler Bethmann Hollweg am 18. November 1914, daß der Krieg als Zweifrontenkrieg mit rein militärischen Mitteln nicht mehr zu gewinnen sei und daß die Reichsleitung daher nach Mitteln und Wegen Ausschau halten müsse, um den Krieg auf politischem Wege zu einem günstigen Ende zu bringen. Der Kanzler war alarmiert. Obschon auch er die Lage als sehr bedenklich ansah, wagte er nicht, sich offen der Lagebeurteilung des Generalstabschefs anzuschließen, weil er die unabsehbaren innenpolitischen Auswirkungen eines derartigen Schrittes vor Augen hatte; die deut-

---

[27] Vgl. A. JACKSON, Germany, the Home Front, in: Facing Armageddon, Hg. H. CECIL u. a., 1996, 563–576.

sche Bevölkerung war auf eine solche Wende der Dinge überhaupt nicht vorbereitet, und das kaiserliche Regime wäre dann vermutlich hinweggefegt worden. Statt dessen wurde Falkenhayn, der die Armee im Dezember 1914 als »zertrümmertes Werkzeug« bezeichnet hatte,[28] in militärischen Kreisen als »Schwarzseher« denunziert, und Hindenburg und Ludendorff begannen eine sinistre Kampagne gegen den Generalstabschef, mit dem Ziel, dessen Ablösung zu betreiben und im gleichen Zuge eine Verlagerung der deutschen Kriegführung nach Osten zu erreichen, in der Hoffnung, mit erheblich verstärkten Truppen eine definitive Zerschlagung des russischen Heeres herbeizuführen. Falkenhayn hingegen war grundsätzlich der Meinung, daß sich in den weiten Räumen des Ostens niemals eine Kriegsentscheidung werde herbeiführen lassen, sondern daß diese, wenn überhaupt, dann im Westen fallen würde. Nach langem Tauziehen hinter den Kulissen behauptete sich Falkenhayn, der sich der persönlichen Sympathien Wilhelms II. erfreute, ungeachtet seiner überaus skeptischen Lagebeurteilung in seiner Stellung als Chef der Obersten Heeresleitung, sehr zur Erbitterung von Hindenburg und Ludendorff, obwohl diese eine nicht unerhebliche Verstärkung der ihnen zur Verfügung stehenden Verbände durchsetzen konnten.[29] Diese ermöglichten es ihnen in den folgenden Monaten, neue massive Angriffe der russischen Armeen auf Ostpreußen abzuwehren, aber der erhoffte umfassende strategische Erfolg blieb ihnen versagt.

In den ersten Monaten des Jahres 1915 spitzte sich die Lage noch weiter zu. Die Ende Januar eingeleitete Karpatenoffensive Conrad von Hötzendorfs wuchs sich zu einer fürchterlichen Katastrophe für das österreichisch-ungarische Heer aus. Seine Verbände erlitten enorme Verluste, überwiegend nicht durch Feindeinwirkungen, sondern durch Erfrierungen, Krankheiten und Hunger, und zwei tschechische Bataillone liefen geschlossen zu den Russen über.[30] Nur mühsam konnte die Front mit Hilfe deutscher Verbände wieder stabilisiert werden. Am 22. März 1915 mußte die Festung Przemysl kapitulieren, ein Rückschlag, der in mancher Hinsicht dem Fall von Stalingrad im Zweiten Weltkrieg vergleichbar ist.

---

[28] Vgl. JANSSEN, Kanzler (wie VI, 7b), 61.
[29] Vgl. E. D. GUTH, Der Gegensatz zwischen dem Oberbefehlshaber Ost und dem Chef des Generalstabes des Feldheeres 1914/15, in: MGM 35, 1984, 75–111.
[30] Vgl. RAUCHENSTEINER, Tod (wie VI, 5), 205f.

Falkenhayn ging zu diesem Zeitpunkt davon aus, daß angesichts der fehlenden Mannschaftsreserven vorerst an größere Offensivoperationen weder im Osten noch im Westen zu denken sei. Er hielt nunmehr eine befriedigende Beendigung des Krieges nur unter »Einmischung politischer Mittel« für erreichbar. Aber die Verhältnisse zwangen Falkenhayn schließlich, an der Ostfront doch wieder zur Offensive überzugehen, weil für den Fall einer weiteren Verschlechterung der Lage des österreichisch-ungarischen Bundesgenossen ein Kriegseintritt Italiens und Rumäniens auf seiten der Alliierten nicht mehr ausgeschlossen werden konnte. Unter Einsatz einer neu aufgestellten Einsatzreserve, die durch Ausdünnung der kampferprobten Verbände an der Westfront gebildet worden war, denen man dafür frisch ausgebildete Reservisten zugewiesen hatte, gelang Falkenhayn im Mai 1915 in der Durchbruchsschlacht bei Tarnow-Gorlice ein bedeutender Erfolg; die russischen Armeen wurden bei enormen Verlusten von mehr als 820 000 Mann und 895 000 Gefangenen auf der ganzen Breite der Front zum Rückzug gezwungen; im Juli 1915 war Galizien wieder befreit und ganz Kongreßpolen in deutscher Hand. Dieser Erfolg, der namentlich in Österreich-Ungarn als ungeheure Befreiung und Erlösung aufgenommen wurde, beseitigte vorderhand die Gefahr eines neuen russischen Angriffs. Aber von einer definitiven Vernichtung der russischen Kriegsmaschine, wie sie Ludendorff erhofft und für den Fall, daß ihm dafür die erforderlichen Verbände zur Verfügung gestellt würden, versprochen hatte, konnte nicht die Rede sein, ebensowenig von einer Bereitschaft Rußlands zum Abschluß eines Sonderfriedens mit den Mittelmächten.

Eine gewisse Satisfaktion konnte die deutsche Armeeführung hingegen aus der Tatsache herleiten, daß sowohl die britischen und französischen Offensiven im Westen als auch die Entlastungsoperationen der Alliierten an der Peripherie Europas fehlgeschlagen waren. Die Landung britischer, australischer und neuseeländischer Truppen auf der Halbinsel Gallipoli nahe den Dardanellen am und nach dem 25. April 1915, welche das Osmanische Reich, das im Oktober 1914 auf seiten der Mittelmächte in den Krieg eingetreten war, als ernsthaften Gegner aus dem Kriege ausschalten sollte, mit entsprechenden Rückwirkungen auf die Balkanstaaten und Italien, wuchs sich zu einer folgenschweren Katastrophe aus und mußte nach hohen Verlusten im Dezember 1915 schließlich abgebrochen werden. Die mageren Erfolge der britischen Truppen in den arabischen Vilayets des Osmanischen Reiches konnten diese Schlappe nicht wettmachen. Und die französische Expedition nach Saloniki hatte nicht den gewünschten Effekt, Griechenland zu einem Bündnis mit den alliierten Mächten zu bewegen. Im Gegenteil, diese Aktion veranlaßte die Bulgaren dazu, nun mit den Mittelmächten gemeinsame Sache zu machen. Zusammen mit einer von Mackensen geführten deutschen Armee und österreichisch-ungarischen Verbänden fiel die bulgarische Armee im Oktober 1915 in Serbien ein, und angesichts dieser Übermacht hatte die serbische Armee keine Chance. Ihr blieb am Ende nur die Flucht über die albanischen Berge, unter unsäglichen Strapazen und Verlusten, zusätzlich bedroht durch albanische Freiheitskämpfer.

Insgesamt gesehen hatte sich im Spätsommer eine Pattsituation zwischen beiden kriegführenden Lagern eingestellt. Der Krieg wurde mehr und mehr zu einem Abnutzungskrieg, der, wenn nicht ein Ausweg gefunden würde, mit der völligen Erschöpfung eines oder mehrerer kriegführender Völker enden mußte. Der deutsche Generalstabschef suchte nach politischen Auswegen aus diesem Dilemma, sei es durch einen Sonderfrieden im Osten oder, wenn ein solcher nicht zu erreichen sei, durch Schaffung eines mitteleuropäischen Staaten- und Wirtschaftsblocks, und meinte im übrigen, daß Mittel und Wege gefunden werden müßten, um Großbritannien, die Seele der Kriegsanstrengungen der Alliierten, zum Frieden zu zwingen. Reichskanzler Bethmann Hollweg seinerseits argwöhnte, daß Falkenhayn mit diesen Vorschlägen der politischen Leitung nur die Schuld für den Fall eines negativen Ausgangs der Dinge zuschieben wolle. Bereits im März 1915 hatte der Kanzler beklagt, daß sich zwischen der siegestrunkenen öffentlichen Meinung und der pessimistischen Beurteilung der Lage durch die militärische Führung eine verhängnisvolle Kluft geöffnet habe; aber er sah keine Möglichkeit, die Öffentlichkeit über die tatsächliche Situation aufzuklären, ohne einen gefährlichen Stimmungseinbruch zu riskieren, der mit einiger Sicherheit das bestehende halbkonstitutionelle System hinweggefegt hätte. Unter diesen Umständen hatten Friedensinitiativen keine Chance durchzudringen; politischer Fanatismus auf der einen Seite, repräsentiert vor allem durch die Parteien der Rechten und die politischen Agitationsverbände – insbesondere des Alldeutschen Verbandes –, und militaristische Denkweisen, vertreten vor allem durch Hindenburg und Ludendorff, aber tief verankert in der Mentalität großer Teile der Führungsschichten, beherrschten das Terrain. Daher näherte sich der Erste Weltkrieg immer mehr einem totalen Krieg an.[31]

c) Das Ringen um die Haltung der Neutralen, der Kriegseintritt Italiens und die stetige Ausweitung des Krieges

Obwohl Italien als Mitglied des Dreibundes eigentlich verpflichtet war, den Mittelmächten beizustehen, und obwohl es vor Kriegsausbruch detaillierte Absprachen der Generalstäbe für den Kriegsfall gegeben hatte, war man weder in Wien noch in Berlin sonderlich überrascht, daß es am 3. August 1914 unter Berufung auf den Wortlaut des Dreibundvertrages, der den *casus foederis* nur für den Fall eines unprovozierten Defensivkrieges vorsah, seine Neutralität erklärte.[32] Die österreichisch-ungarische Diplomatie war gar nicht einmal so unglücklich darüber, weil man aufgrund des Dreibundvertrages verpflichtet gewesen wäre, Italien auch für den Fall einer nur temporären Besetzung balkanischer Territorien Kompensationen anzubieten; zudem kollidierten die vorläufig noch nicht offen deklarierten österreichischen Kriegsziele allemal mit den italienischen Begehrlichkeiten an der adriatischen Küste. Den Mittelmächten war es daher einstweilen recht, daß Italien neutral blieb; die Besorgnis blieb freilich bestehen, daß es sich mit dem Fortgang der Dinge gleichwohl gegen das verhaßte Österreich-Ungarn wenden könne, um das Trentino zurückzugewinnen und an der Adria Fuß zu fassen. Auch Rumänien, der vierte Partner des Dreibunds, erklärte sich für neutral, nicht zuletzt wegen der Gegensätze zu Österreich-Ungarn über Siebenbürgen und die Bukowina. Ein russisches Anerbieten, daß diese Gebiete Rumänien für den Fall eines Kriegseintritts zusagte, reichte nur, um sich die »wohlwollende Neutralität« des Landes zu sichern. Auch Bulgarien, das sich in den letzten Jahren vor Kriegsausbruch immer stärker an die Donaumonarchie angelehnt hatte, blieb vorerst neutral. Nur Montenegro trat sogleich auf die Seite Serbiens, vornehmlich deshalb, weil

---

[31] Vgl. Anticipating Total War (wie § 1, Anm. 12).
[32] Vgl. AFFLERBACH, Dreibund (wie VI, 6); ferner F. FELLNER, Vom Dreibund zum Völkerbund, Hg. H. MASCHL u. a., 1994; RENZI, Shadow (wie VI, 7c); G. PROCACCI, La neutralité italienne et l'entrée en guerre, in: Guerres mondiales et conflits contemporains 45, 1995, 83–98; RICCARDI, Alleati non amici (wie VI, 7c).

man hoffte, alte Rechnungen mit dem benachbarten Albanien begleichen zu können. Ansonsten gelang es weder den Mittelmächten noch den Alliierten, Griechenland dazu zu bewegen, für die eine oder die andere Seite zu optieren. Hingegen schloß sich das Osmanische Reich, in Reaktion auf die von den Westmächten gehegten Teilungspläne, eigentlich etwas überraschend, im Oktober 1914 den Mittelmächten an.[33]

Großbritannien und Rußland suchten vor allem Italien, dessen Begehrlichkeiten auf den Trentino und Triest, aber auch auf Steigerung seines Einflusses an der Adria dafür einen günstigen Ansatzpunkt boten, in das eigene Lager hinüberzuziehen.[34] Der italienische Außenminister San Giuliano handelte schon Anfang August 1914 eine Vereinbarung mit Großbritannien und dem zarischen Rußland aus, die dann aber scheiterte, weil die Forderungen Italiens bezüglich des Erwerbs Albaniens mit den Balkanplänen der Alliierten kollidierten, aber auch, weil San Giuliano besorgt war, ob die italienische Öffentlichkeit für einen solchen Schritt genügend vorbereitet sei. Im Oktober 1914 schlug dann die Regierung Salandra offen den Kurs eines »sacro egoismo« ein, der für den Fall eines italienischen Kriegseintritts Triest, das Trentino und Südtirol bis zum Brenner sowie die Kontrolle der dalmatinischen Küste anstrebte. Sie trat erneut in diplomatische Verhandlungen mit den Alliierten ein, um sich die begehrten Objekte vertraglich zu sichern, und schloß darüber hinaus mit Rumänien eine Vereinbarung ab, wonach beide Mächte nur gemeinsam in den Krieg eintreten würden. Die deutsche Reichsleitung tat ihrerseits alles nur Denkbare, um die Eventualität eines italienischen Kriegseintritts, der mit einigem Recht als eine tödliche Gefahr eingestuft wurde, abzuwenden. Sie übte massiven diplomatischen Druck auf die befreundete Donaumonarchie aus, diese möge den Italienern für die Aufrechterhaltung der Neutralität vorab das Trentino und Südtirol abtreten, und erwog für diesen Fall, das schlesische Kohlengebiet Sosnovice sowie gegebenenfalls sogar einen Zipfel des Reichsgebiets als Kompensation an Österreich-Ungarn zu geben.[35] Verständlicher-

---

[33] U. TRUMPENER, Germany and the Ottoman Empire 1914–1918, 1968; W. van KAMPEN, Studien zur deutschen Türkeipolitik in der Zeit Wilhelms II., Phil. Diss. 1968.
[34] Vgl. B. VIGEZZI, Da Giolitti à Salandra, 1969, 83 ff.; BOSWORTH, Italy (wie VI, 7c), 135 f.
[35] Vgl. W. J. MOMMSEN, Die italienische Frage in der Politik des Reichskanzlers von

§ 3 Die politischen und militärischen Ereignisse 1914–1917   53

weise waren die Österreicher abgeneigt, für eine so unsichere Gegenleistung eines ohnehin als unzuverlässig eingestuften ehemaligen Bündnispartners einer Abtretung eigenen Territoriums zuzustimmen. Am Ende waren die Offerten, welche Österreich-Ungarn anbot, ohnedies nicht ausreichend, um die Alliierten aus dem Felde zu schlagen. Im Londoner Vertrag vom 26. April 1915 wurde Italien schließlich für den Fall des Kriegseintritts das Trentino, Südtirol bis zur Brennergrenze sowie Triest, Istrien und ein großer Teil Dalmatiens einschließlich Valonas zugesichert, eine Offerte, die mit den offiziell verkündeten Kriegszielen der Westmächte welche das Nationalitätenprinzip zur obersten Maxime erhoben hatten, schwerlich vereinbar war. Dennoch zögerte die italienische Regierung, tatsächlich den Rubikon zu überqueren. Das Tauziehen hinter den Kulissen für oder gegen den Krieg, in das von deutscher Seite Fürst Bülow als Sonderbotschafter und Matthias Erzberger, der über gute Beziehungen zum Vatikan verfügte, einzugreifen bemüht waren, zog sich dann noch einen ganzen Monat hin. Mitte Mai 1915 wurde Italien unter dem Druck einer nationalistischen Kampagne in der Öffentlichkeit, an der sich ein großer Teil der italienischen Intellektuellen, unter ihnen auch Benito Mussolini, beteiligte und deren Speerspitze der Schriftsteller Gabriele d'Annunzio war, förmlich in den Krieg getrieben. Am 23. Mai 1915 erklärte es der Donaumonarchie, nicht aber dem Deutschen Reich den Krieg, während Rumänien es angesichts der jüngsten Erfolge der deutschen Armeen im Osten vorzog, weiterhin abzuwarten.[36]

Am Ende erwies sich die italienische Bedrohung der Südflanke der Mittelmächte als nicht ganz so gefährlich, wie die deutsche Reichsleitung angenommen hatte, aber der Kreis der feindlichen Mächte hatte sich bedrohlich ausgeweitet. Zu den Gegnern der Mittelmächte gehörte schon seit Kriegsbeginn Japan, das sich sogleich der deutschen Besitzungen auf dem chinesischen Festland und im Pazifik bemächtigt hatte. Von Spanien und den skandinavischen Ländern abgesehen blieb nur Portugal einstweilen außerhalb des Kreises der krieg-

---

Bethmann Hollweg 1914/15, in: Quellen und Forschungen aus italienischen Archiven und Bibliotheken 48, 1968, 282–308, hier 283f.; ferner MONTICONE, Deutschland (wie VI, 7c), sowie ZECHLIN, Das »schlesische Angebot« (wie VI, 7c).

[36] Vgl. zu Italien: MONTICONE, Deutschland (wie VI, 7c), 247–266; zu Rumänien: G. E. TORREY, Rumania and the Belligerents, 1914–1916, in: JCH 1, 1966, 171–191.

führenden Mächte, aber da es eindeutig die Alliierten begünstigte, erklärte ihm das Deutsche Reich am 9. März 1916 seinerseits den Krieg, nicht ohne damit imperialistische Hintergedanken bezüglich der Annexion der portugiesischen Kolonien zu verbinden. Der europäische Krieg war damit, zumal wenn man die aktive Unterstützung des britischen Empire und des französischen Kolonialreichs für die Sache der Alliierten berücksichtigt, bereits im Sommer 1916 zu einem Weltkrieg geworden. Viel hing davon ab, ob die Vereinigten Staaten auf Dauer dem Krieg fernbleiben würden.

Der amerikanische Präsident Woodrow Wilson war 1916 aufgrund eines Programms wiedergewählt worden, das versprach, die Vereinigten Staaten aus dem europäischen Krieg herauszuhalten. Aber die amerikanischen Sympathien für die Sache der Alliierten waren groß, und zudem profitierte die amerikanische Wirtschaft in wachsendem Maße von den Geschäftsverbindungen mit Großbritannien und den Krediten, die amerikanische Banken den Ländern der Alliierten gewährten. Der Propagandakrieg beider Lager in den Vereinigten Staaten verlief eindeutig zuungunsten der Mittelmächte. Die Vermittlungsversuche von Oberst Edward Mead House hatten den ungünstigen Eindruck hinsichtlich der politischen Absichten des Deutschen Reiches, der in Washington bestand, eher noch bestätigt. Nicht der amerikanische Präsident selbst, wohl aber seine politischen Berater waren fest davon überzeugt, daß ein Sieg der Alliierten im Interesse der Vereinigten Staaten liege, und diese Haltung wurde durch die Torpedierung von mehreren Passagierschiffen durch deutsche U-Boote noch weiter verstärkt. Insbesondere die Versenkung der »Lusitania« am 7. Mai 1915, obwohl diese durchaus im Rahmen des geltenden Völkerrechts erfolgte, hatte verheerende Auswirkungen auf die deutsch-amerikanischen Beziehungen. Die Deutschen und ihre österreichischen Bundesgenossen standen nun einer Welt von Feinden gegenüber.

Diese bedrohliche Gesamtsituation legte es nahe, nach Möglichkeiten Ausschau zu halten, mit dem zarischen Rußland, das soeben schwere militärische Niederlagen hatte hinnehmen müssen, einen Sonderfrieden abzuschließen. Doch führten entsprechende Friedensfühler zu keinerlei nennenswerten Resultaten.[37] Die Alliierten hatten

---

[37] Zur russischen Kriegszielpolitik H. G. LINKE, Das zarische Rußland und der Erste Weltkrieg, 1982.

§ 3 Die politischen und militärischen Ereignisse 1914–1917   55

sich im Londoner Vertrag vom 5. September 1914 verpflichtet, in keinerlei Sonderfriedensverhandlungen einzutreten, und der Zar fühlte sich auch jetzt daran gebunden. Noch bestand begründete Hoffnung, daß Großbritannien, Frankreich und Italien das Russische Reich wieder aus seiner bedrängten Lage befreien würden, zumal die Alliierten alles unternahmen, was in ihrer Macht stand, um Rußland weiterhin im Krieg zu halten. Dazu gehörte jetzt auch die Zusicherung, daß es im Fall eines Sieges über die Mittelmächte sein großes historisches Ziel, nämlich den Erwerb Konstantinopels und der Meerengen, erreichen würde. Ein Jahrhundert lang hatte Großbritannien eben dies mit allen Mitteln zu verhindern gesucht und dafür nicht zuletzt den Krimkrieg geführt; jetzt, in der für die alliierten Mächte gleichermaßen kritischen militärischen Lage, war es zu derart weitreichenden Konzessionen bereit. Unter solchen Umständen hatten die Sonderfriedensbemühungen der Reichsleitung keinen Erfolg.[38] Es blieb nur die Förderung der revolutionären Bewegungen in Rußland, mit dem Ziel, den Zusammenbruch des Russischen Reiches von innen her zu bewirken. Diesen Weg ist die deutsche Politik dann konsequent gegangen; der deutsche Botschafter in Kopenhagen Ulrich Graf von Brockdorff-Rantzau fungierte als Verbindungsmann zu den bolschewistischen und sozialrevolutionären Kreisen in Rußland, deren Unterstützung sich die Reichsleitung angelegen sein ließ, obschon sie mit deren gesellschaftspolitischen Idealen gewiß nicht übereinstimmte.[39] Auch im Orient und in Indien wurde versucht, die Karte der Revolutionierung der indigenen Völker gegen die britische Herrschaft auszuspielen; hier freilich ohne nennenswerte Auswirkungen.[40]

Ansonsten wurde nun der Versuch unternommen, Österreich-Ungarn enger an das Deutsche Reich zu binden und auf mittlere Frist eine mitteleuropäische Wirtschaftsunion zu schaffen, die dann eine Verlängerung in den Vorderen Orient hinein erhalten sollte. Darin sahen die Protagonisten der Mitteleuropaidee vor allem die Chance, der Blockade der Alliierten ein Gegengewicht in Form eines starken mitteleuropäischen Wirtschaftsblocks entgegenzustellen und damit

---

[38] Vgl. AFFLERBACH, Falkenhayn (wie VI, 4), 294–315.
[39] Vgl. SCHEIDEMANN, Ulrich Graf Brockdorff-Rantzau (wie VI, 7c); siehe auch DIES., Ulrich Graf Brockdorff-Rantzau (1869–1928), in: Jahrbuch zur Liberalismus-Forschung 7, 1995, 190–205.
[40] FISCHER, Griff (wie VI, 5), 139 ff.

die Hoffnungen der Alliierten auf eine Aushungerung der Mittelmächte zumindest psychologisch auszuhebeln.[41] Darüber hinaus faßte die Reichsleitung eine Lösung der polnischen Frage ins Auge, die Polen zu einem Vasallenstaat Österreich-Ungarns gemacht, dieses aber durch ein Zoll- und Wirtschaftsbündnis unlöslich an das Deutsche Reich gebunden hätte. Dieses Zollbündnis sollte gegebenenfalls »den Keim für einen weitergehenden wirtschaftspolitischen Zusammenschluß der übrigen zentraleuropäischen Staaten« abgeben, also für eine von Deutschland dominierte europäische Wirtschaftsgemeinschaft.[42] Aus diesen Plänen wurde dann allerdings einstweilen nichts, einerseits weil die Militärs Bedenken trugen, den Schutz der deutschen Ostgrenze indirekt in die Hände des österreichischen Bundesgenossen zu legen, über dessen militärische Qualitäten im Hauptquartier und insbesondere im Stab Oberost die bösartigsten Kommentare umliefen, andererseits weil die Schwierigkeiten eines deutsch-österreichischen Zollvereins von den Wirtschaftsexperten als sehr hoch eingestuft wurden.

Auf den ersten Blick gesehen war die militärische Lage der Mittelmächte Ende 1915 vergleichsweise günstig. Die Versuche, ihre Stellung von den Flanken her zum Einsturz zu bringen, waren gescheitert. Mitteleuropa befand sich fest in ihrer Hand. Aber trotz des Besitzes riesiger Faustpfänder war nicht zu sehen, wie ein Friede zu erreichen war, der den Erwartungen der deutschen Öffentlichkeit auch nur einigermaßen entsprach. Es blieb nur eines, nämlich die Kriegsanstrengungen aufs äußerste zu steigern.

d) Die Politik der »Neuorientierung« und die Eskalation der Kriegsziele unter der Kanzlerschaft Bethmann Hollwegs

Anfänglich hatte die Reichsleitung gehofft, sich durch die Eindämmung der politischen Auseinandersetzungen in der Öffentlichkeit mittels der Zensur einen Freiraum für ihr Handeln verschaffen zu kön-

---

[41] Vgl. H.-H. BRANDT, Von Bruck zu Naumann, in: Ungleiche Partner?, Hg. M. GEHLER u. a.,1996, 315–352. Vgl. auch V. ULLRICH, Die polnische Frage und die deutschen Mitteleuropapläne im Herbst 1915, in: HJb 104, 1984, 348–371.
[42] Erklärung Delbrücks im Hauptausschuß des Reichstages, 44. Sitzung vom 18. Dez. 1915, HAS, BA Potsdam, Reichstag Nr. 1294. Vgl auch in: Hauptausschuß (wie VI, 1), Bd. 1, 327.

§ 3 Die politischen und militärischen Ereignisse 1914–1917   57

nen. Durch Unterdrücken der öffentlichen Diskussion der Kriegführung und der Kriegsziele bei Vermeidung eigener konkreter Stellungnahmen zur Sache hoffte sie, die Fiktion aufrechterhalten zu können, daß das Deutsche Reich einen Verteidigungskrieg führe, ohne auf mehr oder minder weitreichende Kriegsziele zu verzichten oder gar als nachgiebig oder gar defätistisch zu erscheinen. Diese Strategie scheiterte jedoch von Anbeginn.[43] Weite Kreise der Deutschen waren im Überschwang der nationalen Begeisterung der ersten Kriegsmonate zu der Ansicht gelangt, daß das Deutsche Reich nur einen Frieden schließen dürfe, der den bisherigen Opfern angemessen sei. Dies brachte den Reichskanzler von vornherein in eine schwierige Lage: Die Rücksichtnahme auf die Sozialdemokratie gebot es, in der Öffentlichkeit keinen Zweifel darüber aufkommen zu lassen, daß das Deutsche Reich einen Verteidigungskrieg führe; andererseits glaubte er dem Verlangen in bürgerlichen und konservativen Kreisen nach »positiven Kriegszielen« Rechnung tragen zu müssen. In dieser Situation erschien es geboten, die loyale Haltung der Sozialdemokratie zu honorieren und ihr in den innenpolitischen Fragen entgegenzukommen, soweit dies im Rahmen des bestehenden halbautoritären Regierungssystems möglich war. Wie prekär die Lage war, hatte sich in der Reichstagssitzung vom 2. Dezember 1914 gezeigt, in der die Bewilligung neuer Kriegskredite auf der Tagesordnung stand. Die Reichsleitung hatte sich hinter den Kulissen intensiv darum bemüht, diese Sitzung ohne Beeinträchtigung der inneren Geschlossenheit über die Bühne gehen zu lassen. Die sozialdemokratische Reichstagsfraktion hatte sich nur mit großer Mühe auf die einstimmige Bewilligung der Kriegskredite geeinigt, allerdings mit der Maßgabe, daß »dem Kriege, sobald das Ziel der Sicherung erreicht ist und die Gegner zum Frieden geneigt sind«, ein Ende gemacht würde.[44] Die Fraktion hatte jedoch nicht verhindern können, daß Karl Liebknecht anschließend in einer flammenden Rede den Weltkrieg als einen »imperialistischen Krieg, einen Krieg um die kapitalistische Beherrschung des Weltmarkts« brandmarkte: Dies sei kein Krieg, der für die Wohlfahrt des deutschen

---
[43] Vgl. dazu MOMMSEN, Regierung (wie VI, 7a).
[44] Erklärung Hugo Haases für die Fraktion im Reichstag am 2. Dezember 1914, Stenographische Berichte über die Verhandlungen des Deutschen Reichstages (wie VI, 1), Bd. 306, 21.

Volkes geführt werde.[45] Es war dies der Auftakt zu bitteren Auseinandersetzungen innerhalb der Sozialdemokratie über ihre politische Strategie im Krieg. Während der rechte Flügel die Kriegssituation dazu nutzen wollte, kraft nationaler Bewährung die überfällige Gleichberechtigung der Arbeiterschaft in Gesellschaft und Staat durchzusetzen, sah die Linke die Unterstützung des Krieges als krasse Verletzung der Grundsätze der Partei und als Verrat an der Arbeiterschaft an. Die bürgerlichen Parteien aber ergriffen die willkommene Gelegenheit, die Sozialdemokratie in der Frage der Unterstützung der gemeinsamen Kriegsanstrengungen der Nation als unzuverlässig und halbherzig an den Pranger zu stellen. Für die große Mehrheit der Parteien im Reichstag stand es außer Frage, daß man »durchhalten« müsse, »bis ein Friede errungen ist, der den ungeheuren Opfern entspricht, welche das deutsche Volk gebracht hat, und uns dauernden Schutz gegen alle Feinde gewährleistet«.[46]

Um die Loyalität der Sozialdemokratie und die für eine erfolgreiche Kriegführung unentbehrliche Kooperation der Freien Gewerkschaften auf Dauer sicherzustellen, sah sich Bethmann Hollweg genötigt, den Parteien der Linken eine »Neuorientierung« der inneren Politik nach dem Krieg in Aussicht zu stellen.[47] So sollte die Rechtsstellung der Sozialdemokratie und der Freien Gewerkschaften nicht länger irgendwelchen Beschränkungen unterworfen sein. Das Vereinsgesetz sollte entsprechend geändert und im gleichen Zuge auch der die Katholiken diskriminierende Jesuitenparagraph aufgehoben werden. Allerdings ging die Politik der »Neuorientierung« über ein Bündel von praktischen Maßnahmen zur überfälligen rechtlichen Gleichstellung der Arbeiterschaft nicht hinaus. Die eigentlich vitale Frage, nämlich eine Reform des preußischen Dreiklassenwahlrechts, die der Sozialdemokratie eine angemessene Vertretung im preußischen Abgeordnetenhaus eingeräumt haben würde, wurde dilatorisch behandelt; eine entsprechende Reformvorlage sollte, wenn überhaupt,

---

[45] Liebknecht wurde die Aufnahme dieser Passage in die Stenographischen Protokolle verweigert. Siehe Innenansicht (wie VI, 1), 80f.
[46] So die Erklärung Spahns am 2. Dezember 1914, Stenographische Berichte über die Verhandlungen des Deutschen Reichstages (wie VI, 1), Bd. 306, 21.
[47] In seiner Reichstagsrede vom 2. Dezember 1914. Bethmann Hollwegs Kriegsreden (wie VI, 1), 22.

§ 3 Die politischen und militärischen Ereignisse 1914–1917   59

dann erst nach dem Ende des Krieges umgesetzt werden.[48] Nur atmosphärisch verbesserten sich die Verhältnisse; Sozialdemokraten und Gewerkschaftler erhielten nun Zugang zur Regierung, und eine Reihe ihrer Vertreter wurde in verantwortliche Positionen im Staatsapparat berufen.

Bethmann Hollwegs »Politik der Diagonale« oberhalb der Parteien erwies sich freilich als eine Farce. Von der behaupteten Unabhängigkeit der Regierung gegenüber den Parteien und Interessengruppen konnte in dem bestehenden halbautoritären Herrschaftssystem von Anfang an nicht die Rede sein.[49] Die »Politik der Diagonale« brachte vielmehr eine gefährliche Vieldeutigkeit mit sich, die am Ende niemanden befriedigte und die Reichsleitung der Möglichkeit beraubte, sich für ihre politische Linie Unterstützung im gesellschaftlichen Raum zu verschaffen. Entscheidend war, daß Bethmann Hollweg annahm, die Probleme unterlaufen zu können, indem er die Festlegung auf eine eindeutige Linie in den Kriegszielfragen verweigerte. Einerseits hielt er hartnäckig an der Fiktion fest, daß das Deutsche Reich einen Verteidigungskrieg führe und keinesfalls Eroberungen anstrebe, andererseits bemühte er sich, den Kriegszielbestrebungen der bürgerlichen und konservativen Parteien, vornehmlich aber der Interessengruppen entgegenzukommen und sich diese großenteils selbst zu eigen zu machen, wenn auch stets mit dem Vorbehalt, daß deren Durchsetzung von der militärischen Situation bei den Friedensverhandlungen abhängen werde. Die Bemühungen, die Erörterung der Kriegsziele in der Öffentlichkeit zu unterbinden, waren schon deshalb erfolglos, weil die militärischen Zensoren in der Regel mit den Annexionisten einer Meinung waren, nämlich daß nur ein Siegfriede den deutschen Interessen entspreche. Außerdem verstärkten sie das Mißtrauen in bürgerlichen und konservativen Kreisen, daß der Kanzler dazu bereit sei, einen verfrühten, einen »flauen« Frieden zu schließen.

Im übrigen genügte das weithin bloß verbale und nur in Detailfragen konkrete Entgegenkommen der Reichsleitung gegenüber der

---

[48] HAGENLÜCKE, Vaterlandspartei (wie VI, 7d); MILLER, Burgfrieden (wie VI, 7a); SOUTOU, L'or et le sang (wie VI, 7d); WENDE, Die belgische Frage (wie VI, 7d).
[49] Zur kontroversen Bewertung der Verfassungsstruktur des Kaiserreichs siehe die bei W. J. MOMMSEN, Die Verfassung des Deutschen Reiches von 1871 als dilatorischer Herrschaftskompromiß, in: DERS., Der autoritäre Nationalstaat (wie VI, 6), 42–45 mitgeteilte Literatur; ferner H. BOLDT, Deutsche Verfassungsgeschichte, Bd. 2, 1990, 184–205.

Sozialdemokratie und den Freien Gewerkschaften, die für ihr Wohlverhalten allerdings die Anerkennung als legitime Vertreter der Interessen der Arbeiterschaft aushandelten,[50] um die Parteien der Rechten zu alarmieren und gegen den Reichskanzler und dessen innere Politik zu mobilisieren. Die angeblich unangemessene Nachgiebigkeit der Reichsleitung gegenüber der Sozialdemokratie wurde von ihnen als eine große Zukunftsgefahr angesehen. Ihr Kampffeld aber war – und wurde dies immer mehr – die Frage der Kriegsziele. Die Rechte scheute sich nicht, Bethmann Hollweg als einen Staatsmann hinzustellen, der der Härte des Tages nicht gewachsen sei und auf einen »schlappen Frieden« hinarbeite, der den nationalen Interessen des Deutschen Reiches nicht entspreche. Insofern wurde die Agitation für weitreichende Kriegsziele nicht nur von nationalistischen, sondern zunehmend auch von interessenpolitischen Motiven gespeist. Im übrigen wurde der »Burgfriede« immer mehr zu einer Fassade, hinter der die Parteienkonflikte mit steigender Intensität ausgetragen wurden. Die konservativen Parteien suchten mit allen ihnen zur Verfügung stehenden Mitteln eine weitere »Aufweichung« des politischen Systems zugunsten der Linken zu verhindern, insbesondere auch durch Ausnutzung ihrer Vormachtstellung im preußischen Abgeordnetenhaus;[51] auch der rechte Flügel der Nationalliberalen übte zunehmend Druck auf die Reichsleitung aus.[52] Die Fortschrittliche Volkspartei fühlte sich frustriert, und nur das Zentrum, das dank des rührigen Matthias Erzberger über gute informelle Beziehungen zum Reichskanzler verfügte, konnte mit seiner strategischen Position zufrieden sein.[53]

Bereits Anfang September 1914 hatte, da die Erörterung der Kriegsziele in der Öffentlichkeit verboten war, ein regelrechter Denkschriftenkrieg eingesetzt; die Versendung »vertraulicher« Kriegszieldenkschriften und Eingaben an die politischen und militärischen Instanzen, vor allem aber an die meinungsführenden Gruppen der deutschen Gesellschaft, diente gleichsam als Ersatz für eine politische

---

[50] Vgl. BIEBER, Gewerkschaften (wie VI, 7d), 76ff.; FELDMAN, Armee (wie VI, 7d), 258f.; zur SPD siehe MÜHLHAUSEN, Sozialdemokratie (wie § 3, Anm. 9), 664.
[51] Immer noch äußerst aufschlußreich sind die Memoiren von WESTARP, Konservative Politik (wie VI, 3).
[52] Vgl. H. THIEME, Nationaler Liberalismus in der Krise, 1963.
[53] Vgl. LOTH, Katholiken (wie VI, 8d), ferner K. EPSTEIN, Matthias Erzberger und das Dilemma der deutschen Demokratie, 1962.

§ 3 Die politischen und militärischen Ereignisse 1914–1917   61

Öffentlichkeit.⁵⁴ Den Anfang machte am 2. September eine Kriegszieldenkschrift des Zentrumsabgeordneten Matthias Erzberger, in der bereits nahezu alle territorialen Ziele aufgelistet waren, die späterhin zentrale Objekte der deutschen Kriegszielpolitik wurden: die Annexion des Erzgebiets von Longwy-Briey, die Reduzierung Belgiens zu einem Vasallenstaat des Deutschen Reiches sowie im Osten die Zurückdrängung des zarischen Rußland nebst weitreichenden Annexionen sowie die Schaffung von Pufferstaaten. Im November leitete der Industrielle Hugo Stinnes dem Kanzler eine umfangreiche Denkschrift zu, in der vor allem die Kriegsziele der rheinisch-westfälischen Schwerindustrie aufgelistet wurden und die noch weit über die Vorschläge Erzbergers hinausging.⁵⁵ Die Speerspitze dieser Denkschriften aber bildete eine vom 18. September 1914 datierte Denkschrift des Vorsitzenden des Alldeutschen Verbandes, Heinrich Claß, die an Radikalität der Forderungen und Brutalität hinsichtlich ihrer Durchsetzung alles, was auch später noch formuliert werden sollte, bei weitem übertraf. Schon hier tauchte das Postulat der »ethnischen Säuberung« auf, d. h. die Forderung, daß die nichtdeutsche Bevölkerung in den zahlreichen im Westen wie im Osten zu annektierenden Territorien rücksichtslos ausgesiedelt werden müsse. Zur Begründung dieses umfangreichen Kriegszielkatalogs wurde unter anderem ausgeführt, daß auf diese Weise die sozialen Übel der Gegenwart, die Verstädterung, die Wohnungsnot, mit anderen Worten »die drohende Entartung des deutschen Volkes«, abgewendet werden könnten und daß angesichts des zu erwartenden großen Bedarfs an akademisch ausgebildeten Fachleuten für die Verwaltung der zu annektierenden Gebiete überdies auch das Problem des »akademischen Proletariats« mit einem Schlage gelöst werden könnte.⁵⁶ Diese haßtriefende, und zugleich den Antisemitismus schürende Denkschrift, welche die Möglichkeiten und Grenzen deutscher Politik in der Mitte Europas völlig aus dem Auge verlor, wurde sogleich in 2000 Exemplaren »vertraulich« versandt. Eine Flutwelle gleichartiger, nicht immer ganz so aggressiv gehalte-

---

⁵⁴ Für einen detaillierten Nachweis siehe FISCHER, Griff (wie VI, 5), 197f. sowie die umfassende Darstellung von SOUTOU, L'or et le sang (wie VI, 7d).
⁵⁵ Vgl. P. WULF, Hugo Stinnes, 1979, 33f.; FELDMAN, Hugo Stinnes (wie VI, 4), 383f.
⁵⁶ Hier zitiert nach dem Exemplar Beselers in den Akten des Kgl. Civilkabinetts Rep 89H, Militaria 11c, Geheimes Staatsarchiv Preußischer Kulturbesitz, Berlin-Dahlem.

VI. Der Erste Weltkrieg 1914–1918

ner Denkschriften folgte, die gleichermaßen utopische Zukunftsbilder eines den gesamten europäischen Kontinent beherrschenden Deutschen Reiches entwarfen, ansonsten aber jeweils die speziellen Wünsche des jeweiligen Interessentenkreises artikulierten.

Die weitverbreitete Annahme, daß Bethmann Hollweg einem »schlappen Frieden« zuneige, war freilich in keiner Weise begründet. Bereits Anfang September 1914 hatte die Reichsleitung im Hinblick auf die damals noch für unmittelbar bevorstehend gehaltenen Präliminarfriedensverhandlungen mit Frankreich ein umfangreiches Kriegszielprogramm ausgearbeitet, die »Vorläufigen Richtlinien über unsere Politik bei Friedensschluß«, bekannt unter der Bezeichnung »Septemberprogramm«.[57] Dieses Programm blieb zwar hinter den gleichzeitig innerhalb wie außerhalb des Regierungsapparats kursierenden Kriegszielkatalogen erheblich zurück, bezeichnete aber gleichwohl die »Sicherung des Deutschen Reiches nach West und Ost auf erdenkliche Zeit« als das Ziel der deutschen Politik. Durch die Zurückdrängung des Zarenreiches nach Osten vermittels der Einrichtung eines Gürtels von Satellitenstaaten in Osteuropa und die nachhaltige Schwächung Frankreichs, weiterhin durch die Herabwürdigung Belgiens zu einem »Vasallenstaat« sowie einer Reihe von territorialen Annexionen im Westen sollte eine unangreifbare Vormachtstellung des Deutschen Reiches auf dem europäischen Kontinent begründet werden. Die Mittel, um dies zu erreichen, sollten freilich vornehmlich indirekter Art sein, um diese Regelungen den übrigen europäischen Nationen annehmbar zu machen, statt dies einfach nur mit Brachialgewalt durchzusetzen. »Es ist zu erreichen die Gründung eines mitteleuropäischen Wirtschaftsverbandes durch gemeinsame Zollabmachungen, unter Einschluß von Frankreich, Belgien, Holland, Dänemark, Österreich-Ungarn, Polen und eventuell Italien, Schweden und Norwegen. Dieser Verband, wohl ohne gemeinsame konstitutionelle Spitze, unter äußerlicher Gleichberechtigung seiner Mitglieder, aber tatsächlich unter deutscher Führung, muß die wirtschaftliche Vorherrschaft Deutschlands über Mitteleuropa stabilisieren.«[58] Die Strategie des Septemberprogramms war es, eine unanfechtbare Hegemonialstellung des Deutschen Reichs und der verbündeten Donaumonarchie

---

[57] Text bei W. BASLER, Deutschlands Annexionspolitik in Polen und im Baltikum 1914–1918, 1962, 381 ff.; vgl. FISCHER, Griff (wie VI, 5), 90 ff.
[58] BASLER, Deutschlands Annexionspolitik (wie Anm. 57), 383.

§ 3 Die politischen und militärischen Ereignisse 1914–1917   63

auf dem europäischen Kontinent zu begründen und die kleineren europäischen Staaten, vielleicht auch das besiegte Frankreich diesem System womöglich ohne Zwang anzugliedern, dafür aber direkte Annexionen, wie sie der Reichskanzlei von den verschiedensten Seiten als militärisch wie politisch unabdingbar herangetragen wurden, auf ein Mindestmaß zu beschränken. Dieser wohl weitgehend auf Kurt Riezler zurückgehende Versuch, einen geschmeidigen Imperialismus der informellen beziehungsweise indirekten Methoden mit dem formellen Imperialismus weitgespannter territorialer Annexionen zu kombinieren, womöglich unter Herabdrückung oder gar Vertreibung der indigenen Bevölkerung, kam der Quadratur des Zirkels gleich, wie Riezler in seinen Tagebuchaufzeichnungen selbst einräumte.[59] Nach dem Verlust der Marneschlacht war dieses Programm Makulatur; aber die hier angesprochenen Forderungen und mehr noch die angestrebte Grundlinie, nämlich die Errichtung der deutschen Vormachtstellung in Europa, unter Ablösung des hergebrachten Modells der »balance of power«, blieben auch in den folgenden Jahren unverändert bestehen.

Die Parteien und Pressure Groups auf der Rechten gaben sich mit den vagen Stellungnahmen Bethmann Hollwegs zu den Kriegszielfragen, mit denen er sich eine für alle Eventualitäten freie Hand wahren wollte, nicht zufrieden. In den Verhandlungen des Haushaltsausschusses des Reichstages im Februar und März 1915 suchten die bürgerlichen und konservativen Parteien den Reichskanzler in aller Form auf ein weitreichendes Kriegszielprogramm festzulegen, während die Sozialdemokratie gegenüber ihren Anhängern in eine schwierige Lage geriet.[60] Die Parteien der Rechten instrumentalisierten die Kriegszieldebatte dazu, um die Sozialdemokratie wieder ins Abseits zu drängen. In konservativen und industriefreundlichen Kreisen steigerte sich dies

---

[59] RIEZLER, Tagebücher (wie VI, 3), 200ff. Auf die Auseinandersetzung über die Authentizität des Tagebuchs kann hier nicht näher eingegangen werden; vgl. aber B. SÖSEMANN, Die Tagebücher Kurt Riezlers, in: HZ 236, 1983, 327–369 und K. D. ERDMANN, Zur Echtheit der Tagebücher Kurt Riezlers, in: ebd., 371–402; DERS., Neue Kontroversen um Riezler, in: GWU 34, 1983, 182f.; ferner W. J. MOMMSEN, Rezension, in: Bulletin German Historical Institute London 14, 1983, 28–33.

[60] Vgl. die Verhandlungen des HAS am 11. März 1915, hier zitiert nach den Originalprotokollen, BA Potsdam, Reichstag Nr. 14765. Vgl. auch die allerdings auf einer anderen Überlieferung beruhende Teilausgabe der Protokolle des HAS in: Hauptausschuß (wie VI, 1), Bd. 1, 6–15.

VI. Der Erste Weltkrieg 1914–1918

zu dem Versuch, Bethmann Hollweg zu stürzen und den Kaiser dazu zu bringen, einen anderen Kanzler – möglicherweise den Großadmiral Alfred von Tirpitz – zu berufen. Nicht zuletzt auch aus diesen Motiven heraus erreichte der Denkschriftenkrieg im März 1915 einen neuen Höhepunkt, insbesondere mit der Denkschrift der fünf (späterhin sechs)[61] großen Wirtschaftsverbände vom 10. März 1915, die nun einen Katalog von Annexionen in West und in Ost aufstellte, der an Maßlosigkeit und Gigantomanie schwerlich noch hätte übertroffen werden können.[62] Bethmann Hollweg hielt es jedoch für unmöglich, den Bestrebungen der Annexionisten in der Öffentlichkeit durch nüchterne Aufklärung über die tatsächliche Kriegslage entgegenzutreten, weil er befürchtete, daß dann ein verhängnisvoller Einbruch der Stimmung eintreten würde.[63] Infolgedessen ließ die Regierung der immer weiter fortschreitenden Eskalation der Kriegszielforderungen freien Lauf, ungeachtet der dadurch erfolgten Verletzung des »Burgfriedens«. Die Kluft zwischen den sanguinischen Erwartungen der bürgerlichen Schichten hinsichtlich eines »koste es was es wolle« zu erringenden »Siegfriedens« und der bedrückenden militärischen Lage wurde immer größer und schränkte die Handlungsfreiheit der Regierung in zunehmendem Maße ein. Die Doppelbödigkeit der Politik in

---

[61] Im Mai 1915 schlossen sich auch die deutschen christlichen Bauernvereine der Denkschrift der Wirtschaftsverbände an.
[62] Die Denkschrift nebst dem Anschreiben an Gayl findet sich in Kgl. Civilkabinett Rep. 89 H, Militaria 11c, Geheimes Staatsarchiv Preußischer Kulturbesitz, Berlin-Dahlem. Der Bericht über die Unterredung der Vertreter der Stahlindustrie und der bergbaulichen Vereine Hugenberg, Kirdorf und Stinnes mit Gayl, 12. Mai 1915, ebd., Anlage 13, Blatt 32ff. Hier heißt es u. a.: »[...] wenn dieser Krieg nicht mit einem großen Erfolge, nicht mit einem großen Gewinn nach allen Seiten« auslaufe, würden die Verhältnisse nach dem Krieg außerordentlich schwierig werden. »Die Arbeiter, die aus dem Kriege zurückkommen, werden mit großen Ansprüchen an die Arbeitgeber herantreten, und wenn nicht auf der Grundlage eines großen Zuwachses an Gebiet und wirtschaftlicher Kraft auf dem Gebiete der Lohnfrage in weitherziger Weise verfahren werden kann, dann wird es zwischen Arbeitgebern und Arbeitnehmern einen fürchterlichen Kampf geben.« Später meinte Hugo Stinnes sogar: »Das Ergebnis eines schlechten Friedens wird Revolution und vermutlich das Ende der Dynastie sein ...«. Stinnes an Ludendorff am 23. 12. 1916, zit. bei FELDMAN, Hugo Stinnes (wie VI, 4), 420f.
[63] »Aufklären über die militärische Situation kann ich die Petenten nicht. Entweder sie bezeichnen mich des Flaumachens, oder sie werden selbst ängstlich. Beides können wir nicht brauchen. Die Aufklärung kann nur ganz allmählich durch die militärischen Ereignisse selbst stattfinden.« Zit. bei MOMMSEN, Die Regierung Bethmann Hollweg (wie VI, 7a), 136.

§ 3 Die politischen und militärischen Ereignisse 1914–1917   65

den Kriegszielfragen unterminierte vielmehr immer stärker die Glaubwürdigkeit der Reichsleitung.

Im Herbst 1916 wurde dann schließlich die von den Parteien längst geforderte Freigabe der öffentlichen Erörterungen über die Kriegsziele verfügt. Allerdings hatte die Reichsleitung zuvor den Versuch unternommen, die Kriegszielagitation behutsam einzudämmen. Seit dem Herbst 1915 war unter anderem von dem »Unabhängigen Ausschuß für einen Deutschen Frieden«, der inzwischen ein weitgespanntes Netzwerk aufgebaut hatte, eine systematische Kampagne für einen weitreichenden Siegfrieden betrieben worden. Durch die Gründung einer formell unabhängigen, faktisch aber von der Reichskanzlei gesteuerten Propagandaorganisation, dem »Deutschen Nationalausschuß für einen ehrenvollen Frieden« sollte nun in der Öffentlichkeit Unterstützung für einen vergleichsweise maßvollen Kurs in den Kriegszielfragen gewonnen werden.[64] Diese Initiative erwies sich weithin als erfolglos; sie provozierte hingegen den Historiker Dietrich Schäfer, der die treibende Kraft des »Unabhängigen Ausschusses« war, dazu, dessen Aktivitäten noch zu intensivieren. Ein Jahr später griff die Deutsche Vaterlandspartei bei ihrer Gründung auf die organisatorischen Strukturen des Ausschusses zurück.[65]

Die Kriegsziele der Reichsleitung gingen freilich auch zu diesem Zeitpunkt noch über das Postulat eines »Verteidigungskrieges« weit hinaus. Die immer offensichtlichere Verfolgung weitreichender Kriegsziele durch die Reichsleitung – ungeachtet der verklausulierten Formulierungen Bethmann Hollwegs – konnte auf die Dauer nicht ohne Folgen für die Haltung der Sozialdemokratie bleiben. Während die Mehrheit der Partei es bei Lage der Dinge für unabweisbar hielt, den Kanzler gegen seine Widersacher auf der Rechten im Amt zu halten, verlangte die Linke unter Führung Karl Liebknechts die offene Bekämpfung dieses Krieges, der immer stärker imperialistische Züge annehme. Im März 1916 traten die innerparteilichen Gegensätze über die Kriegsstrategie der Sozialdemokratie erstmals öffentlich hervor. Die Ablehnung der Kriegskredite durch eine Minderheit der Sozialdemokratie am 24. März 1916 führte zur Gründung der »Sozialdemokratischen Arbeitsgemeinschaft«, aus der dann ein Jahr später die

---

[64] Vgl. dazu HAGENLÜCKE, Vaterlandspartei (wie VI, 7d), 73 ff.
[65] Ebd., 143 ff.

USPD hervorgehen sollte. Damit war die bei Kriegsbeginn so enthusiastisch gefeierte Einigkeit der Nation auch äußerlich zerbrochen. Das Konzept einer halbautoritären Regierung oberhalb der Parteien und Verbände, die sich für ihre Maßnahmen von Fall zu Fall auf informellem Wege der Zustimmung der Parteiführer und der jeweils betroffenen Verbände zu versichern suchte, die Öffentlichkeit hingegen wie der Teufel das Weihwasser scheute, war nicht aufgegangen. Der vielgerühmte bürokratische Regierungsapparat war desorientiert und zersplittert, die preußische Staatsregierung ging ihre eigenen Wege, der Einfluß der Obersten Heeresleitung wuchs beständig, und die Führer der Parteien drängten immer stärker auf eine effektive Mitsprache an den politischen und wirtschaftlichen Entscheidungen, wenn auch einstweilen nicht in parlamentarischen Formen.

e) Die veränderte Form des Krieges: mörderische Materialschlachten im Westen, der unbeschränkte U-Boot-Krieg und die Julikrise 1917

Um die Jahreswende 1916 war die Lage der Mittelmächte nach der Zurückdrängung der russischen Armeen und der Niederwerfung Serbiens erheblich besser geworden. Aber eine Kriegsentscheidung schien weiter entfernt denn jemals zuvor. Falkenhayn glaubte nicht mehr daran, daß es möglich sein würde, die erstarrten Fronten im Westen durch eine Durchbruchsschlacht an der schwächsten Stelle der gegnerischen Linien aufzubrechen und auf diese Weise eine Kriegsentscheidung herbeizuführen. Statt dessen setzte er nun auf eine Strategie der Abnutzung und moralischen Zermürbung des Gegners, die nicht zuletzt auf pseudodarwinistischen Prämissen von der unterlegenen Reproduktionskraft des französischen Volkes beruhte. Falkenhayn wollte, noch bevor das englische Expeditionskorps in voller Stärke zum Einsatz kam, die französische Armee an einer strategisch bedeutsamen Stelle frontal angreifen, nämlich vor Verdun, mit dem Ziel, sie in eine gewaltige Abnutzungsschlacht zu verwickeln und so »auszubluten«, daß am Ende der Kampfwille der französischen Nation zusammenbrechen würde. Dies war das eigentliche Ziel der Offensive bei Verdun, die im Februar 1916 begann; sie setzte darauf, daß die Verteidiger angesichts ihrer geographisch ungünstigeren Position unter der Feuerkraft der deutschen Artillerie ungleich

§ 3 Die politischen und militärischen Ereignisse 1914–1917   67

stärker leiden würden als die Angreifer unter der französischen. Nach Anfangserfolgen auf deutscher Seite verwandelte sich die Schlacht bei Verdun in ein erbittertes Ringen um wenige Quadratkilometer von Granaten immer wieder umgepflügten Bodens, mit immer neuen Angriffen und Gegenangriffen, welche mit einem gigantischen Materialaufwand geführt wurden und bei der auf beiden Seiten bewußt ungeheure Verluste in Kauf genommen wurden.[66] Die deutsche Rechnung, daß die eigenen Verluste wesentlich geringer sein würden als jene der Franzosen, ging im wesentlichen nicht auf; vor allem aber erwies sich die Hoffnung auf eine »Ausblutung« Frankreichs als eine Chimäre. Als die Schlacht vor Verdun nach mehr als sechsmonatigem Wüten schließlich im Herbst 1916 abgebrochen wurde, hatten die Franzosen 367000 Mann und die Deutschen 337000 Mann verloren. Inzwischen braute sich im Osten neues Unheil zusammen. Die russische Brussilow-Offensive in Galizien, die am 4. Juni 1916 begann, führte zum völligen Zusammenbruch der österreichisch-ungarischen Front in Galizien und zu ersten Auflösungserscheinungen in der Donaumonarchie; einzelne tschechische Bataillone waren geschlossen zu den Russen übergelaufen. Nur durch das Eingreifen deutscher Verbände konnte eine Katastrophe verhindert werden.

Zeitgleich brach dann an der Somme die erwartete Großoffensive der Alliierten los, an der nun auch Verbände der britischen Dominions teilnahmen.[67] Der Angriff wurde hier zum erstenmal durch ein viertägiges, auf kleine Frontabschnitte konzentriertes artilleristisches Trommelfeuer von großer Intensität eingeleitet, in der – wie sich dann herausstellen sollte – irrigen Annahme, daß auf diese Weise jeglicher Widerstand in den vorderen Linien des Gegners gebrochen werden könne. Trotz einer ungeheuren Zusammenballung von Feuerkraft konnte jedoch ein Durchbruch nicht erzielt werden; im Gegenteil, die Verluste der Angreifer waren bei geringen Geländegewinnen ungeheuer. Die Briten verloren bereits am ersten Tag des Angriffs 57470 Mann. Dennoch wußten die Generäle im Lager der Alliierten keinen anderen Ausweg, als die Angriffe immer wieder zu erneuern, obschon ihre Stabsoffiziere händeringend davon abrieten, weil die Verluste in keinem Verhältnis zu den Erfolgschancen stünden. Die Deutschen

---

[66] Vgl. G. WERTH, Verdun, 1979.
[67] Beste Darstellung bei WILSON, The Myriad Faces of War (wie VI, 5), 309 ff.

hingegen setzten alles daran, verlorenes Gelände durch unverzügliche Gegenangriffe gegen die erschöpften Angriffsverbände des Gegners zurückzuerobern. Als die Alliierten ihre Offensive im November 1916 einstellten, mit einem Bodengewinn von durchschnittlich weniger als 10 Kilometern, hatten die Alliierten etwa 620000, die Deutschen 465000 Mann verloren; eine mörderische Kriegsmaschinerie von bislang unbekanntem Ausmaß hatte sich einstweilen ausgetobt.

Als die Verdunoffensive trotz höchsten Material- und Menscheneinsatzes erfolglos blieb, verlor Falkenhayn in den Führungskreisen des Reiches zunehmend an Vertrauen. Die politische Leitung mißbilligte die enormen Verlustzahlen und argwöhnte, daß der General ein »Spieler« sei, dessen grandiose Pläne nicht zureichend rational durchkalkuliert seien. Steigende Irritation weckte auch das Verlangen Falkenhayns, die erhoffte psychologische Wirkung der Verdunoffensive auf die Kampfmoral der Franzosen durch die Begründung eines Mitteleuropäischen Wirtschaftsblocks zusätzlich zu stärken. Vor allem plädierte Falkenhayn nun für den Übergang zum unbeschränkten U-Boot-Krieg. Unter diesen Umständen blieb die scharfe Kritik Hindenburgs und Ludendorffs, die eine erneute Verlagerung des Schwerpunkts der militärischen Operationen nach Osten verlangten, an der Strategie des Generalstabschefs auf die Dauer nicht ohne Folgen, obschon dieser in Wilhelm II. einen festen Rückhalt besaß, der den maßvolleren strategischen Konzepten Falkenhayns im Grunde weit mehr zuneigte als den grandiosen Planungen Ludendorffs. Mit der Übertragung eines einheitlichen Oberbefehls im Osten über die gesamten Streitkräfte der Mittelmächte auf Hindenburg und Ludendorff, während Conrad von Hötzendorf auf eine nominelle Position zurückgedrängt wurde, wurde ein verhängnisvoller Dualismus in die deutsche Kriegführung hineingetragen. Als dann am 27. August 1916 Rumänien auf seiten der alliierten Mächte in den Krieg eintrat, ein Schritt, mit dem Falkenhayn überhaupt nicht gerechnet hatte, setzte Bethmann Hollweg schließlich durch, daß er durch Hindenburg und Ludendorff, die Sieger von Tannenberg, ersetzt wurde. Mit Hindenburg, so erklärte Bethmann Hollweg, »könne er [der Kaiser] einen enttäuschenden Frieden machen, ohne ihn nicht.«[68]

---

[68] Vgl. JANSSEN, Kanzler (wie VI, 7b), 235; DERS., Der Wechsel in der Obersten Heeresleitung 1916, in: Vierteljahrshefte für Zeitgeschichte 7, 1959, 337–371.

§ 3 Die politischen und militärischen Ereignisse 1914–1917   69

Allerdings mußten Hindenburg und Ludendorff bald ihrerseits einräumen, daß sie die Schwere der Kämpfe im Westen erheblich unterschätzt hatten. Angesichts der angespannten Mannschaftsreserven mußten sie froh sein, daß es gelang, die nunmehr gut ausgebauten Grabenstellungen oft unter Anspannung der äußersten Kräfte gegen die beständigen alliierten Angriffe zu halten; eine strategische Reserve, die neue Offensiven ermöglicht haben würde, war einfach nicht mehr aus der Front herauszuziehen. Einzig die Tatsache, daß es Falkenhayn und Mackensen gelang, Rumänien binnen weniger Wochen niederzuwerfen und damit eines der rohstoffreichsten Länder des Balkans in deutsche Gewalt zu bringen, konnte hoffnungsvoller stimmen. Aber es war weniger denn je zu sehen, wie ein kriegsentscheidender Sieg erfochten werden könne. Vielmehr ließen die mörderischen Materialschlachten im Westen, die Woche für Woche Zehntausende Menschenleben forderten und Nordfrankreich in eine trostlose Trümmerlandschaft verwandelten, immer weniger einen Sinn des Krieges erkennen; dieser war im Begriff, zu einer blinden Maschinerie der Menschenvernichtung zu werden, welche sich gleichsam selbständig gemacht hatte. Unter diesen Umständen gingen nun auch Hindenburg und Ludendorff mit dem Gedanken um, einen Ausweg mittels des unbeschränkten U-Boot-Kriegs zu finden.

Es kam hinzu, daß die Fernblockade der Alliierten immer fühlbarere Auswirkungen erzielte.[69] Bis Ende 1915 hatten die Mittelmächte immer noch bedeutende Zufuhren von Rohstoffen und anderen Materialien über die Niederlande, Dänemark und die nordischen Staaten erhalten.[70] Doch seitdem hatte die britische Marine die Daumenschrauben der Blockade immer stärker angezogen. Vermittels des Abschlusses von bilateralen Verträgen mit den neutralen Anrainerstaaten der Mittelmächte war es gelungen, auch den anfänglich noch florierenden Zwischenhandel zu unterbinden und dem Ziel der wirtschaftlichen Aushungerung der Mittelmächte erheblich näher zu kommen.

Die deutsche Seekriegsleitung verfügte über kein taugliches Mittel, um die britische Fernblockade wirksam zu bekämpfen. Daher war

---

[69] Vgl. M. C. SINEY, The Allied Blockade of Germany, 1957; A. C. BELL, Die englische Hungerblockade im Weltkrieg, Hg. V. BÖHMERT, 1943; C. P. VINCENT, The Politics of Hunger, 1985.
[70] Vgl. HARDACH, Der Erste Weltkrieg (wie VI, 5), 21ff.

immer wieder der Plan aufgetaucht, Großbritannien trotz seiner Überlegenheit zur See mit Hilfe der U-Boot-Waffe zum Frieden zu zwingen. Aber die völkerrechtlichen Voraussetzungen für einen wirkungsvollen Einsatz der U-Boot-Waffe waren noch viel ungünstiger als für die britische Fernblockade des Handels mit den Mittelmächten. Denn völkerrechtlich war bereits die Praxis illegal, aufgebrachte Handelsschiffe, die Konterbande beförderten, nach erfolgter Durchsuchung zu vernichten, geschweige denn sie ohne Vorwarnung zu torpedieren, wegen der damit verbundenen Gefahr für Leib und Leben der beteiligten Nichtkombattanten. Die Bemühungen der deutschen Diplomatie, bei den neutralen Staaten Verständnis für die Besonderheiten der Seekriegführung mit U-Booten zu finden, erwiesen sich als wenig erfolgreich. Vielmehr fühlten sich die neutralen Mächte, insbesondere die Vereinigten Staaten, in ihrer Ansicht bestärkt, daß der Einsatz der U-Boot-Waffe gegen die feindliche und die neutrale Schiffahrt, auch wenn er in britischen Gewässern stattfand, inhuman und als krasse Verletzung des Völkerrechts zu betrachten sei.

Gleichwohl hatte die Reichsleitung auf Drängen der Seekriegsleitung am 4. Februar 1915 die internationalen Gewässer rings um die britischen Inseln zu einer Kriegszone erklärt, in welcher ab 22. Februar jedes Handelsschiff einen Angriff zu gewärtigen habe, ohne daß die Sicherheit von Besatzung und Passagieren gewährleistet werden könne. Die davon erhoffte abschreckende Wirkung auf die neutrale Schiffahrt blieb jedoch aus. Vielmehr hagelte es Proteste der Neutralen gegen den solchermaßen geführten U-Boot-Krieg, noch bevor dieser überhaupt begonnen hatte. Der Versuch, die Vereinigten Staaten dazu zu bewegen, im Gegenzug den Verzicht auf die Führung des Handelskriegs mit U-Booten ihrerseits Großbritannien zu einer Lockerung der Blockade zu veranlassen, blieb ergebnislos. Die Vereinigten Staaten bestanden weiterhin auf der bedingungslosen Einstellung des U-Boot-Krieges, nicht zuletzt deshalb, weil Woodrow Wilson befürchtete, daß die USA andernfalls in den Krieg hineingezogen würden.[71]

Die Krise im Verhältnis zu den Vereinigten Staaten erreichte einen ersten Höhepunkt, als am 7. Mai 1915 bekannt wurde, daß ein deut-

---

[71] Vgl. MAY, The World War (wie VI, 7e); A. S. LINK, Wilson, Bd. 1–5, 1947–1965; C. SEYMOUR, American Diplomacy during the World War, ²1942; K. A. CLEMENTS, The Presidency of Woodrow Wilson, 1992.

§ 3 Die politischen und militärischen Ereignisse 1914–1917   71

sches Unterseeboot das englische Passagierschiff »Lusitania« versenkt hatte; dabei fanden 1198 Besatzungsmitglieder und Passagiere, unter ihnen 139 amerikanische Staatsbürger, den Tod. Obwohl die »Lusitania« unter anderem auch Munition geladen hatte, wurde die warnungslose Versenkung in der neutralen Welt, insbesondere in den Vereinigten Staaten, als ein Akt einer barbarischen Kriegführung angesehen, die eine krasse Verletzung des Völkerrechts darstelle. Bei Lage der Dinge blieb der Reichsleitung, um der Gefahr eines drohenden Kriegseintritts der USA vorzubeugen, nichts anderes übrig als die Rückkehr zu einem eingeschränkten U-Boot-Krieg, der neutrale Schiffe schonen sollte, und im September 1915, nach der Versenkung des französischen Passagierschiffs »Arabic«, schließlich sogar zum »Kreuzerkrieg mit U-Booten«, den die Seekriegsleitung freilich wegen der großen Risiken für die U-Boote und deren Besatzungen zu führen verweigerte. Am 11. Februar 1916 wurde dann, um der Seekriegsleitung entgegenzukommen, der sogenannte »verschärfte U-Boot-Krieg« proklamiert, welcher die warnungslose Versenkung aller bewaffneten Handelsschiffe für rechtens erklärte.

Bei diesen Entscheidungen stand die Reichsleitung nicht allein unter dem steigenden Druck des Admiralstabs, der mit dem rücksichtslosen Einsatz der U-Boot-Waffe hoffte, das eigene angeschlagene Prestige wiederherstellen zu können, sondern vor allem unter dem der deutschen Öffentlichkeit. Die Parole, daß die U-Boot-Waffe ein unfehlbares Mittel sei, um den Krieg zu einem baldigen Ende zu bringen, fand besonders im Kriegswinter 1915/16 bei der schwer darbenden Bevölkerung willige Aufnahme. Vor allem aber entdeckten die Kreise, die schon bisher eine leidenschaftliche Kampagne für einen »Siegfrieden« mit weitreichenden Annexionen in West und Ost betrieben hatten, nun einen Weg, um ihre grandiosen Expansionspläne durchzusetzen.

Im Frühjahr 1916 erreichte die Agitation für den unbeschränkten Einsatz der U-Boote einen ersten Höhepunkt.[72] Allerdings fehlte es auch jetzt nicht an Stimmen, die vor dem »unbeschränkten U-Boot-Krieg« wegen der damit verbundenen Wahrscheinlichkeit eines Kriegseintritts der Vereinigten Staaten warnten, so beispielsweise

---

[72] Vgl. MOMMSEN, Die Regierung Bethmann Hollweg (wie VI, 7a), 141–143, ferner zahlreiche Belege im Nachlaß Dietrich Schäfer, Archiv der Berlin-Brandenburgischen Akademie der Wissenschaften.

Max Weber und Walther Rathenau.⁷³ Für dieses Mal setzte sich der Reichskanzler Bethmann Hollweg noch gegen die Scharfmacher im eigenen Lager durch; auf einem Kronrat am 4. März 1916 wurde beschlossen, am »verschärften U-Boot-Krieg« festzuhalten und auch diesen aus Rücksicht auf die neutralen Mächte nur in abgeschwächter Form zu führen.

Die Beziehungen zu den Vereinigten Staaten, die nichts weniger als den völligen Abbruch des U-Boot-Krieges forderten, gestalteten sich jedoch weiterhin kritisch, zumal man in Berlin dem Friedensprogramm des amerikanischen Präsidenten, der in seiner Rede vom 27. Mai 1916 erstmals die Parole eines Friedens »ohne Sieger und Besiegte« ausgegeben hatte, äußerst skeptisch gegenüberstand. Im Innern aber verstärkte sich der Druck zugunsten des Übergangs zum »unbeschränkten U-Boot-Krieg« immer mehr. Die Befürworter desselben spekulierten à la baisse; sie sahen darin das letzte, unfehlbare Mittel, um doch noch einen Siegfrieden zu erzwingen, während es ansonsten zu einem »Erschöpfungskrieg« und womöglich zu einem »faulen Frieden« kommen werde. Im Oktober 1916 konnte Bethmann Hollweg einen förmlichen Beschluß der bürgerlichen Parteien zugunsten des sofortigen Übergangs zum »unbeschränkten U-Boot-Krieg« nur abwehren, indem er erklärte, daß er ausschließlich »pro tempore« gegen diesen sei und sich in diesem Punkte in völliger Übereinstimmung mit Hindenburg und Ludendorff befinde.⁷⁴

In dieser nahezu ausweglosen Situation beschloß die Reichsleitung, ihrerseits mit einem Friedensangebot an die alliierten Mächte heranzutreten. Dabei wurde sie von einer Doppelstrategie geleitet: Einerseits wollte man der schwer notleidenden deutschen Bevölkerung den eigenen Friedenswillen dokumentieren und damit deren Bereitschaft zum Durchhalten stärken, zum anderen hoffte man, auf diese Weise einen Weg zu finden, der es den Vereinigten Staaten erlauben würde, auch bei einem Übergang zum unbeschränkten U-Boot-Krieg neutral

---

⁷³ Max Weber warnte, daß die Politik gegenüber Amerika, sofern sie fehlschlagen sollte, von breiten Teilen der Bevölkerung als Abenteuerpolitik aufgefaßt werden würde. M. WEBER, Der verschärfte U-Boot-Krieg, in: MWG I/15, Hg. MOMMSEN u. a. (wie VI, 3), 125; E. SCHULIN, Walther Rathenau, ²1992, 88ff.

⁷⁴ HAS, BA Potsdam, Reichstag, Nr. 1201, 91. Sitzung vom 9. Oktober 1916, 582f, 588ff. Ludendorff hatte schon am 9. September erklärt: »Sobald wir militärisch feststehen, wird er [d. i. der unbeschränkte U-Boot-Krieg] gemacht.« Der Weltkrieg 1914 bis 1918 (wie VI, 2), Bd. 11, 446f.

§ 3 Die politischen und militärischen Ereignisse 1914–1917

zu bleiben. Für den nicht eben wahrscheinlichen Fall, daß es tatsächlich zu Friedensverhandlungen zwischen den kriegführenden Mächten kommen sollte, hoffte die Reichsleitung, sofern nicht Woodrow Wilson selbst als Verhandlungsführer auftreten würde, mit guten Karten – sprich mit beachtlichen Faustpfändern – am Verhandlungstisch sitzen und zumindest einen erheblichen Teil der eigenen Kriegsziele durchsetzen zu können.

Allerdings wurde dem Friedensangebot vom 12. Dezember 1916 insofern in mancher Hinsicht der Wind aus den Segeln genommen, als Woodrow Wilson nur wenige Tage später mit einem eigenen Vorschlag zur Friedensvermittlung hervortrat. Die Chance, die Alliierten mit ihren zu diesem Zeitpunkt ebenfalls nicht gerade bescheidenen Kriegszielforderungen bloßzustellen, wurde freilich gründlich vertan. Der amerikanische Präsident sah mit einigem Recht keinerlei Chance, auf der Grundlage der ihm schließlich in summarischer Form vertraulich mitgeteilten umfangreichen Kriegsziele der Mittelmächte Friedensverhandlungen anzubahnen.[75] Der Ausgang der Dinge war vorprogrammiert; die Alliierten wiesen es weit von sich, in der bestehenden, vergleichsweise ungünstigen militärischen Lage in Friedensverhandlungen einzutreten. Die Reichsleitung hingegen entschied sich, nunmehr dem Drängen der Militärs und insbesondere des Admiralstabs, vor allem aber der Öffentlichkeit, nachzugeben und den unbeschränkten U-Boot-Krieg zum frühestmöglichen Zeitpunkt zu eröffnen, obschon dies mit großer Wahrscheinlichkeit den Kriegseintritt der Vereinigten Staaten auf seiten der alliierten Mächte zur Folge haben mußte. Der Reichskanzler von Bethmann Hollweg fügte sich in das Unvermeidliche, in der Annahme, daß ein Verhandlungsfrieden im Innern ohnehin nicht durchsetzbar sein werde, bevor nicht die letzte, angeblich todsichere Karte des unbeschränkten U-Boot-Krieges ausgespielt war.[76] Die Ankündigung der Wiederaufnahme des unbeschränkten U-Boot-Krieges zum 1. Februar 1917 führte zum Abbruch der diplomatischen Beziehungen zwischen den USA und dem Deutschen Reich. Am 6. April 1917 traten die Vereinigten Staaten dann definitiv als Assoziierte Macht auf seiten der Westmächte in den

---

[75] L'Allemagne (wie VI, 2), Bd. 1, 659f.
[76] Vgl. MOMMSEN, Bürgerstolz (wie VI, 5), 663; RITTER, Staatskunst (wie VI, 5), Bd. 3, 380.

Krieg ein. Max Weber hat dies späterhin eine Herausforderung des Schicksals genannt.[77]

Vorerst setzte die Reichsleitung darauf, daß Großbritannien, wie dies vom Admiralstab in Aussicht gestellt worden war, binnen sechs Monaten, also noch bevor die amerikanischen Armeen effektiv in die Kämpfe an der Westfront würden eingreifen können, »in die Kniee« gezwungen werden könne. Hindenburg und Ludendorff ihrerseits aber verlangten nunmehr, alle verfügbaren personellen und materiellen Ressourcen rückhaltlos in den Dienst einer nahezu »totalen« Kriegführung zu stellen sowie eine erneute Steigerung der Rüstungsproduktion von gigantischen Ausmaßen in die Wege zu leiten, unter weitgehender Stillegung der bisher weitergeführten »Friedensindustrien«.[78] Außerdem aber setzten die Heerführer nun auf die Rekrutierung polnischer Soldaten, in der Hoffnung, solcherart die ausgedünnten Heeresreserven auffüllen zu können. Vornehmlich unter diesem Gesichtspunkt wurde am 5. November 1916 im sogenannten »Polenmanifest« den Polen Kongreßpolens (nicht aber den preußischen Polen oder den Polen in Galizien) in vagen Formulierungen ein selbständiger Staat unter der Oberhoheit der Mittelmächte in Aussicht gestellt.[79]

Anfänglich wurden die sanguinischen Erwartungen der Öffentlichkeit in die Wirkungen des U-Boot-Krieges durch die ungewöhnlich hohen Versenkungszahlen der ersten Kriegsmonate noch gesteigert. In der Reichsleitung war man skeptischer; hier setzte man insgeheim darauf, daß die schwächeren Partner der Alliierten, Italien und Frankreich, unter den steigenden Kriegslasten zusammenbrechen könnten. Der Zusammenbruch des Zarenreiches im Zuge der russischen Februarrevolution brachte den Mittelmächten dann eine unerwartete Entlastung. Eine Massendemonstration hungernder Frauen in Petrograd am 7. März 1917, die in eine Massenstreikbewegung überging, hatte den Anstoß dazu gegeben. In Petrograd bildete sich ein Arbeiter- und Soldatenrat, der in der Metropole faktisch die Herrschaft an sich riß. Die bürgerlichen Parteien in der Duma bildeten eine Provisorische Regierung, die ihre Macht mit jener des Sowjets zu teilen hatte. Ihr gelang es dank Alliierter Unterstützung, Rußland weiterhin im

---

[77] Vgl. MOMMSEN, Max Weber (wie VI, 4), 291.
[78] Vgl. unten, S. 88f.
[79] Text in L'Allemagne (wie VI, 2), Bd. 1, 548f.

§ 3 Die politischen und militärischen Ereignisse 1914–1917   75

Kriege zu halten, ungeachtet des Appells des Arbeiter- und Soldatenrats an die Völker der Welt, »in gemeinsamer Anstrengung der fürchterlichen Schlachterei des Weltkriegs« ein Ende zu bereiten und einen allgemeinen Frieden »ohne Annexionen und Kontributionen« zu schließen, eine Parole, die in ganz Europa namentlich bei der Arbeiterschaft auf Zustimmung stieß.

Die Opposition der Linken gegen den Krieg, die sich schon seit Sommer 1916 immer stärker artikuliert hatte, erhielt durch die revolutionären Ereignisse in Rußland gewaltigen Auftrieb. Der Unmut der Arbeiterschaft über den politischen Kurs der Reichsleitung kam erstmals in Massenstreiks zum Ausdruck, welche die Sozialdemokratie und die Freien Gewerkschaften nicht mehr wie bisher ohne weiteres unter ihre Kontrolle zu bringen vermochten. Mit der Gründung der »Unabhängigen Sozialdemokratischen Partei Deutschlands« (USPD) auf einem Parteitag in Gotha im April 1917 formierte sich die Opposition gegen den Kriegskurs der (Mehrheits-)Sozialdemokratie in einer politisch bedrohlichen Weise. Die Mehrheitssozialdemokraten gerieten in ernste Bedrängnis und mußten befürchten, die Gefolgschaft der Arbeiterschaft zunehmend an die USPD zu verlieren. Die bisherige loyale Unterstützung der Politik Bethmann Hollwegs war nun vollends problematisch geworden.

Unter diesen Umständen sah sich Bethmann Hollweg gezwungen, aus der Reserve herauszutreten, um die Mehrheitssozialdemokratie, wie man es damals nannte, »bei der Stange zu halten«. Mit repressiven Methoden allein, auch wenn es daran wahrlich nicht fehlte, war die Opposition gegen den Krieg nicht mehr in Schach zu halten.[80] Bethmann Hollweg drängte nun den Kaiser, in einer öffentlichen Erklärung zuzusichern, daß das preußische Dreiklassenwahlrecht nach dem Ende des Krieges eine grundlegende Reform erfahren solle; aber mehr als die vage Zusicherung der Einführung eines allgemeinen, direkten und geheimen, nicht aber des gleichen Wahlrechts für Preußen in der sogenannten »Osterbotschaft« Wilhelms II. vom 7. April 1917 vermochte er gegen den hartnäckigen Widerstand des konservativen Establishments nicht zu erreichen.[81] Die politische Rechte sah

---

[80] Stenographische Berichte über die Verhandlungen des Preußischen Hauses der Abgeordneten (wie VI, 1), 3. Session 1916/17, 1917, 5256f.; BERGSTRÄSSER, Wahlrechtsfrage (wie VI, 7e), 119; vgl. auch PATEMANN, Kampf (wie VI, 7e), 51f.
[81] Vgl. BERGSTRÄSSER, Wahlrechtsfrage (wie VI, 7e), 133f.

darin ein Alarmsignal und setzte nun alles daran, den angeblich nachgiebigen und schlappen Kanzler, der nunmehr entbehrlich geworden sei, mit allen verfügbaren Mitteln zu Fall zu bringen. Wieder einmal dienten die Kriegszielfragen dafür als geeignetes Mittel. Als die Sozialdemokraten auf die Friedensformel des Petrograder Sowjets einschwenkten, nahm dies die Oberste Heeresleitung zum Anlaß, um den Kanzler in aller Form auf ein neues Kriegszielprogramm einzuschwören, das an Maßlosigkeit alles in den Schatten stellte, was bisher gefordert worden war. Die Kriegszielvereinbarungen in Kreuznach vom 23. April 1917[82] hatten zudem den Schönheitsfehler, daß man als Kompensation dem verbündeten Österreich-Ungarn ebenfalls weitreichende Kriegszielzusagen hatte machen müssen, die jegliche Hoffnungen auf einen maßvollen Verhandlungsfrieden, sei es im Osten, sei es mit allen Gegnern, endgültig begruben. Die Doppelzüngigkeit Bethmann Hollwegs in seinen öffentlichen Äußerungen über die Kriegsziele erreichte einen neuen Höhepunkt und ließ die Glaubwürdigkeit der Reichsleitung auf Null absinken. Auch die bürgerlichen Parteien waren jetzt nicht länger bereit, sich dieses Schauspiel vollendeter Hilflosigkeit weiterhin tatenlos anzusehen. Mit der Einsetzung eines Verfassungsausschusses bekundete die sich herausbildende Reichstagsmehrheit von Zentrum, Fortschrittlicher Volkspartei, Sozialdemokraten und der Nationalliberalen Partei unter der Führung Gustav Stresemanns ihre Entschlossenheit, zwar nicht notwendigerweise ein parlamentarisches System nach westeuropäischem Muster, wohl aber eine organische Verbindung von Regierung und Parteien herbeizuführen. Bethmann Hollweg aber dachte allenfalls daran, nach bewährtem Bismarckschen Vorbild einzelne Parlamentarier nicht als

---

[82] Bethmann Hollweg nahm seine Zuflucht zu einer Aktennotiz, in der er sich von den Beschlüssen in Bad Kreuznach distanzierte:»General Ludendorff hat seit längerer Zeit auf eine Vereinbarung der Kriegsziele gedrängt und auch Seiner Majestät zu suggerieren verstanden, daß das jetzt das wichtigste Geschäft sei [...]. Wahrscheinlich hoffte der General, mich bei Differenzen über die Kriegsziele stürzen zu können, was augenblicklich wohl leicht durchzusetzen wäre. Oder er glaubte mich festlegen zu können, damit ich nicht auf billigerer Grundlage (Friedensangebot vom 12. Dezember) Friedensverhandlungen betreibe. Ich habe das Protokoll mitgezeichnet, weil mein Abgang über Phantastereien lächerlich wäre. Im übrigen lasse ich mich durch das Protokoll natürlich in keiner Weise binden. Wenn sich irgendwie und irgendwo Friedensmöglichkeiten eröffnen, verfolge ich sie. Was ich hiermit aktenmäßig festgestellt haben will.« WESTARP, Konservative Politik (wie VI, 3), Bd. 2, 85f. ferner SOUTOU, L'or et le sang (wie VI, 7d), 387.

§ 3 Die politischen und militärischen Ereignisse 1914–1917

Vertreter ihrer Parteien, sondern als unabhängige Persönlichkeiten in verantwortliche Positionen zu berufen.[83] Immerhin setzte er jetzt bei Wilhelm II. durch, daß nunmehr eine Wahlrechtsreform in Preußen nach Ende des Krieges auf der Grundlage des gleichen Wahlrechts formell angekündigt werden sollte. Dies machte den Kanzler allerdings im konservativen Lager und bei der Obersten Heeresleitung vollends zum bestgehaßten Mann im Lande.

Am 6. Juli 1917 übte der Zentrumsabgeordnete Erzberger im Hauptausschuß des Reichstages vernichtende Kritik an den Vorhersagen der Marinebehörden, die sich ungeachtet großer Erfolge der U-Boot-Waffe nicht bewahrheitet hätten, und forderte eine öffentliche Erklärung des Reichstags für einen »Frieden des Ausgleichs [...], der die Machtverhältnisse berücksichtigt, die durch den Krieg geworden sind, einen Frieden, der keine zwangsweise Unterdrückung von Völkern und Grenzteilen bringt«.[84] Auf seine Initiative hin wurde eine »Friedensresolution« der Mehrheitsparteien des Reichstages vorbereitet, die zwar von einem annexionslosen Friedensschluß noch weit entfernt war, aber dennoch den Weg für einen Verhandlungsfrieden freimachen sollte.[85] Diese Vorgänge waren für die bürokratische Führungselite des Reiches ein ungeheurer Schock. Trotz allem führte die Julikrise 1917 weder zu einem Umbau des politischen Systems noch zu einem wirklichen Kurswechsel in den Fragen der äußeren Politik. Die Oberste Heeresleitung, nicht der Reichstag, erzwang den Rücktritt Bethmann Hollwegs und präsentierte mit dem bisherigen preußischen Staatskommissar für Ernährung Georg Michaelis, einem farblosen Bürokraten, den neuen Kanzler, die Führer der Mehrheitsparteien, namentlich Gustav Stresemann, ließen dies willig geschehen. Noch war das bisherige System »kontrollfreier Beamtenherrschaft« (Max Weber) stark genug, sich gegenüber dem Aufstand der Mehrheitsparteien des Reichstags zu behaupten, wenn auch nur mit Hilfe der Obersten Heeresleitung, die nun zu einer Nebenregierung mit eigener Machtvollkommenheit aufstieg, welche sich nur deshalb nicht

---

[83] Vgl. W. J. MOMMSEN, Die deutsche öffentliche Meinung und der Zusammenbruch des Regierungssystems Bethmann Hollweg im Juli 1917, in: DERS., Der autoritäre Nationalstaat (wie VI, 6), 422–440, hier 437.
[84] HAS, 166. Sitzung vom 6. Juli 1917, Reichstag Nr. 1313, vgl. auch Hauptausschuß (wie VI, 1), Bd. 3, 1528.
[85] Text bei MILLER, Burgfrieden (wie VI, 7a), 309f.; Stenographische Berichte über die Verhandlungen des Deutschen Reichstages (wie VI, 1), Bd. 310, 3572.

zu einer formellen Diktatur ausweitete, weil Ludendorff sich nicht direkt in die politische Arena begeben wollte. Die Vertreter des Zentrums, der Fortschrittlichen Volkspartei, der Sozialdemokratie und der Nationalliberalen Partei mußten sich damit abfinden, daß der neue Kanzler die schließlich am 19. Juli beschlossene »Juliresolution« mit den Worten abqualifizierte: »wie ich sie auffasse«. Und der neugebildete »Interfraktionelle Ausschuß«, der künftig als parlamentarische Kontrollinstanz der Reichspolitik fungieren sollte, erwies sich schon bald als zu schwach, um gegenüber der Reichsleitung und der Obersten Heeresleitung einen Kurs des Verständigungsfriedens durchzusetzen, um so mehr, als in diesem Punkt auch unter den Parteiführern weiterhin große Meinungsverschiedenheiten bestanden.[86] Das alte System war zu weitsichtigem, realistischem Handeln nicht mehr in der Lage und überließ der Obersten Heeresleitung weitgehend die Initiative. Die aufsteigende parlamentarische Führungselite aber war noch nicht dazu fähig, das Ruder des Staatsschiffs entschlossen in die eigenen Hände zu nehmen.

§ 4 Die deutsche Gesellschaft im Kriege: Hunger, Verelendung und unendliches Leiden

a) Die wirtschaftliche Organisation des Krieges

Obschon sich die Anzeichen dafür verdichtet hatten, daß es früher oder später zu einem großen europäischen Krieg kommen könnte, war das Deutsche Reich auf einen länger andauernden Krieg auf wirtschaftlichem Gebiet nur unzureichend vorbereitet. Die zuständigen Reichsinstanzen hatten im wesentlichen nur für eine erhöhte Lagerhaltung von kriegswichtigen Rohstoffen und von Nahrungsmitteln gesorgt. Nur auf finanziellem Gebiet war bereits vor dem Krieg eine Strategie ausgearbeitet worden, wie der im Kriegsfall sprunghaft steigende Finanzbedarf der öffentlichen Hände beschafft werden sollte, ohne das Wirtschaftsleben schwerwiegend zu beeinträchtigen.[1]

---

[86] Zur Rolle des Interfraktionellen Ausschusses siehe die Einleitung zu Der Interfraktionelle Ausschuß (wie VI, 1), Bd. 1, XXXIIf., XXXVff.
[1] Vgl. L. BURCHARDT, Friedenswirtschaft und Kriegsvorsorge, 1968, 242–252.

§ 4 Die deutsche Gesellschaft im Kriege

Nach Kriegsausbruch kam es anfänglich zu einem Einbruch der wirtschaftlichen Aktivitäten in fast allen Bereichen, angesichts der sehr bald einsetzenden und dann sprunghaft ansteigenden Nachfrage der militärischen Beschaffungsbehörden normalisierten sich die Verhältnisse jedoch bald wieder. Der Verlust von Arbeitskräften, der durch die Einberufung eines großen Teils der männlichen Beschäftigten zum Heeresdienst entstanden war, konnte im großen und ganzen aufgefangen werden. Vielfach traten jugendliche Arbeiter an die Stelle der Eingezogenen; darüber hinaus wurde nun in steigendem Umfang auf weibliche Beschäftigte zurückgegriffen, allerdings keineswegs in dem Maße, wie man es eigentlich hätte erwarten können; die Vorbehalte der Unternehmer gegenüber der Frauenarbeit waren nach wie vor groß.[2] Überdies mußten die Frauen in vielen Fällen einen Revers unterschreiben, daß sie nach dem Ende des Krieges ihre Arbeitsstelle wieder für männliche Beschäftigte zu räumen hätten. In den für die Rüstung bedeutsamen Wirtschaftssektoren stellte sich bald ein chronischer Mangel an qualifizierten Arbeitskräften ein, insbesondere an Facharbeitern, und dies, obschon man zunehmend dazu überging, wo immer möglich anstelle von Facharbeitern angelernte Arbeiter zu beschäftigen.

Der Bedarf an Munition, Waffen und Ausrüstungsgegenständen für die Armee war seitens der militärischen Instanzen in keiner Weise vorausgesehen worden. Schon sehr bald wurden die Beschaffungsämter der Armee von den rapide steigenden Munitions- und Materialanforderungen der Armeen an der Front förmlich überrollt. Bereits im Oktober 1914 waren alle Vorräte aufgebraucht; die Streitkräfte waren fortan zur Deckung ihres Bedarfs auf die laufende Produktion angewiesen. Dies führte dazu, daß die Militärbehörden anfänglich planlos und unkoordiniert in großem Umfang Bestellungen von Kriegsmaterial aller Art vornahmen, ohne sonderlich auf Qualität und Kosten zu achten; einige Industrielle machten sich diese günstige Konstellation zunutze und erzielten dank überhöhter Preise bei mäßiger Qualität der Produkte große Sonderprofite. Schwerwiegender war, daß die geforderten Produktionssteigerungen nur erbracht werden konnten, wenn

---

[2] Vgl. DANIEL, Arbeiterfrauen (wie VI, 8b), 57–127, hier 106ff. Sie legt dar, daß gemessen an dem säkularen Trend, der eine stetige Zunahme von Frauenarbeit ausweist, die Steigerung der Frauenarbeit im Deutschen Reich während des Ersten Weltkriegs eher verhalten war.

den Betrieben ein Teil der zum Heeresdienst eingezogenen Facharbeiter wieder zur Verfügung gestellt wurde. Die Zahl der kriegsverwendungsfähigen, aber vom Heeresdienst freigestellten Arbeiter stieg in der Folge ständig an, von 600000 Ende 1915 bis 1,7 Millionen Ende 1917, sehr zur Irritation der Militärbehörden.[3] Auf diese Weise konnte der Mangel an Arbeitskräften allerdings weder in der Landwirtschaft noch in der Rüstungsindustrie beseitigt werden. Unter diesen Umständen suchten die Behörden einen Ausweg in der höchstmöglichen Heranziehung von Fremdarbeitern, denen vielerorts Beschränkungen ihrer Freizügigkeit auferlegt wurden, und im späteren Verlauf des Krieges in der Anwerbung und schließlich Zwangsrekrutierung von Arbeitern in Russisch-Polen und vor allem im besetzten Belgien, ungeachtet erheblicher Widerstände und massiver Proteste. Doch erwies sich dies infolge der fehlenden Arbeitswilligkeit und zuweilen des passiven Widerstandes der betroffenen Gruppen als Fehlschlag.[4]

Zugleich bestanden schwerwiegende Engpässe in der Beschaffung von Rohstoffen, besonders von solchen, die vor dem Krieg durch Importe gedeckt worden waren, wie beispielsweise die für die Sprengstoffherstellung wichtigen Salpeternitrate, die jetzt wegen der alliierten Blockade nicht mehr oder nur in unzureichenden Mengen beschafft werden konnten. Dank des Haber-Bosch-Verfahrens war es möglich, diese Nitrate synthetisch herzustellen, aber die dazu erforderlichen Produktionsanlagen mußten erst noch eilends unter Einsatz öffentlicher Mittel errichtet werden. Ansonsten aber gab es nur den Ausweg, die vorhandenen Rohstoffreserven zu rationieren und eine allgemeine Rohstoffbewirtschaftung einzuführen. Die ersten Anstöße dazu kamen von den betroffenen Industriezweigen selbst, insbesondere von Wichard von Moellendorff, einem leitenden Ingenieur der AEG, und Walther Rathenau, dem Chef der AEG. Auf ihre Anregung hin wurden für alle wichtigen Rohstoffe unter Aufsicht des preußischen Kriegsministeriums Kriegsrohstoffgesellschaften gegründet, die alle verfügbaren Rohstoffe aufkaufen und anschließend den Rüstungsbetrieben nach Maßgabe ihrer Bedürfnisse zuweisen sollten. Ungeachtet staatlicher Aufsichtsinstanzen war dies eine Form der Selbst-

---

[3] R. SICHLER u. a., Die Arbeiterfrage – eine Kernfrage des Weltkrieges, 1925, 13f. Vgl. ebenso FELDMAN, Armee (wie VI, 7d), 75.

[4] Vgl. U. HERBERT, Zwangsarbeit als Lernprozeß, in: AfS 24, 1984, 285–304.

§ 4 Die deutsche Gesellschaft im Kriege   81

organisation der Wirtschaft zum Zweck der Beschaffung beziehungsweise Ankurbelung der Produktion von Rohstoffen. Im weiteren Fortgang der Dinge entwickelte sich dann eine aufwendige Bürokratie der Kriegsrohstoffabteilung beim preußischen Kriegsministerium, der nicht nur die Erfassung der verfügbaren Rohstoffe oblag, sondern auch die Förderung der Entwicklung von Ersatzstoffen aller Art, in Abstimmung mit der Industrie, aber auch Interessenverbänden, sowie der Städte und Gemeinden und der Regierungen der Bundesstaaten.[5]

Das Regime der Kriegsrohstoffgesellschaften führte zur Umschichtung der Produktion auf Industrien, die direkt oder indirekt kriegswichtige Produkte herstellten, zum Nachteil der sogenannten Friedensindustrien, insbesondere der Konsumgüterindustrie. Dies hatte zur Folge, daß die mittelständischen Betriebe und namentlich das Kleingewerbe bei der Rohstoffzuteilung benachteiligt wurden. Ein weiterer Nebeneffekt war, daß die zentrale Festlegung der Rohstoffpreise indirekt zu einer Erhöhung der ohnehin enorm hohen Rüstungsausgaben beitrug. Vor allem aber verschärfte diese Form der Rohstoffbewirtschaftung, in der die Großindustrie den Ton angab, indirekt den Trend zur Konzentration des Kapitals. Insgesamt kam es während des Krieges zu einer Steigerung der Zahl der Beschäftigten in den Kriegsindustrien im engeren Sinne um ca. 44 Prozent, während die Zahl der Beschäftigten in den sonstigen Wirtschaftssektoren – den sogenannten Friedensindustrien – merklich abnahm, am drastischsten in der Nahrungsmittel- und der Textilbranche, aber auch in Handwerk und Kleingewerbe.[6] Die auf solche Weise entstehende Kriegswirtschaft kombinierte das System des freien, marktorientierten und gewinnbewußten kapitalistischen Wirtschaftens mit staatlich-bürokratischer Wirtschaftslenkung, das sich innerhalb bestimmter Grenzen als durchaus effektiv erwies. Schon unter den Zeitgenossen bürgerte sich dafür der Begriff »Kriegssozialismus« ein, zunächst in einem durchaus positiven Sinne.[7] Aber sie verdiente diese Bezeichnung keineswegs, denn der Anteil zentraler Planung am Produktionsprozeß war denkbar gering.

---

[5] Vgl. für diesen höchst unübersichtlichen Bereich GOEBEL, Rohstoffwirtschaft (wie VI, 8a), sowie SCHÄFER, Wirtschaftspolitik (wie VI, 8a).
[6] KOCKA, Klassengesellschaft (wie VI, 8a), 13.
[7] Vgl. ZUNKEL, Industrie (wie VI, 8a), 17–30, hier 23 ff.

Im Umfeld der sogenannten »Ideen von 1914«, die einen Umbau der Wirtschaft im Sinne einer Kombination von korporativer Organisation und staatlicher Lenkung propagierten, wurden seit 1915 vielerorts staatssozialistische Ideen propagiert. Walther Rathenau machte sich 1916 in seinem Buch »Von kommenden Dingen« zu einem wortgewaltigen Vorkämpfer einer künftigen »gemeinwirtschaftlichen« Ordnung.[8] Aber das Gros der Unternehmerschaft wollte von dergleichen Bestrebungen nichts wissen; auch im Regierungslager war dafür nur wenig Zustimmung vorhanden. Namentlich das Reichsschatzamt unter Karl Helfferich war jedweder staatlicher Wirtschaftslenkung ganz und gar abgeneigt und im Gegenteil der Ansicht, daß dirigistische Eingriffe in die Marktmechanismen nur produktionsschädigend sein könnten. Die nach und nach für alle wichtigen Wirtschaftszweige gebildeten Kriegsausschüsse dienten der Unternehmerschaft als Sprachrohr gegenüber den Staatsbehörden und der Kriegsrohstoffabteilung, zumal diese nur selten mit einer Stimme sprachen und leicht gegeneinander ausgespielt werden konnten. Angesichts des fehlenden Sachverstands der Beamtenschaft und der Zersplitterung der für die Steuerung der Rüstungsindustrie zuständigen Behörden vermochten sich die Unternehmer im Konfliktfall in aller Regel durchzusetzen. Auf diese Weise entwickelte sich die Kriegswirtschaft zu einem System eines kaum gebremsten Lobbyismus größten Ausmaßes. Die militärischen Beschaffungsbehörden, die eigentlich nur eines wollten, nämlich eine Steigerung der Produktion, koste es, was es wolle, hatten gegenüber der Unternehmerschaft durchweg die schlechteren Karten. Der Kriegsausschuß der deutschen Industrie, zu dem sich Anfang des Krieges der Centralverband deutscher Industrieller und der Bund der Industriellen zusammengeschlossen hatten, gewann in der Folge größeren Einfluß auf die wirtschaftlichen Entscheidungen als alle Planvorgaben des Reichsamts des Innern und des Kriegsministeriums sowie seit 1916 der Zentral-Einkaufsgesellschaft, die alle Heeresaufträge abwickelte. Die Vorkämpfer des Kriegssozialismus, welche die korporativen Zusammenschlüsse der Industrie auf dem Gebiet der Rohstoffbewirtschaftung zum Ansatzpunkt für eine wirksame dirigi-

---

[8] Vgl. die Beiträge von W. MICHALKA, Kriegsrohstoffbewirtschaftung, und von D. KRIEGER, Kriegssozialismus, in: Der Erste Weltkrieg (wie VI, 5), 485 ff.

stische Steuerung der gesamten Wirtschaft nehmen wollten, zogen sich bald tief enttäuscht aus den Kriegsrohstoffgesellschaften zurück.

Unter den Bedingungen einer weiterhin freien, im wesentlichen nach dem Prinzip von Angebot und Nachfrage operierenden Kriegswirtschaft stellte die Finanzierung des Krieges die Reichsbehörden und insbesondere die Reichsbank vor große Probleme. Die für den Kriegsfall thesaurierten Beträge des Staatsschatzes, die herkömmlicherweise im Juliusturm in Berlin gelagert worden waren, reichten nur für wenige Tage, um die rasch anwachsenden Kosten für Heer und Flotte zu decken. Außerdem wurde der Kostenfaktor von vornherein für nachrangig angesehen. Vor allem in den ersten beiden Kriegsjahren waren die militärischen Beschaffungsbehörden nicht sonderlich darum bemüht, die Preise für Rüstungsgüter niedrig zu halten; auch nachdem eine Reihe von Fällen, in denen einzelne Rüstungsfirmen Kriegsmaterial zu weit überhöhten Preisen geliefert hatten, zu einer Änderung der Auftragsvergabe sowie strengeren Preiskontrollen durch die militärischen Instanzen geführt hatte, änderte sich an dem Sachverhalt, daß die Unternehmer die Preise für Rüstungsgüter in der Regel weitgehend diktieren konnten, nur wenig. Schon vor Kriegsausbruch war die finanzielle Situation des Deutschen Reiches ziemlich prekär gewesen, vor allem deshalb, weil wegen des Widerstandes der konservativen Parteien eine wirksame Vermögensbesteuerung als politisch nicht erwünscht galt; eine Ausnahme machte allerdings die Finanzierung der großen Rüstungsvermehrung von 1913, die durch eine allgemeine Vermögensabgabe gedeckt worden war, deren letzte Tranche übrigens erst im Jahre 1915 fällig wurde. Die Reichsleitung war von vornherein entschlossen, von einer Erhöhung der Steuern zur Deckung zumindest eines Teils der sprunghaft steigenden Ausgaben für die Kriegführung wegen der aus ihrer Sicht unerwünschten politischen Folgen gänzlich abzusehen; auch in finanzpolitischer Hinsicht galt die Devise, die innere Politik während des Krieges gleichsam stillzulegen.[9] Hingegen wurde die Reichsbank aufgrund eines Bündels von Finanzgesetzen, die am 4. August 1914

---

[9] Siehe zum folgenden FELDMAN, The Great Disorder (wie VI, 8a), 25–46, ROESLER, Finanzpolitik (wie VI, 8a); sowie ZEIDLER, Kriegsfinanzierung (wie VI, 8a), 415–434; C.-L. HOLTFRERICH, The German Inflation 1914–1923, 1986; H. HALLER, Die Rolle der Staatsfinanzen für den Inflationsprozeß, in: Währung und Wirtschaft in Deutschland 1876–1975, 1976, 115–155.

en bloc angenommen worden waren, dazu ermächtigt, die nach Kriegsausbruch erforderlichen Mittel durch Kreditschöpfung bereitzustellen beziehungsweise den Kommunen die Möglichkeit einzuräumen, sich diese auf dem Kreditwege zu beschaffen. Sie bediente sich zu diesem Zweck nicht oder nur in zweiter Linie des regulären Instruments der Notenbankkredite, sondern, da für diese zu einem Drittel Golddeckung vorgeschrieben war, des Instruments der Darlehnskassenscheine, die von eigens gegründeten Reichsdarlehnskassen emittiert und von der Reichsbank als reguläre Zahlungsmittel anerkannt wurden. Auf diese Weise wurde es möglich, sich zur Deckung des explosiv steigenden Finanzbedarfs des Reichs, der Länder und Kommunen ungebremst der Druckerpresse zu bedienen, gleichzeitig aber formal an der Golddeckung der Reichsmark festzuhalten, eine Strategie, die durch Aufhebung der Goldeinlösepflicht für Banknoten und das Verbot des Devisenhandels an den deutschen Börsen zusätzlich abgesichert wurde. Außerdem wurde während des Krieges eine massive und bemerkenswert erfolgreiche Kampagne zur Ablieferung privaten Goldes betrieben und damit der Goldbestand der Reichsbank erheblich erhöht. Auf diese Weise gelang es, den Außenwert der Reichsmark während des Krieges erstaunlich stabil zu halten; dieser sank nur langsam und stand selbst bei Kriegsende noch bei etwa 70 Prozent seines Vorkriegswertes.[10]

Die bereits in den ersten Kriegsmonaten dramatisch ansteigenden Ausgaben für die Kriegführung, aber auch für indirekte Lasten wie die hohen Unterstützungsleistungen für die Familien der im Felde stehenden Soldaten, welch letztere allerdings zunächst einmal den Städten und Gemeinden aufgebürdet wurden, die ihrerseits einen Anspruch auf Erstattung durch das Reich nach Kriegsende erhielten, führten freilich schon bald zu einer riesigen schwebenden Reichsschuld, die immer stärker anwuchs. Unter diesen Umständen geriet das ursprüngliche Finanzierungskonzept der Reichsbank, die mit einem kurzen oder doch nicht allzu langen Krieg gerechnet hatte, schon bald in ein schwieriges Fahrwasser. Anfänglich hatte die Reichsbank die Absicht, die exponentiell steigenden Kriegsausgaben des Reiches nachträglich auf dem Anleihewege zu konsolidieren und auf diese

---

[10] Vgl. die Tabelle und die Angaben bei FELDMAN, The Great Disorder (wie VI, 8a), 46.

§ 4 Die deutsche Gesellschaft im Kriege

Weise die fragwürdige Überbrückung des Finanzdefizits mit ungedeckten Darlehnsscheinen wieder zu beenden, eine Strategie, die mittels der Zensur recht und schlecht gegen öffentliche Kritik abgeschirmt wurde. Hingegen wurde von der Erhebung zusätzlicher Steuern abgesehen mit dem Argument, daß die Lasten des Volkes während des Krieges nicht noch durch zusätzliche Besteuerung erhöht werden dürften. Vielmehr sollte die »ungeheure Bürde« der finanziellen Kriegslasten nach dem Ende des Krieges den gegnerischen Mächten auferlegt werden. »Das Bleigewicht der Milliarden haben die Anstifter dieses Krieges verdient; sie mögen es durch die Jahrzehnte schleppen, nicht wir«, erklärte Helfferich am 20. August 1915 im Reichstag.[11]

Demgemäß setzte die Reichsleitung auf die Finanzierung des Krieges über Kredite, durch die Auflage von Kriegsanleihen, die mit einem gemessen an den damaligen Verhältnisse günstigen Zinssatz von 5 Prozent (seit 1916 4,5 Prozent) ausgestattet waren. Deren Zeichnung wurde durch Änderungen der rechtlichen Bestimmungen für die Vergabe beziehungsweise die Aufnahme von Krediten und die vorzeitige Kündigung von Sparguthaben zusätzlich erleichtert. Gleichzeitig wurde ein großer Propagandaapparat in Bewegung gesetzt, um die Bevölkerung zum Erwerb von Anleihescheinen zu veranlassen. Die Zeichnung von Kriegsanleihen wurde zu einer patriotischen Pflicht erklärt, und diese wurden als absolut mündelsichere und zudem überaus einträgliche Wertpapiere gepriesen. Dies erwies sich zunächst als sehr erfolgreich, insbesondere auch angesichts der Mitwirkung der Banken und Sparkassen. Ein beachtlicher Teil der Bevölkerung fand sich dazu bereit, die Kriegführung unter Einsatz ihrer oft nur bescheidenen Ersparnisse zu unterstützen. Besonders ermutigend war, daß der Anteil der Kleinzeichnungen bis zum Nennwert von 2000 Mark bis zur vierten Kriegsanleihe kontinuierlich zunahm, mit etwa 4,8 Millionen Zeichnern im März 1916. Solange begründete Aussicht auf einen Siegfrieden bestand, erschien der Erwerb von Kriegsanleihezertifikaten nicht nur als patriotische Tat, sondern auch als eine gute Geldanlage; es erschien rentabler, als die eigenen Ersparnisse auf Sparguthaben einzuzahlen. Angesichts des sinkenden

---

[11] Stenographische Berichte über die Verhandlungen des Deutschen Reichstages (wie VI, 1), Bd. 306, 224.

Warenangebots war bei der Bevölkerung überdies ein wachsender Geldüberhang entstanden, den auf solchem Wege abzuschöpfen auch volkswirtschaftlich erforderlich war.

Mit der fünften Kriegsanleihe vom Herbst 1916 trat dann eine Wende ein; angesichts der sich verschlechternden Aussichten auf eine siegreiche Beendigung des Krieges ging die Zahl der kleinen Anleger schlagartig zurück, während die Großanleger aus Industrie und Wirtschaft ihre steigenden Gewinne zu einem erheblichen Teil in Kriegsanleihen investierten, nicht zuletzt weil sie erwarten konnten, daß sich dies steuerlich für sie günstig auswirken werde. Insgesamt haben die Kriegsanleihen einen nominellen Ertrag von 99,3 Milliarden Mark erbracht, eine gewaltige Summe;[12] allerdings war ein großer Teil davon gleichsam fiktiv, weil den Anlegern gestattet worden war, Kriegsanleihen mit Darlehnsscheinen oder mit Reichsschatzanweisungen zu erwerben, obwohl es sich bei letzteren um rein papierene, nicht oder nur zu einem geringen Teil durch reale Werte gedeckte Papiere handelte. Insofern wurde das breite Publikum von vornherein um einen Teil seiner Vermögenswerte gebracht, während die großen Unternehmen und Banken weithin bloß fiktive Vermögenswerte in Kriegsanleihen umschichteten, die überdies günstig verzinst wurden. Auch sonst wurde die Bevölkerung durch zahllose Sammelaktionen unterschiedlichster Art, unter anderem der Nagelung von hölzernen Hindenburgstatuen, zur freiwilligen Finanzierung des Krieges herangezogen, während zur gleichen Zeit die Gewinne der rüstungswichtigen Unternehmen immer stärker in die Höhe schnellten.

Aber ganz abgesehen davon vermochte das Reich die stetig steigenden Kriegskosten seit Mitte 1916 ohnehin nicht mehr aus den Kriegsanleihen und den sonstigen ordentlichen oder außerordentlichen Einnahmen zu bestreiten. Infolgedessen nahm die Reichsschuld immer bedrohlichere Ausmaße an. Seit 1916 ging die Reichsleitung daher dazu über, besondere Kriegssteuern einzuführen, beginnend mit einer maßvollen Umsatzsteuer sowie der Besteuerung von Luxusgütern und schließlich sogar einer Kohlensteuer. Doch gelang es nicht, die hohen Kriegsgewinne der Wirtschaft effektiv abzuschöpfen, ungeachtet des steigenden Unmuts der linken Parteien und der breiten Volksschichten. Nur 14 Prozent der Kriegskosten des Deutschen Rei-

---

[12] Vgl. die Übersicht bei ROESLER, Finanzpolitik (wie VI, 8a), 206.

§ 4 Die deutsche Gesellschaft im Kriege

ches sind letzten Endes aus Steuermitteln bestritten worden, weit weniger als in Großbritannien und selbst im teilweise besetzten Frankreich.[13]
Die Art der Aufbringung der Kriegskosten war finanztechnisch höchst erfolgreich, aber sie lief schon während des Krieges auf eine stille Umschichtung des Kapitalvermögens zugunsten einer wohlhabenden Oberschicht hinaus. Das gigantische Ausmaß des Schuldenbergs des Reiches wurde auch deshalb während des Krieges nicht in vollem Umfang sichtbar, weil das Reich einen erheblichen Teil der Kriegsausgaben, namentlich die Versorgung der Kriegerfamilien und der Hinterbliebenen, auf die Städte und Gemeinden abgewälzt hatte und diese sich ihrerseits gezwungen sahen, in erheblichem Umfang Kredite aufzunehmen und sogar Auslandsanleihen, noch dazu zu festen Valutakursen, zu aufzulegen.[14] 1920/21 sollte die während des Krieges mühsam verschleierte, immer größere Ausmaße annehmende, »Geld- und Kreditinflation«[15] im Deutschen Reich in eine galoppierende Inflation übergehen, die zur weitgehenden Verarmung des alten Mittelstandes geführt hat.

b) Überbeanspruchung der Kriegswirtschaft und fortschreitende Verarmung der unteren und mittleren Schichten

Nach dem Ende der wirtschaftlichen Flaute der ersten Kriegsmonate lief die deutsche Wirtschaft angesichts der sprunghaft wachsenden Nachfrage auf Hochtouren, ungeachtet der beträchtlichen Probleme der allmählichen Umstellung der sogenannten Friedensindustrien auf rüstungswichtige Güter. Aber trotz vermehrter Anstrengungen ging die Industrieproduktion bis 1918 um 30 Prozent zurück.[16] Die Gründe waren vielfacher Art, der Mangel an Arbeitskräften, der durch die Heranziehung von anderen Gruppen der Beschäftigten zwar quanti-

---

[13] Nach HARDACH, Der Erste Weltkrieg (wie VI, 5), 171, 175, 178.
[14] Vgl. J. REULECKE, Städtische Finanzprobleme und Kriegswohlfahrtspflege im Ersten Weltkrieg unter besonderer Berücksichtigung der Stadt Barmen, in: Zeitschrift für Stadtgeschichte, Stadtsoziologie und Denkmalpflege 2, 1975, 48–79, hier 54–56, ferner FELDMAN, The Great Disorder (wie VI, 8a), 45 f.
[15] Diese Bezeichnung gebrauchte der Reichsschatzsekretär Graf Roedern am 23. 4. 1918, Stenographische Berichte über die Verhandlungen des Deutschen Reichstages (wie VI, 1), Bd. 312, 4734.
[16] Nach Materialien zur Statistik des Deutschen Reiches (wie VI, 1), 61.

tativ, nicht aber qualitativ ausgeglichen werden konnte, die zunehmenden Versorgungsdefizite vor allem in Rohstoffen, die vor dem Krieg in großen Mengen eingeführt worden waren, die Schwierigkeit, defekte Geräte und Maschinen zu ersetzen, die Überlastung des von der Armee in großem Umfang beanspruchten Verkehrssystems, der Mangel an Maschinen, Geräten und Verbrauchsgütern und vor allem die sinkende physische und psychische Leistungsfähigkeit der arbeitenden Bevölkerung namentlich in den industriellen Ballungszentren, die unter der unzulänglichen Versorgung mit Nahrungsmitteln und Gütern des täglichen Bedarfs am stärksten zu leiden hatte. Auch das Ausweichen auf die Herstellung zahlloser Ersatzstoffe, in der Volksernährung ebenso wie im täglichen Bedarf, aber zunehmend auch in rüstungsrelevanten Bereichen, verschlang erhebliche Produktionskräfte und war ebenfalls nicht kostengünstig zu bewerkstelligen.

Die Bemühungen um eine zentrale Steuerung der Kriegswirtschaft, mit dem Ziel, eine optimale Verwendung der vorhandenen Ressourcen zu erreichen, waren im wesentlichen gescheitert. Im industriellen Sektor hatte sich das System der marktorientierten Produktion nahezu uneingeschränkt erhalten; auch im Bankensektor, der freilich die Methoden der Kriegsfinanzierung durch die Reichsbank umfassend mittrug, spielten dirigistische Strategien nur eine eingeschränkte Rolle.

Im Sommer 1916 wurde dann auf Drängen der soeben neu berufenen III. Obersten Heeresleitung unter Hindenburg und Ludendorff ein neuer Anlauf für einen Umbau des Wirtschaftssystems mit dirigistischen Methoden zwecks höchstmöglicher Steigerung der Rüstungsproduktion unternommen. Dazu hatte allerdings die Schwerindustrie ihrerseits erste Anstöße gegeben, durch harsche Kritik an den Beschaffungsverfahren des Kriegsministeriums, die es an Stetigkeit der Auftragsvergabe hätten fehlen lassen, wie sie für die Maximierung der Produktion unentbehrlich sei. Angestrebt wurde eine erneute, gewaltige Steigerung der Rüstungsproduktion, einschließlich der Errichtung neuer Produktionsanlagen, um mit den alliierten Mächten, deren Streitkräfte den Mittelmächten nicht nur numerisch überlegen, sondern auch weit besser mit modernstem Kriegsmaterial ausgerüstet waren, wieder gleichzuziehen.[17] Die anfänglichen Zielsetzungen dieses Programms, für das sich wenig später die Bezeichnung »Hinden-

---

[17] Hierzu und zu dem folgenden FELDMAN, Armee (wie VI, 7d), 133ff.

burgprogramm« einbürgerte, waren gigantisch: Bis Februar 1917 sollte die Produktion von Munition verdoppelt, die Fertigung von Maschinengewehren und Geschützen verdreifacht sowie die Kohleförderung um 1 Mio Tonnen und die Erzförderung um 800 000 Tonnen gesteigert werden. Um dafür die erforderlichen Ressourcen, vor allem aber die notwendigen zusätzlichen Arbeitskräfte freizumachen, sollte die Produktion der sogenannten »Friedensindustrien« weitgehend eingestellt, die Universitäten und höheren Lehranstalten und die für die Kriegführung unwichtigen Betriebe und Einrichtungen einfach geschlossen werden. Durch ein besonderes Dienstleistungsgesetz sollte eine allgemeine Arbeitspflicht eingeführt werden. Gleichzeitig wünschte die Oberste Heeresleitung gemäß den Forderungen der Unternehmer, die Arbeiterschaft, insbesondere die vom Kriegsdienst freigestellten Facharbeiter, unter die Kontrolle der Militärbehörden zu stellen. Desgleichen wollte sie die Freizügigkeit der Arbeiter abschaffen und den häufigen Wechsel des Arbeitsplatzes zwecks Erlangung höherer Löhne unter Ausnutzung des angespannten Arbeitsmarktes unterbinden, zumal er auch den Unternehmern ohnehin seit längerem ein Dorn im Auge war.[18]

Die Industrie sah die Gelegenheit für ein behutsames Zurückschneiden der Sozialgesetzgebung gekommen und zeigte sich kooperativ, zumal die Kosten für die neu zu schaffenden Produktionsanlagen großenteils auf das Reich abgewälzt werden sollten. Der Reichskanzler Bethmann Hollweg, aber auch das Reichsschatzamt hatten hingegen die schwersten Bedenken, ob ein derart weitreichendes Programm innenpolitisch überhaupt durchgesetzt werden könne, zumal es die Machtstellung der Gewerkschaften, deren Kooperation für die Erhaltung der Kriegsmoral unabdingbar erschien, zu untergraben geeignet war. In der Folge wurde das Hindenburgprogramm daher um einiges abgemildert. Die Zwangsverpflichtung aller männlichen Personen zwischen dem vollendeten 17. und dem 60. Lebensjahr – von der ursprünglich ebenfalls vorgesehenen Zwangsverpflichtung der Frauen wurde abgesehen – konnte im Reichstag nur gegen erhebliche Kompensationen an die Parteien durchgesetzt werden. Dazu gehörte insbesondere die Einrichtung von obligatorischen Ar-

---

[18] Der Entwurf des Hindenburgprogramms in Militär und Innenpolitik (wie VI, 1), Bd. 1, 482–485; die noch stärker radikalisierte Ausfertigung bei Urkunden der Obersten Heeresleitung (wie VI, 2), 65–68.

beiterausschüssen in allen Betrieben mit mehr als 50 Beschäftigten und von besonderen Schlichtungsausschüssen für die Regelung von Konflikten, die sich aus der Anwendung des Gesetzes ergeben würden. Damit wurden die Gewerkschaften, deren Mitwirkung für die Erhaltung des sozialen Friedens längst unentbehrlich geworden war, in aller Form als gleichberechtigte Partner der Unternehmerschaft anerkannt.

Die ehrgeizigen Produktionsziele des Hindenburgprogramms konnten jedoch nicht erreicht werden. Im Gegenteil, der Versuch, binnen kürzester Frist eine totale Mobilisierung aller Ressourcen und aller verfügbaren Arbeitskräfte zu bewirken, stellte die Behörden vor neue, unvorhergesehene wirtschaftliche Probleme. Das Hindenburgprogramm führte zu einer Überhitzung der Wirtschaft und einer Überbeanspruchung der verfügbaren Ressourcen. Im Winter 1917 kam es zu einer schweren Krise des Transportsystems; die Reichsbahn zeigte sich der enormen Beanspruchung durch die gleichzeitige Beförderung von investitions- und rüstungsbedeutsamen Gütern einerseits, von Nahrungsmitteln andererseits unter harten Witterungsbedingungen nicht gewachsen. In den industriellen Ballungszentren brach die Nahrungsmittelversorgung stellenweise völlig zusammen. Ein schwerer Engpaß in der Kohlenförderung, von der die Industrie und die privaten Haushalte gleichermaßen abhängig waren, kam hinzu.

Das Hindenburgprogramm hatte das bisherige Gleichgewicht der Produktionsfaktoren innerhalb des wirtschaftlichen Systems gänzlich durcheinandergebracht und mußte in der Folge wieder weitgehend zurückgenommen werden; viele im Bau befindliche neue Industrieanlagen blieben als halbfertige Ruinen liegen. Außerdem setzte das überdimensionierte Rüstungsprogramm, das Wachstum um jeden Preis anstrebte, die ohnehin bereits auf vollen Touren laufende Preis-Lohn-Spirale noch stärker in Bewegung;[19] sowohl die Kriegsgewinne der Unternehmer als auch die Löhne der Rüstungsarbeiter stiegen in der Folge weiter an, während das Lohn- und Einkommensniveau der übrigen Sozialgruppen immer mehr dahinter zurückblieb.[20]

---

[19] Vgl. FELDMAN, The Great Disorder (wie VI, 8a), 69f.
[20] Im Gegensatz zur damaligen Ansicht der Unternehmerschaft war dies keineswegs eine direkte Folge des Hilfsdienstgesetzes, obschon dieses eine erhebliche Machtsteigerung der Gewerkschaften gebracht hatte. Vgl. dazu G. PLUMPE, Chemische Industrie und Hilfsdienstgesetz am Beispiel der Farbenfabriken, vorm. Bayer & Co., in: Arbeiterschaft (wie VI, 8b), 179–209.

§ 4 Die deutsche Gesellschaft im Kriege 91

Auch in den Sektoren der Volkswirtschaft, welche die Versorgung der Bevölkerung mit Gütern des täglichen Bedarfs betrafen, insbesondere in der Wohnungswirtschaft und im Einzelhandel, bemühten sich die zuständigen Staatsbehörden, mit Hilfe gezielter dirigistischer Maßnahmen und späterhin eines immer weiter ausgebauten Netzes von Steuerungs- und Kontrollinstanzen der ständig wachsenden Probleme Herr zu werden. Beispielsweise wurden die Mieten eingefroren und vielfach den Kriegerfrauen finanzielle Erleichterungen zuungunsten der Hausbesitzer eingeräumt. Erst im weiteren Verlauf des Kriegs wurden geringfügige Mieterhöhungen zugelassen, die weit hinter der Preisentwicklung zurückblieben. Vor allem aber bemühten sich die Behörden, das Preisniveau der lebensnotwendigen Güter des täglichen Bedarfs und vor allem der Nahrungsmittel niedrig zu halten, um sicherzustellen, daß die Lebenshaltungskosten der breiten Massen nicht übermäßig anstiegen. Dabei war anfangs der Gesichtspunkt maßgebend, daß die Kampfmoral der Soldaten an der Front beeinträchtigt werden könnte, wenn sich ihre Angehörigen zu Hause nicht in erträglichen Verhältnissen befänden. Bereits am 4. August 1914 hatten die Stellvertretenden Generalkommandos in einer Reihe von Korpsbezirken Höchstpreise für bestimmte Waren und Produkte festgelegt. Als sich dies nicht als effektiv erwies, weil die betreffenden Güter und Waren dann in andere Regionen auswichen, wo keine Preisbeschränkungen bestanden, wurde schließlich vom Bundesrat ein ganzes System von Höchstpreisverordnungen mit Gesetzeskraft erlassen, deren Einhaltung durch einen aufwendigen Polizeieinsatz sichergestellt werden sollte. Dies war nicht sonderlich erfolgreich; entweder verschwanden die betreffenden Güter und Waren ganz vom Markt und wurden in anderen Verpackungen dann doch mit höheren Preisen zum Verkauf gebracht, oder sie wurden auf dem sich rapide entwickelnden Schwarzmarkt angeboten. Noch problematischer war die sogenannte Preistreibereiverordnung vom 23. Juli 1915, die den Verkauf von Gütern des täglichen Bedarfs mit überhöhtem Gewinn unter Strafe stellte; Preise galten dann als überhöht, wenn bei einem Verkauf höhere Profite als in Friedenszeiten erzielt wurden. Diese Konzession an den Volkszorn, die in mancher Hinsicht die Wahrung der Grundsätze einer »moral economy« gewährleisten sollte, war freilich mit den Bedingungen eines kapitalistischen Marktsystems schwer zu vereinbaren und öffnete der Willkür und arbiträren Gerichtsurteilen

VI. Der Erste Weltkrieg 1914–1918

Tür und Tor. Schließlich wurde seit September 1915 ein Netz von Preisprüfungsstellen eingerichtet, mit dem Ziel, die bereits rasante Teuerung zumindest für Güter und Waren des täglichen Bedarfs zu bremsen.[21]

Die Befürchtung war nicht von der Hand zu weisen, daß ungehemmt steigende Preise zu so großer Erbitterung der darbenden Bevölkerung führen könnten, daß die politische und gesellschaftliche Ordnung zusammenbrach. Auch die Sozialdemokraten trugen diese bürokratische Politik der polizeilichen Niederhaltung der Preise mit, auch wenn deren Effektivität reichlich fragwürdig war. Denn das rapide Ansteigen der Preise und die dadurch bedingte Verminderung des Lebenshaltungsniveaus der Unterschichten konnte auf diese Weise allenfalls verlangsamt werden. Davon abgesehen war eine Politik unglaubwürdig, die in der Rüstungsindustrie hohe Unternehmerprofite und teilweise auch substantielle Lohnsteigerungen billigend in Kauf nahm, gleichzeitig aber Handel und Kleingewerbe mit einem rigiden polizeilichen Kontrollsystem überzog, das auf die Marktbedingungen wenig Rücksicht nahm. Vielmehr schürte sie die bestehenden sozialen Spannungen noch stärker. Der Einzelhandel geriet auf diese Weise in die Schußlinie der Erbitterung der Bevölkerung über die unzureichende Versorgung mit Waren des täglichen Bedarfs und vor allem mit Nahrungsmitteln, während die Produzenten und der Großhandel ungeschoren blieben. In den großen Städten kam es immer wieder zu Protestaktionen gegen Einzelhändler, denen vorgeworfen wurde, ihre Waren nur zu Wucherpreisen abzugeben oder, schlimmer noch, diese zu horten, um sie zu einem späteren Zeitpunkt mit vermehrtem Gewinn verkaufen zu können. Immer häufiger eskalierten diese Proteste zu Gewaltanwendung gegen Sachen, denen die Polizei vielfach machtlos gegenüberstand. Der Einzelhandel wurde in einer sich ständig verschlechternden Versorgungslage gleichsam zum Blitzableiter des Volkszorns.

Der neuralgische Punkt war die Versorgung der Bevölkerung mit Lebensmitteln. Hier bestand vom ersten Kriegstag an ein bedrohliches Defizit. Das Deutsche Reich hatte vor dem Krieg, ungeachtet einer hochprotektionistischen Agrarpolitik, einen erheblichen Teil der Nah-

---

[21] Eine gute Übersicht bei FELDMAN, The Great Disorder (wie VI, 8a), 57 ff., im wesentlichen gleichlautend auch in G. D. FELDMAN, Kriegswirtschaft und Zwangswirtschaft, in: Der Erste Weltkrieg (wie VI, 5), 456–484.

rungsmittel importiert, insbesondere Futtergetreide, in geringerem Umfang Brotgetreide, vor allem aber pflanzliche Öle und Fette sowie Lebendvieh. Dies stand infolge der alliierten Blockade überwiegend nicht mehr zur Verfügung. Die Möglichkeit, den Ausfall dieser Importe durch eine Steigerung der Produktivität und die Bebauung zusätzlicher Bodenflächen aufzufangen, bestand nur in geringem Maße. Im Gegenteil, aus einer ganzen Reihe von Gründen ging die Produktivität der Landwirtschaft immer mehr zurück. Fehlende Arbeitskräfte, die Requirierung von Pferden für die Armee, die unzureichende Wartung und der fehlende Ersatz landwirtschaftlicher Maschinen, fehlende Transportmittel, vor allem aber der weitgehende Ausfall von Nitraten als Düngemittel waren dabei die hauptsächlichen Faktoren.[22] Es kam hinzu, daß die Ernten der Jahre 1916 und 1917 ungewöhnlich schlecht ausfielen. Insgesamt ging die Agrarproduktion während des Krieges absolut um gut ein Drittel zurück; die Getreideerträge, die 27,1 Mio t im Jahr 1914 betragen hatten, gingen bis 1918 auf 17,3 Mio t und die Kartoffelerträge von 45,6 Mio t auf 29,5 Mio t zurück, und dies, obschon auf die Kartoffeln zunehmend als Ersatz für andere, nicht ausreichend verfügbare Nahrungsmittel zurückgegriffen werden mußte.[23]

Die anfänglichen Versuche der Behörden, die Agrarpreise durch Höchstpreisverordnungen auf einem erträglichen Niveau einzufrieren, erwiesen sich schon bald als erfolglos. Schon im Frühjahr 1915 mußten die Höchstpreise für Brotgetreide erstmals angehoben werden. Die Politik der Höchstpreisfestsetzungen lief zumeist hinter der Entwicklung der Preise her; sie konnte zudem nicht verhindern, daß die Produzenten auf andere, noch nicht preisbegrenzte Produkte auswichen. Punktuelle dirigistische Maßnahmen, wie die Anordnung der Schlachtung eines großen Teils des Schweinebestands, um die Verknappung der Kartoffelversorgung zu bekämpfen, oder die Einschränkung des Zuckerrübenanbaus zugunsten anderer Produkte erwiesen sich als kostspielige Fehldispositionen.[24] Schlimmer noch, die Festsetzung

---

[22] KLEIN, Geschichte (wie VI, 8a), 151 ff.
[23] BURCHARDT, Auswirkungen (wie VI, 8c), 74.
[24] Vgl. AEREBOE, Einfluß (wie VI, 8a), 30f., 48–52; siehe auch R. BERTHOLD, Zur Entwicklung der deutschen Agrarproduktion und der Ernährungswirtschaft zwischen 1907 und 1925, in: JbWG 1974, 83–111, bes. 91f., 96f. sowie ROERKOHL, Hungerblockade (wie VI, 8a), 29–35.

von jeweils für bestimmte Regionen geltenden Höchstpreisen für agrarische Produkte führte zu einer Verzerrung des Angebots; viele Produkte verschwanden vom Markt oder wurden in anderen Regionen vermarktet, in denen keine Preisbegrenzungen bestanden, sofern sie nicht gar in der sich rapide ausdehnenden Zweiten Ökonomie des Schwarzmarktes versickerten, auf dem hohe Gewinne erzielt wurden. Insgesamt stiegen die Lebensmittelpreise von Kriegsbeginn bis Oktober 1918 um circa 120 Prozent, allerdings mit großen saisonalen und regionalen Unterschieden.[25]

Nur zögerlich entschlossen sich die Behörden – und dies waren zumeist die Städte oder besonders zu diesem Zwecke begründete Kommunalverbände – zu einer Rationierung aller Lebensmittel, beginnend mit der Einführung einer Brotkarte im Januar 1915. Doch wurde die Rationierung lange wie ein Flickenteppich praktiziert, je nach dem vorhandenen Angebot. Erst im Herbst 1916 wurde ein allgemeines System der Rationierung aller Lebensmittel eingeführt, das für alle Bevölkerungsgruppen gleichermaßen galt, auch wenn den Erzeugern Vorzugsbedingungen eingeräumt wurden. Dabei waren die offiziell festgelegten Rationen ohnehin so gering bemessen, daß niemand auf Dauer ausschließlich davon leben konnte. Sie deckten 50 bis 60 Prozent des normalen Kalorienbedarf eines erwachsenen Menschen.[26] Schlimmer noch, häufig waren selbst die kargen Lebensmittelrationen, die der Bevölkerung kraft der Lebensmittelkarten zustanden, nicht verfügbar. Insbesondere die Versorgung mit Milch, Butter, tierischen oder pflanzlichen Fetten, Eiern und Fleisch brach zeitweilig völlig zusammen, und es mußte auf Ersatzprodukte ausgewichen werden, wie beispielsweise in dem berühmten Steckrübenwinter 1916/17, als selbst die Kartoffellieferungen ausblieben, die weithin als Ersatz für Brot und andere Mehlprodukte dienten. Besonders erbittert waren viele Menschen darüber, daß gleichzeitig auf dem schwarzen Markt und vielfach auch in den Restaurants des gehobenen Publikums Lebensmittel zu allerdings hohen Preisen verfügbar waren, die für den kleinen Mann, aber zunehmend auch für die Angehörigen des alten

---

[25] W. ZIMMERMANN, Die Veränderungen der Einkommens- und Lebensverhältnisse der deutschen Arbeiter nach dem Krieg, in: MEERWARTH u. a., Einwirkung (wie VI, 8b), 281–474, hier 429f.
[26] HARDACH, Der Erste Weltkrieg (wie VI, 5), 129.

Mittelstands nicht erschwinglich waren. Andererseits mußte sich jeder, der nur einigermaßen zurechtkommen wollte, insbesondere Mütter mit kleinen Kindern, auf dem schwarzen Markt oder auf anderen illegalen Wegen zusätzliche Nahrungsmittel besorgen. Der Unmut, der sich gegen »die da oben« richtete, verband sich solchermaßen mit massiven Protesten gegen die Unzulänglichkeit der Lebensmittelversorgung.

Unter diesen Umständen konnten schon temporäre Versorgungsschwierigkeiten im Einzelhandel zu Massenprotesten führen. Im Oktober 1915 brachen in mehreren Vororten Berlins, namentlich in den Arbeiterbezirken Lichtenberg und Wedding, zahlreiche Lebensmittelunruhen aus, die trotz aller behördlichen Gegenmaßnahmen wie eine Lawine auch andere Bezirke erfaßte. Im Steckrübenwinter 1916/17 kam es in zahlreichen Städten zu derartigen Protestaktionen, die sich stellenweise zu regelrechten Hungerkrawallen steigerten, so beispielsweise in Hamburg und zahlreichen Berliner Bezirken sowie in Schleswig-Holstein.[27] Ebenso spielte bei den seit Januar 1917 aufflackernden Streiks, die dann im April 1917 in Leipzig einen ersten Höhepunkt erreichten, die unzulängliche Versorgung der Bevölkerung eine wesentliche Rolle. Die kommunalen Behörden suchten die sich unter den Unterschichten ausbreitende Hungersnot durch die Einrichtung von Suppenküchen zu lindern, doch ohne bleibenden Erfolg. Die Lebensführung immer breiterer Schichten wurde von Hunger und Entbehrungen und dem täglichen Kampf um die Beschaffung kärglicher Mengen zusätzlicher Nahrungsmittel aus den unterschiedlichsten Quellen geprägt, und die Erbitterung und der Haß gegen die oberen Schichten und namentlich gegen die Bauern und Händler, denen man gutenteils zu Unrecht die Schuld an der eigenen Misere zuschrieb, nahmen immer mehr zu. Die Politiker stellten besorgt fest, daß es ihnen womöglich demnächst nicht mehr gelingen könnte, die aufgebrachte Bevölkerung zu besänftigen und ungeachtet ihrer Entbehrungen weiterhin »bei der Stange zu halten«. Friedrich Ebert hatte schon im April 1916 im Ernährungsbeirat des Reichstages festgestellt, die große Masse des Volkes müsse jetzt tatsächlich bitter hungern.[28] Die

---

[27] ULLRICH, Kriegsalltag (wie § 1, Anm. 17), 68.
[28] Siehe die Berichte des württembergischen Bevollmächtigten zum Bundesrat über die Sitzungen des Ernährungsbeirats, Württemb. HStA, E74I 176, Sitzung vom 29. April 1916.

VI. Der Erste Weltkrieg 1914–1918

Staatsbehörden bemühten sich, die öffentlichen Proteste durch ein scharfes Vorgehen gegen Schleich- und Kettenhandel zu besänftigen. Darüber hinaus wurde die administrative Kontrolle der Verteilung der Lebensmittel immer weiter ausgebaut und stärker zentralisiert, obwohl eine einheitliche Handhabung des Ankaufs von Agrarprodukten und deren Verteilung an die Bevölkerung auch jetzt nicht zustande kam, ungeachtet der Errichtung eines mit besonderen Vollmachten ausgestatteten Kriegsernährungsamtes und der demonstrativen Einsetzung eines Staatskommissars für Volksernährung im Februar 1917 unter Georg Michaelis. Dies alles konnte die chronischen Versorgungsmängel der Bevölkerung nicht beheben. Vielmehr sahen sich seit 1917 die Städte und Kommunalverbände und ebenso die großen Industrieunternehmen gezwungen, unter Umgehung der bestehenden Bestimmungen ihrerseits Lebensmittel auf dem schwarzen Markt hinzuzukaufen, um die Ernährung der eigenen Bürger bzw. ihrer Belegschaften auch nur einigermaßen zu gewährleisten. Zwei Jahre unzureichender Ernährung wurden jetzt auch auf demographischer Ebene fühlbar: Die Sterblichkeitsrate in der Heimat, vor allem bei Kindern, stiegen insbesondere in den großen Städten seit 1916 deutlich an.[29]

Auch die bisher stabile Sozialordnung geriet ins Wanken. Die ansteigenden Raten der Kriminalität, namentlich unter den Jugendlichen, wurden zumeist auf die vielerorts unzulängliche Sozialisierung der heranwachsenden Jugend zurückgeführt, welche unter anderem in einem deutlich sinkenden Schulbesuch ihren Niederschlag fand.[30] Dies wurde vielerorts als Alarmzeichen gewertet.

Die deutsche Gesellschaft geriet unter dem Druck der Versorgungsmängel und Entbehrungen langsam, aber unaufhaltsam aus den Fugen. Im Sommer 1918 stand das System der staatlichen Zwangsbewirtschaftung der Landwirtschaft und die zentrale Lenkung der Versorgung der Bevölkerung durch ein Netz von bürokratischen »Reichsstellen«, bei gleichzeitiger Drangsalierung der Bauern und Einzelhändler, aber auch der zu Hamsterfahrten aufs flache Land gezwungenen Bevölkerung durch ein Heer von Gendarmen, kurz vor

---

[29] Vgl. J. WINTER, Surviving the War, in: Capital Cities at War, Hg. DERS. (wie VI, 8b), 487–523, CHICKERING, Imperial Germany (wie VI, 5), 121f.
[30] Vgl. LIEPMANN, Krieg (wie VI, 8c). Siehe ferner MOMMSEN, Bürgerstolz (wie VI, 5), 726f.

dem endgültigen Zusammenbruch. Die Autorität der staatlichen Organe war weithin erschüttert und die Legitimität der bestehenden Ordnung ernstlich untergraben.

c) Die Auswirkungen des Krieges auf die gesellschaftlichen Strukturen und die sozialen Gegensätze

Die wirtschaftlichen und sozialen Auswirkungen des Ersten Weltkrieges führten zu erheblichen Veränderungen, um nicht zu sagen Verwerfungen in der Sozialstruktur. Diese lassen sich allerdings den globalen statistischen Daten, die nur für den Erhebungszeitraum von 1913 bis 1925 vorliegen, nur zum Teil entnehmen; die hier erkennbaren Veränderungen sind weniger signifikant, als man auf den ersten Blick vermuten würde. Zwischen 1907 und 1925 stieg der Anteil der Arbeitskräfte in den Sektoren Industrie, Bergbau, Baugewerbe und Handwerk von 39,9 auf 42,3 Prozent, eine nicht eben dramatische Veränderung, während der Anteil der Beschäftigten im agrarischen Sektor von 33,9 auf 30,3 Prozent sank. Insgesamt gesehen war das Deutsche Reich trotz des Fortschreitens der Industrialisierung auch am Ende des Ersten Weltkrieges noch immer eine Industriegesellschaft mit einer ungewöhnlich starken agrarischen Komponente.[31] Ebenso nahm die Kapitalkonzentration, in globalen Zahlen gemessen, nicht so zu, wie man dies angesichts der Kriegssituation, welche die großen Unternehmen eindeutig bevorteilte, hätte annehmen können.[32] Es kommt hinzu, daß viele grundlegende Umschichtungen, namentlich hinsichtlich der Vermögensverteilung, erst mit erheblicher Verzögerung manifest hervortraten, im Grunde erst in der Phase der Hochinflation von 1921/22, in der sich viele bislang noch für real eingeschätzte Vermögenswerte als fiktiv herausstellten und das wahre Ausmaß der Verarmung des bürgerlichen Mittelstandes sichtbar wurde. Im übrigen gilt allgemein, daß der Krieg vielfach sozioökonomi-

---

[31] Vgl. BRY, Wages in Germany (wie VI, 8c), 26.
[32] Der prozentuale Anteil der Betriebe mit über 200 bis 1000 Beschäftigten wuchs im Zeitraum von 1907 bis 1925 von 16,7 auf 18,2 Prozent; der Anteil der Betriebe mit über 1000 Beschäftigen wuchs im gleichen Zeitraum vergleichsweise schneller, von 4,9, auf 6,8 Prozent. Genauere Zahlen stehen nicht zur Verfügung. Vgl. Materialien zur Statistik des Deutschen Reiches (wie VI, 1), 64.

sche Veränderungsprozesse, die ohnehin im Gange waren, erheblich beschleunigte, nicht aber in ihrer Richtung änderte.

Unter den Bedingungen der Kriegswirtschaft wurden alle Unternehmen, die für die Rüstung produzierten, in vielfacher Weise begünstigt. Sie hatten direkteren Zugang zu den Rohmaterialien, die durch die Kriegsrohstoffgesellschaften verwaltet und jeweils den Unternehmen zugewiesen wurden, sie konnten in aller Regel die Preise ihrer Produkte diktieren, sie hatten eine bessere Ausgangsposition im Wettbewerb um geeignete Arbeitskräfte, die schon bald nach Kriegsbeginn knapp wurden. Sie allein hatten Aussichten, die Freistellung benötigter Facharbeiter vom Kriegsdienst zu erwirken. In den späteren Kriegsjahren erleichterten die Staatsbehörden zudem Investitionen großen Umfangs für den Bau von kriegswichtigen Produktionsanlagen, sei es durch Reichsgarantien, sei es durch den Einsatz von öffentlichen Mitteln, um das unternehmerische Risiko für derartige Kapitalaufwendungen, die nach Kriegsende nicht mehr rentabel sein würden, zu vermindern. Der Sache nach wurden auf diese Weise die Risiken zahlreicher Investitionen der großen Unternehmen vom Steuerzahler übernommen, während die Profite den Kapitaleignern verblieben. Dies alles wirkte sich in erster Linie zugunsten der Großunternehmen der Eisen- und Stahlindustrie, des Maschinenbaus und der Grundstoffindustrien sowie der Chemieindustrie aus, welch letztere angesichts der Notwendigkeit, Ersatz für Rohstoffe zu finden, die vor dem Krieg in großem Umfang eingeführt worden waren, besondere Bedeutung gewann. Viele führende Konzerne der Rüstungsindustrie expandierten daher in enormem Maße. Dies führte vor allem in den industriellen Ballungszentren zu großen Veränderungen der Lebenswelt der Bevölkerung. In zahlreichen Regionalstudien wird dies vielfach belegt, z. B. für Stuttgart,[33] Berlin, Düsseldorf[34] oder Hamburg.[35] Der ohnehin fortschreitende Prozeß der Kapitalkonzentration erfuhr

---

[33] Vgl. MAI, Kriegswirtschaft (wie VI, 8c), 62f.
[34] Die »Rheinische Metallwaren- und Maschinenfabrik« (»Rheinmetall«) verfünffachte zwischen 1914 und 1917 ihre Belegschaft. Vgl. D. JOSCZOK, Die Entwicklung der sozialistischen Arbeiterbewegung in Düsseldorf während des Ersten Weltkrieges, 1980, sowie P. HÜTTENBERGER, Düsseldorf, Bd. 3, 1989, 225ff.
[35] Hier expandierte allerdings nur die Werftindustrie, diese aber in spektakulären Größenordnungen. Vgl. ULLRICH, Die Hamburger Arbeiterbewegung (wie VI, 8c), Bd. 1, 224f.

§ 4 Die deutsche Gesellschaft im Kriege 99

dadurch eine erhebliche Beschleunigung.[36] Aber man darf sich diesen Prozeß nicht zu geradlinig vorstellen. Auch mittlere und kleine Betriebe erlangten mühelos kriegswichtige Aufträge unterschiedlichster Art und wußten dies zu nutzen. Gleichwohl kam es zu wachsenden Imbalancen innerhalb des wirtschaftlichen Systems.

Die Umschichtungen in der Wirtschaft waren allein schon wegen der Rohstoffbewirtschaftung, welche die Kleinbetriebe vernachlässigte, aber auch wegen des Mangels an Arbeitskräften enorm. Vor allem Kleinbetriebe, deren Inhaber zum Wehrdienst eingezogen worden waren, gingen bankrott oder konnten sich nur mühsam über Wasser halten. Andere Klein- und Mittelbetriebe, nicht zuletzt jene im Nahrungsmittelhandwerk, profitierten hingegen von der Kriegskonjunktur. Von einer statistisch signifikanten Umschichtung zugunsten der Großindustrie kam es allerdings nicht. Hingegen kam es zu erheblichen Verschiebungen zugunsten der leistungsfähigeren Betriebe.

Die Zeitgenossen unterschieden zwischen *Kriegsindustrien*, zu denen insbesondere die Eisen- und Stahlindustrie, der Maschinenbau und die Chemische Industrie gehörten, *Gemischten Industrien*, die immer noch großenteils für die Rüstung produzierten wie der Kohlenbergbau, und den sogenannten *Friedensindustrien*, zu denen vor allem die Textilindustrie und die mannigfaltigen Betriebe der Konsumgüterindustrie gehörten. Die großen Gewinner waren die Kriegsindustrien, während die anderen Industriezweige in einer wesentlich ungünstigeren Lage waren. In Württemberg nahm die Zahl der Beschäftigten der Kriegsindustrien von 36,4 Prozent im Jahre 1913 auf 57,5 Prozent im Jahre 1918 zu; im gleichen Zeitraum sank der Anteil der Beschäftigen in den Gemischten Industrien von 40,7 Prozent auf 25,2 Prozent und jene in den Friedensindustrien von 22,9 Prozent auf 17,3 Prozent.[37] Analoge Entwicklungen gab es im Reich. Diese Umschichtungen wurden teilweise durch entsprechende behördliche Maßnahmen gefördert mit dem Ziel, durch die Reduzierung oder Schließung von Betrieben der Konsumgüterindustrie Rohstoffe und Arbeitskräfte für die Rüstungsindustrie freizumachen.

Insgesamt erwies sich aber die seitens der Regierungen angestrebte Umstellung der Wirtschaft auf kriegswichtige Industrien, bei konse-

---

[36] Vgl. KOCKA, Klassengesellschaft (wie VI, 8a), 24ff.
[37] MAI, Kriegswirtschaft (wie VI, 8c), 63.

quenter Zurückschneidung der sogenannten Friedensindustrien, als nur mäßig erfolgreich. Vielfach war es gar nicht so leicht, die für entbehrlich gehaltenen Betriebe dazu zu bringen, tatsächlich zu schließen, zumal es keine eindeutigen rechtlichen Handhaben für eine Zwangsschließung gab, obwohl den Eigentümern in solchen Fällen hohe finanzielle Entschädigungen gewährt und Hilfen für den Wiederaufbau nach Kriegsende versprochen wurden.[38] Vor allem aber wurde das Ziel, Einsparung knapper Rohstoffe und Freistellung von Arbeitskräften für die Rüstungsindustrien, nur sehr begrenzt erreicht. Die durch Fabrikschließungen freigesetzten Arbeitskräfte, vornehmlich Frauen und Jugendliche, waren zumeist nicht bereit, in die industriellen Zentren abzuwandern und dort Beschäftigung zu suchen. Vor allem in industriearmen Regionen führte die zeitweilige Einstellung von Produktionsstätten der Textil- und Konsumgüterindustrie zu hoher Arbeitslosigkeit mit schweren sozialen Folgeproblemen. Infolgedessen blieb die angestrebte konsequente Ausrichtung der gesamten Wirtschaft auf die Bedürfnisse der Kriegführung, wie sie Hindenburg und Ludendorff Ende 1916 mit dem sogenannten »Hindenburgprogramm« rücksichtslos durchsetzen wollten, Stückwerk. Die Grundstrukturen der Volkswirtschaft ließen sich durch noch so rigorose dirigistische Eingriffe nicht binnen weniger Monate tiefgreifend verändern, zumal grundsätzlich weiterhin am System einer freien, marktorientierten Wirtschaftsordnung festgehalten wurde.

Die Folge war ein »free for all« innerhalb einer zunehmend überhitzten Wirtschaft, in welcher der Wettbewerb durch bürokratische Regelungen aller Art verzerrt, aber nicht außer Kraft gesetzt war, mit höchst unterschiedlichen Auswirkungen auf die einzelnen Sektoren der Wirtschaft. Die Unternehmergewinne und Löhne stiegen, der inflationären Preisentwicklung folgend, in den verschiedenen Sektoren in höchst unterschiedlicher Weise. In den Kriegsindustrien nahmen die Nominallöhne zwischen Kriegsausbruch und 1918 um das Zweieinhalbfache zu, in den gemischten Industrien verdoppelten sie sich, in den Friedensindustrien hingegen stiegen sie nur um ca. 80 Prozent, während sich die Lebenshaltungskosten im gleichen Zeitraum verdreifachten.[39] Anfangs hatten die Unternehmer vielfach darauf ge-

---

[38] GOEBEL, Rohstoffwirtschaft (wie VI, 8a), 90f.; SCHÄFER, Wirtschaftspolitik (wie VI, 8a), 150–180.
[39] KOCKA, Klassengesellschaft (wie VI, 8a), 14.

§ 4 Die deutsche Gesellschaft im Kriege 101

drängt, daß die militärischen Behörden auf eine Beschränkung der Löhne hinwirkten, unter anderem durch Beschränkung des Wechsels des Arbeitsplatzes, vor allem weil sie die Folgen der Hochlohnpolitik für die Zeit nach dem Ende des Krieges fürchteten. Sie hatten damit freilich nur wenig Erfolg, weil die Stellvertretenden Generalkommandos dann mit Streikaktionen zu rechnen hatten, auf die sie es keinesfalls ankommen lassen wollten. Späterhin fanden sich die Unternehmer dazu bereit, immer höhere Löhne zu zahlen, nur um die dringend benötigten Fachkräfte zu halten bzw. anwerben zu können. Da sie höhere Lohnzahlungen leicht auf die militärischen Beschaffungsbehörden abwälzen konnten, die eine Steigerung der Rüstungsproduktion um jeden Preis verlangten, waren die Grenzen des Lohnniveaus nach oben hin durchlässig geworden. Die Facharbeiterschaft in den Schlüsselbetrieben der Kriegsindustrien vermochte seit 1917 teilweise sehr hohe Löhne durchzusetzen, wie die Durchschnittszahlen nahelegen. Es stellte sich die ungewöhnliche Situation ein, daß inmitten einer Wirtschaft, die durch eine immer schlechtere Versorgungslage und beständig steigende Preise gekennzeichnet war, die Spitzen der industriellen Arbeiterschaft ihre Verteilungsmacht im Vergleich zu anderen Arbeitergruppen, insbesondere aber den Angestellten und Beamten sowie den sonstigen in nicht kriegswichtigen Betrieben tätigen Beschäftigten, erheblich verbessern konnten, auch wenn ihre Löhne, am Realeinkommen bemessen, unter diesen Umständen weiterhin hinter ihrem Vorkriegseinkommen immer weiter zurückfielen. Gleiches galt für die Profite der Unternehmerschaft bzw. die Dividenden der großen Kapitalgesellschaften, die dramatische Zunahmen verzeichneten, trotz vielfacher Bemühungen, die Zahlen durch hohe Rückstellungen niedrig zu rechnen und nicht in vollem Umfang zu veröffentlichen.[40] Die Firma Krupp konnte ihre Reingewinne im Zeitraum von 1914 bis 1917 mehr als verdoppeln. Rheinmetall konnte diese im gleichen Zeitraum sogar verzehnfachen.[41]

Maßnahmen, um die sich ständig weiter nach oben drehende Spirale der Löhne der Industriearbeiterschaft einerseits, der Kriegsgewinne andererseits unter staatliche Kontrolle zu bringen, wie sie unter anderem Richard Merton vorgeschlagen hatte, wurden seitens des

---
[40] Vgl. die Angaben bei KOCKA, Klassengesellschaft (wie VI, 8a), 25–27.
[41] HARDACH, Der Erste Weltkrieg (wie VI, 5), 112f.

Reichsamts des Innern ausdrücklich verworfen. Bestrebungen, die hohen Kriegsgewinne, die in der breiteren Öffentlichkeit zunehmend Anstoß erregten, durch eine besondere Besteuerung wenigstens teilweise abzuschöpfen, kamen erst im letzten Kriegsjahr höchst zögerlich in Gang. Im Grunde war der Staat von der Großindustrie in Dienst genommen worden und nicht umgekehrt;[42] die Ansprüche der betreffenden Arbeitergruppen wurden dabei durch immer höhere Löhne kompensiert, die freilich weiterhin hinter den steigenden Lebenshaltungskosten zurückblieben.

Die Löhne und die Profite in den einzelnen Industriezweigen drifteten vielfach noch viel stärker auseinander, als die oben genannten Durchschnittszahlen vermuten lassen. Unter diesen Umständen wurde die Fassade der »Volksgemeinschaft«, welche diesen Krieg gemeinsam zu bestehen und gemeinsam große Opfer zu tragen habe, immer brüchiger. Vielmehr kam es zu einer zunehmenden Fragmentierung der Gesellschaft und einer Versäulung der verschiedenen Sozialgruppen gegeneinander. In vieler Hinsicht kam es während des Krieges zu einer Einebnung der herkömmlichen Hierarchien innerhalb der industriellen Arbeiterschaft und zu einer Verringerung der Unterschiede zwischen Facharbeitern und angelernten Arbeitern. Auch der Status der weiblichen Beschäftigten besserte sich; die Löhne der weiblichen Beschäftigten stiegen vergleichsweise schneller als jene ihrer männlichen Kollegen, allerdings von einer sehr niedrigen Basis ausgehend; doch sie erreichten nie das Niveau der ersteren. Anders war dies zum Teil bei den Jugendlichen, die in großer Zahl als un- bzw. angelernte Arbeiter in die Betriebe strömten; diese erzielten vielfach Löhne, die hinter denen der Facharbeiter nur unwesentlich zurückblieben, was die Zeitgenossen wegen der möglichen Auswirkungen auf das Sozialverhalten der jungen Generation zunehmend beunruhigte.[43] Die Homogenität der Interessenlagen der industriellen Arbeiterschaft war deutlich rückläufig, und die vielbeschworene Solidarität der Arbeiterklasse war streckenweise zu einer Fiktion geworden.[44]

Bedeutsamer noch war, daß die Angestellten, eine Sozialgruppe, die noch bei der Erweiterung der Reichsversicherungsordnung 1912

---

[42] Ebd., 118.
[43] Vgl. oben, S. 96.
[44] Vgl. auch G. MAI, »Verteidigungskrieg« und »Volksgemeinschaft«, in: Der Erste Weltkrieg (wie VI, 5), 583–602, hier 585 ff.

§ 4 Die deutsche Gesellschaft im Kriege

ihren sozialen Sonderstatus durch eine großzügige Gestaltung der Angestelltenversicherung bestätigt bekommen hatte, im Vergleich zur industriellen Arbeiterschaft in ihrem Einkommen dramatisch zurückfielen. Jürgen Kocka hat in diesem Zusammenhang mit Recht von einer Proletarisierung des neuen Mittelstandes gesprochen.[45] Angesichts der allgemeinen Teuerung sank das Realeinkommen der Angestellten ungeachtet einer nominellen Aufbesserung ihrer Bezüge während des Krieges um die Hälfte. Damit gerieten diese Sozialgruppen, die vor dem Kriege meist ein erträgliches Auskommen gehabt hatten, weithin an den Rand bitterer Armut. Noch dramatischer verschlechterte sich die soziale Lage der Beamtenschaft, die in wirkliche Armut gestoßen wurde, welche diese zwar vielfach zeitweise durch Rückgriff auf ihre Ersparnisse abwehren konnte, aber auf die Dauer eine um so verzweifeltere Lage entstehen ließ. Die Staatsbehörden erwarteten von der Beamtenschaft vor allem der höheren Ränge ein besonderes Maß von Opferbereitschaft im nationalen Interesse. Deshalb wurde hier gespart und nur zögerlich ein Ausgleich für die immer stärker ansteigenden Lebenshaltungskosten gewährt. Dabei wurde nach bewährtem Muster vorgegangen: Die Gehälter der unteren und mittleren Einkommensgruppen, deren Einkommen das Existenzminimum zu unterschreiten drohte, erhielten einen höheren Inflationsausgleich als die besser bezahlten oberen Ränge der Beamtenschaft. Im ersteren Fall sank das Realeinkommen auf ca. zwei Drittel, im letzteren Fall auf ca. 55 Prozent ihres Vorkriegsniveaus. Angesichts der Notwendigkeit, auf dem schwarzen Markt Lebensmittel zuzukaufen, gerieten die unteren und mittleren Ränge der Beamtenschaft in eine äußerst prekäre Lage. Noch massiver wurde die hohe Beamtenschaft zur Kasse gebeten, sie mußte Einbußen ihres Realeinkommens von bis zu 42,9 Prozent im Jahre 1917 und 46,8 Prozent im Jahre 1918 hinnehmen.[46] Im Juli 1918 stellte das III. Stellvertretende Generalkommando in Bayern in seinem Monatsbericht fest: »Die Beamten und Festbesoldeten steuern unrettbar der Verarmung entgegen«.[47]

Kaum besser stand es mit der großen Zahl der kleinen Gewerbetreibenden und Kaufleute, Hausbesitzer und Rentiers, die von der In-

---

[45] KOCKA, Klassengesellschaft (wie VI, 8a), 71.
[46] Aufstellung in ebd., 74.
[47] SCHWARZ, Weltkrieg (wie VI, 8c), 178.

flation und der Knappheit an Lebensmitteln und Gütern des täglichen Bedarfs ohnehin hart getroffen waren, aber zusätzlich mit behördlichen Restriktionen und Hindernissen aller Art konfrontiert wurden. Hier tobte sich das System einer bürokratisch regulierten Marktwirtschaft ungehemmt aus. Die Absicht der Behörden war es, durch Lenkungsmaßnahmen ein gewisses Maß – oder doch zumindest den Anschein – von Verteilungsgerechtigkeit zu gewährleisten, um die Erbitterung der breiten Schichten der Bevölkerung über die Mängel der Versorgung mit Lebensmitteln und Gütern des täglichen Bedarfs zu besänftigen. Insgesamt wurde der Handel, vor allem der Kleinhandel im Zuge der zunehmenden Verknappung aller Güter des täglichen Bedarfs mehr oder minder willkürlichen behördlichen Eingriffen unterworfen. Auf diese Weise wurden die Kleinbetriebe des Lebensmittelgewerbes und die kleinen Kaufleute zu Prügelknaben der Nation gemacht. Auch die Hausbesitzer konnten angesichts der geringen Mieterhöhungen, die ihnen zunächst völlig verweigert und dann in den späteren Kriegsjahren nur in minimaler Höhe zugestanden wurden, überhaupt nicht zurechtkommen. Von diesen Sozialgruppen gilt in besonderem Maße, was das III. Bayerische Stellvertretende Generalkommando schon im Oktober 1916 feststellte: »Die Stimmung in den Kreisen des Mittelstandes, die weder für Kriegslieferungen noch sonst auskömmlich beschäftigt sind und ihrem wirtschaftlichen Untergang entgegengehen, ist eine sehr gedrückte.«[48]

Die Landwirtschaft befand sich angesichts des beständigen Rückgangs der Erträge und des Mangels an Arbeitskräften[49] ebenfalls in einer schwierigen Lage. Zwar hatten die Landwirte Hunger und eine Absenkung ihres Lebensstandards nicht zu befürchten, wohl aber wurden sie in besonderem Maße von staatlichen Eingriffen in die Produktionsziele und Produktionsmethoden sowie die Vermarktung der Agrarprodukte betroffen. Mit dem Fortschreiten des Krieges mußten sie immer häufiger mit behördlichen Auflagen fertigwerden, die oft wenig durchdacht und vielfach unsinnig waren. Die anfänglichen triumphalen Erklärungen des Bundes der Landwirte, daß sich im Kriege die Berechtigung der agrarischen Hochschutzzollpolitik im nationalen Interesse vollauf erwiesen habe, provozierten auf Dauer

---

[48] Ebd., 179.
[49] Vgl. oben, S. 92.

§ 4 Die deutsche Gesellschaft im Kriege   105

gegenteilige Reaktionen, nämlich steigende Unzufriedenheit mit der mangelnden Leistung der Agrarwirtschaft. Die Einsetzung von besonderen Ernährungskommissaren, deren Aktivitäten vielfach vom preußischen Landwirtschaftsminister, der den Interessen der Landwirte näher stand, konterkariert wurden, machte die Lage der Landwirte nicht eben einfacher. Auch sie traf der Volkszorn, weil man ihnen meist wider besseres Wissen unterstellte, einen Teil ihrer agrarischen Produktion zu weit überhöhten Preisen auf dem schwarzen Markt zu verkaufen, statt sie den regulären Verteilungsinstanzen zur Verfügung zu stellen.

Bei Kriegsausbruch hatte die Reichsleitung mit der Proklamierung des »Burgfriedens« nicht nur die politischen Auseinandersetzungen für die Zeit des Krieges stillegen wollen, sondern auch alle weitreichenden Eingriffe in die Sozialstruktur. Die Politik der »Neuorientierung« hatte alle Entscheidungen solcher Art bis zum Ende des Krieges vertagen wollen. Vielmehr sollten sich alle gesellschaftlichen Gruppen gleichermaßen als eine »um ihre Existenz kämpfende Kriegsnotgemeinschaft« verstehen und die Verteilungskämpfe vertagen.[50] Daraus erklärt sich auch die Zurückhaltung der Behörden, ihrerseits steuernd in die Kriegswirtschaft einzugreifen; auch die Kriegsrohstoffgesellschaften waren ja auf Initiative der Industrie entstanden und wurden wesentlich von ihren Repräsentanten gesteuert. Alle behördlichen Eingriffe in die wirtschaftlichen Verhältnisse waren ursprünglich von dem Motiv bestimmt, das Gleichgewicht der wirtschaftlichen Kräfte nicht zu verändern, sondern soweit irgend möglich zu erhalten. Das anfänglich höchst lückenhafte System der Preiskontrollen sollte nicht das Funktionieren des Marktes außer Kraft setzen, sondern nur die angeblichen Auswüchse bekämpfen. Ganz ähnlich war dies mit der Lebensmittelversorgung und mit der Bereitstellung von Gütern des täglichen Bedarfs, die angesichts der Rohstoffknappheit ebenfalls zunehmend zu einem Problem wurden. Demgemäß wurden bis zum Ende des Krieges immer noch viele Produkte dem freien Spiel des Marktes überlassen, selbst auf dem Gebiet der Nahrungsmittel. Die Kriegswirtschaft aber entfaltete ihre eigene Dynamik, welche die Prämissen der Sozialordnung, wie sie sich im späten Kaiserreich herausgebildet hatte, zunehmend in Frage stellte. Die

---

[50] Vgl. MAI, »Verteidigungskrieg« (wie Anm. 44), 590.

durch die forcierte Steigerung der Rüstungsproduktion ausgelösten Umschichtungen in der Struktur der Wirtschaft und die sich in der zweiten Kriegshälfte immer schneller drehende Lohn-Preis-Spirale veränderten die soziale Schichtung anfänglich unmerklich und späterhin immer deutlicher. Der Konkurrenzkampf der einzelnen Sozialgruppen, den die Reichsleitung unter dem Stichwort des gemeinsamen Verteidigungskrieges hatte zugunsten eines harmonischen Zusammenwirkens im nationalen Interesse ruhigstellen wollen, wurde demgemäß immer schärfer und vielfach mit harten Bandagen geführt.

Die Großindustrie, von deren Produktionsleistungen in zunehmendem Maße die Erfolge oder Mißerfolge der Kriegführung abhängig wurden, hatte dabei von Anfang an eine starke Position. Der Kriegsausschuß der deutschen Industrie verfügte über exzellente Beziehungen zu den Militärbehörden und späterhin besonders zur Dritten Obersten Heeresleitung unter Hindenburg und Ludendorff; Oberst Bauer figurierte als ihr informeller Verbindungsmann zur Unternehmerschaft. Auch Karl Helfferich im Reichsschatzamt war ein überzeugter Anhänger einer möglichst freien Wirtschaft und mißtraute allen Staatseingriffen auf diesem Gebiete.

Gleichsam als Kompensation dafür, daß die Unternehmer auf wirtschaftlichem Felde weitgehend freie Hand hatten, wurde die Diskriminierung der Freien Gewerkschaften schrittweise abgebaut, wenn auch keineswegs gänzlich beseitigt. Am Ende wurden die Freien Gewerkschaften zu einem wichtigen Partner der Staatsbehörden in allen die Arbeiterschaft betreffenden Fragen, nicht zuletzt auch der Lebensmittelversorgung. Anfänglich hatte sich ihre Lage gar nicht rosig dargestellt; nach Kriegsausbruch hatten sie zunächst einen großen Teil ihrer Mitglieder verloren, aber in der zweiten Kriegshälfte stiegen ihre Mitgliederzahlen wieder stark an, während – was wichtiger war – die Hirsch-Dunckerschen Gewerkvereine und, wenn auch in geringerem Maße, die Christlichen Gewerkschaften an Bedeutung verloren. Der konsequente Kurs der Freien Gewerkschaften, nämlich gemeinsam mit der Mehrheitssozialdemokratie die Regierungspolitik zu unterstützen, zahlte sich aus. Im Zuge der parlamentarischen Kämpfe um das Hilfsdienstgesetz ertrotzten sie ihre rechtliche Gleichstellung gegenüber der Unternehmerschaft und erlangten schrittweise auch die Mitsprache in wichtigen Reichsbehörden, unter anderem im 1916 ins Leben gerufenen Kriegsernährungsamt, auch wenn die praktischen

§ 4 Die deutsche Gesellschaft im Kriege

Auswirkungen dieser Mitwirkungschancen häufig geringer waren als erwartet.

Dies setzte die Gewerkschaften in die Lage, die Interessen der industriellen Arbeitnehmerschaft auch unter den Kriegsbedingungen wirksam zu vertreten. Infolgedessen konnte die industrielle Arbeiterschaft ihre Position im wirtschaftlichen Verteilungskampf insgesamt erheblich verbessern. Gleiches kann man von den zahlreichen Interessenverbänden der Angestellten und der Beamten nicht sagen; sie vermochten, gutenteils befangen in einer stärker obrigkeitlich orientierten und teilweise ausgesprochen völkisch-nationalistischen Mentalität, für ihre Mitglieder nicht annähernd das gleiche zu erreichen. Erst allmählich gelang es den in eine Vielzahl von Verbänden zersplitterten Vertretungen der Angestellten, sich in drei Angestelltenverbänden zusammenzuschließen; auch die Beamtenverbände organisierten sich erst relativ spät in der Interessengemeinschaft deutscher (Reichs- und Staats-) Beamtenverbände.[51] Im Sommer 1917 traten die Angestelltenverbände erstmals mit einer gemeinsamen Petition, in der auf die Notlage der Angestellten angesichts der Preisentwicklung und des Zurückfallens ihres Einkommens hinter jenes vergleichbarer Arbeiterkategorien verwiesen wurde, an den Reichstag und die Behörden des Reiches und der Bundesstaaten heran, jedoch nicht mit nachhaltigem Erfolg.[52] Die Abwertung der »Kopfarbeit« der Angestellten gegenüber der Handarbeit der Industriearbeiter wurde zum Quell erheblicher Irritationen und Ressentiments, und die Sorge vor dem drohenden sozialen Abstieg verschärfte bei der großen Mehrheit der Angestellten die Ablehnung der Sozialdemokratie, während ein anderer Teil der Angestellten in das Lager der Arbeitnehmerschaft zurücksank, mit langfristigen Auswirkungen auf die politische Mentalität der Mittelschichten in der Endphase des Kaiserreichs.[53] Die agrarischen Interessenverbände hingegen behaupteten dank ihrer traditionell en-

---

[51] Vgl. RATZ, Arbeitsgemeinschaft (wie VI, 8b), 69 ff., ferner KOCKA, Die Angestellten (wie VI, 8c).
[52] Ebd., 64 f.
[53] Vgl. KOCKA, Klassengesellschaft (wie VI, 8a), dessen These, daß sich auf diese Weise eine Verschärfung des Klassengegensatzes ergeben habe, freilich insoweit problematisch ist, als sich im Lager der von den Freien Gewerkschaften vertretenen Mehrheit der Arbeiterschaft, nicht zuletzt angesichts ihrer Erfolge in der Durchsetzung ihrer Interessen gegenüber Staat und Unternehmerschaft, eher eine Abschwächung der klassenmäßigen Orientierung einstellte.

gen Verbindungen zur hohen Beamtenschaft, namentlich in Preußen, ihre starke Stellung im Gefüge der spätwilhelminischen Gesellschaft, wenn sie auch angesichts der rückläufigen Agrarproduktion vielfach mit dem Rücken zur Wand standen.

Insgesamt ergibt sich ein verwirrendes Bild. Die Dynamik des Kriegskapitalismus hatte sowohl Gewinner als auch Verlierer hervorgebracht. Die traditionellen Konfliktlinien innerhalb der deutschen Gesellschaft verblaßten, und andere gesellschaftliche Kombinationen, die man vor 1914 für völlig undenkbar erachtet hätte, wurden möglich. Ungeachtet der gedrückten ökonomischen Lage und der fortschreitenden Verelendung der Arbeiterschaft in den industriellen Ballungszentren konnten die Freien Gewerkschaften, so wie sich es ihnen darstellte, seit der Verabschiedung des Hilfsdienstgesetzes mit der Entwicklung zufrieden sein; die Arbeiterschaft und ihre gewerkschaftlichen Repräsentanten waren aus dem Ghetto ausgebrochen, in das sie lange eingesperrt gewesen waren. Im Stinnes-Legien-Abkommen erlangten sie sogar die Anerkennung des Kollektiven Arbeitsvertrags und den Achtstundentag. Am Ende des Krieges glaubten sie gute Aussichten zu haben, in der noch am 5. November 1918 begründeten »Zentralarbeitsgemeinschaft« gemeinsam mit den Unternehmerverbänden die Grundlinien der Demobilisierung und der kommenden Friedenswirtschaft gestalten zu können. Sie täuschten sich hingegen gründlich hinsichtlich der politischen Zweckmäßigkeit der Unterstützung der Kriegspolitik der Reichsleitung. Tatsächlich haben sie, ungeachtet einer wachsenden innergewerkschaftlichen Opposition gegen den offiziellen Kurs, *de facto* der Arbeiterschaft bis zum bitteren Ende immer wieder eine Strategie des »Durchhaltens« nahegelegt, mit der Folge, daß sie nach Ausbruch der Revolution zunächst vollständig »weg vom Fenster« verdrängt wurden, auch wenn sie späterhin relativ rasch wieder eine Massengefolgschaft aufzubauen vermochten. Das traditionelle Bündnis der Großindustrie und der Agrarier hingegen, das nicht zuletzt gegen die sozialistische Arbeiterbewegung gerichtet gewesen war, hatte an Bedeutung eingebüßt.

Die entscheidenden Bruchlinien, die während des Ersten Weltkrieges in der deutschen Gesellschaft immer schärfer aufbrachen, waren anderer Art; sie folgten nicht traditionellen Klassenkriterien. Gerade weil die Verlierer in dem Spiel eines rückhaltlosen Konkurrenzkapitalismus, maskiert durch die bürokratische Reglementierung des All-

§ 4 Die deutsche Gesellschaft im Kriege 109

tagslebens der breiten Schichten der Bevölkerung, nicht in gleichem Maße Fürsprecher bezüglich ihrer Gravamina besaßen wie die industrielle Arbeiterschaft, nämlich die kleinen Leute und die Mittelschichten, brachen seit 1915, zunächst sporadisch und dann in immer größerem Umfang, Proteste gegen die Kriegspolitik los, die sich in erster Linie gegen die Versorgungsmängel richteten. Anfänglich handelte es sich überwiegend um Brotunruhen lokalen Zuschnitts, die sich dann aber lawinenartig ausbreiteten.[54] Ursprünglich waren es nur die Frauen und die Jugendlichen, die an derartigen Protestaktionen beteiligt waren, eine Sozialgruppe, die bisher nicht im Blickwinkel der Behörden oder auch der Funktionäre der Gewerkschaftsorganisationen oder der Interessenorganisationen der Konsumenten gelegen hatte. Zusätzlich zeichnete sich ein Gegensatz der kleinen Leute und der Arbeiter in den sogenannten Friedensindustrien zu den privilegierten Arbeiterkategorien in den großen Rüstungsbetrieben ab, die dank ihrer Unentbehrlichkeit vom Kriegsdienst freigestellt waren und bei allerdings sehr hoher Arbeitsleistung zusätzliche Lebensmittelzuteilungen erhielten, die von den Unternehmen mit Konnivenz der Behörden auf dem schwarzen Markt beschafft wurden.

Seit dem Herbst 1917 sprangen diese Proteste zunehmend auch auf die industriellen Zentren über. Mit einem Male sahen sich die Freien Gewerkschaften vielerorts mit »wilden Streiks« konfrontiert, die ohne ihr Zutun und gegen ihren Willen losgebrochen waren und in erster Linie eine bessere Versorgung der Belegschaften mit Lebensmitteln, in zweiter Linie auch Lohnerhöhungen erreichen wollten, die aber gleichermaßen mit der Lebensmittelknappheit begründet wurden. Späterhin trat dann auch die Forderung nach Arbeitszeitverkürzung hinzu, angesichts der wachsenden Erschöpfung der zu überlangen Arbeitszeiten verpflichteten Arbeiterschaft in den industriellen Ballungszentren, die nicht zuletzt durch Ernährungsmängel bedingt war. Diese Streiks richteten sich im Grunde nicht gegen den direkten Klassengegner, die Unternehmer, die denn auch vielfach Mittel und Wege fanden, zusätzliche Nahrungsmittelquellen für ihre Belegschaften zu erschließen und damit die Streiks meist rasch zu einem gütlichen Ende zu bringen, sondern gegen die Staatsbehörden und namentlich die militärischen Instanzen. In diesen Streikaktionen trat nicht zuletzt

---

[54] Vgl. oben, S. 94f.

das gestiegene Selbstbewußtsein der industriellen Arbeiterschaft zutage, die sich ihrer Unentbehrlichkeit bewußt geworden war. Vordergründig gesehen waren diese oft spontan entstandenen Streikaktionen zunächst nicht politischer Natur, sie richteten sich gegen die völlig unzulänglichen Versorgungsverhältnisse. Aber indirekt wurde damit auch die politische Ordnung herausgefordert, die offenbar keinerlei Anstalten machte, den Krieg so bald wie möglich zu einem Ende zu bringen. In dem großen Massenstreik in Leipzig im April 1917 wurden erstmals auch direkt politische Forderungen laut, unter anderem nach einer Reform des preußischen Wahlrechts, vor allem aber nach einem baldigen Friedensschluß. Und die Januarstreiks 1918 richteten sich bekanntlich direkt gegen die deutsche Verhandlungsführung in Brest-Litowsk, in der die Arbeiterschaft mit einigem Recht einen Beweis dafür sah, daß die Reichsleitung in Wahrheit keineswegs auf einen baldigen Verständigungs-, sondern auf einen Siegfrieden hinarbeitete. Fortan wurde die Parole eines Friedens »ohne Annexionen und Kontributionen« zu einer beständigen Forderung der Arbeiterschaft.

In all diesen Streiks spielten die Funktionäre der Freien Gewerkschaften die Rolle eines retardierenden Elements, dem daran gelegen war, die Konflikte möglichst rasch beizulegen und die Belegschaften möglichst bald wieder zur Aufnahme der Arbeit zu bewegen, oft im Zusammenwirken mit den Behörden, die es ihrerseits zumeist für ratsam hielten, elastisch vorzugehen, um nicht noch größere Ausstände auszulösen. Für die Gewerkschaften kam es dabei vor allem darauf an, drastische Gegenmaßnahmen der Polizei und der militärischen Instanzen gegen die Streikenden abzuwenden. Aber auch die Unternehmer waren in der Regel nicht daran interessiert, daß die Streiks durch eine Militarisierung der Betriebe unterdrückt würden. Die Einziehung der Streikführer zum Kriegsdienst war nach Lage der Dinge die schärfste, von den unabkömmlich gestellten Facharbeitern gefürchtete Waffe, die den Militärbehörden zur Verfügung stand, um diesen Protestbewegungen zu begegnen. Für die Freien Gewerkschaften stand dabei letzten Endes das symbolische Kapital auf dem Spiel, das sie sich als Partner der Regierungen in Sachen der Aufrechterhaltung des Durchhaltewillens der arbeitenden Bevölkerung erworben hatten. Mit ihrem Eintritt in die Streikleitungen in den Januarstreiks 1918, ausschließlich in der Absicht, die Streikbewegungen zu einem raschen Ende zu bringen, riskierten sie allerdings zeitweilig ihr Ansehen bei den bürgerlichen Parteien, die im Reichstag mit der Sozialdemokratie zusammengingen, in gefährlicher Weise.[55]

Andere Sozialgruppen wie die Angestellten und Beamten, die kleinen Händler und Gewerbetreibenden und erst recht die von Renten und Hausbesitz lebenden Bürger hatten nicht die Möglichkeit, ihre Bedrängnis in auch nur annähernd gleicher Weise zu artikulieren und bei den Behörden entsprechende Zugeständnisse zu erreichen. Sie sahen in dem Verhalten der Arbeiterschaft den Versuch, angesichts ihrer Unentbehrlichkeit den Unternehmern und den Staatsbehörden Konzessionen abzupressen, die letztlich auf ihre Kosten gehen würden. Dies erklärt die seit 1918 erneut verstärkt aufflammende Erbitterung in den Mittelschichten über die Sozialdemokratie und die sozialistischen Gewerkschaften. Hier öffneten sich Konfliktzonen, die langfristige mentale Folgen haben sollten und das politische Klima in der jungen Weimarer Republik von Anfang an vergiftet haben. Es war nicht allein die sich immer weiter öffnende Einkommensschere zwischen den Spitzen der industriellen Arbeiterschaft einerseits und der Mehrheit des ehemals bürgerlichen Mittelstandes andererseits, sondern auch die Furcht vor den sich abzeichnenden weitreichenden gesellschaftlichen Umschichtungen, die auf den sozialen Abstieg des Mittelstandes und eine schärfere Hierarchisierung der Gesellschaft hinausliefen. Das bisher so erfolgsgewohnte und in den ersten Kriegsjahren so siegessichere Bürgertum konnte kaum verstehen, daß dieser Prozeß des Niedergangs nicht aufzuhalten war. Tiefe Frustration und Erbitterung waren die Folge. Dies fand Ausdruck in einer schroffen Polemik gegen die Sozialdemokratie, die noch verstärkt wurde, weil es der nationalistischen Rechten späterhin gelang, dieser die Hauptschuld an der militärischen Niederlage zuzuweisen.

Die erbitterten Richtungskämpfe innerhalb der Arbeiterbewegung über die Kriegspolitik der Sozialdemokratie, die 1915 zur Abspaltung zunächst der Sozialdemokratischen Arbeitsgemeinschaft und dann ein Jahr später zur Gründung der Unabhängigen Sozialdemokratischen Partei führten und nach Kriegsende durch die Gründung des Spartakusbundes am 31. Dezember 1918 noch eine weitere Zuspitzung er-

---

[55] Vgl. WEBER, Innere Lage und Außenpolitik, in: MWG I/15 (wie VI, 3), 408f., 419.

fahren sollten, haben in der Folge wesentlich dazu beigetragen, das politische Gewicht der Arbeiterbewegung nachhaltig zu schwächen. Diese war spätestens seit 1918 tief gespalten und dergestalt auf Jahre hinaus gleichsam politisch neutralisiert, unter Verlust der Schlüsselstellung im parlamentarischen System, welche die Mehrheitssozialdemokratie seit 1917 in Zusammenarbeit mit dem Zentrum und den liberalen Parteien innegehabt hatte. Für die Mittelschichten hingegen kam die Niederlage dem Verlust ihrer ehemals auskömmlichen Stellung im Sozialgefüge des Kaiserreiches gleich und machte sie demgemäß für extreme nationalistische Ideologien überaus empfänglich.

Insgesamt wird man festhalten müssen, daß der Krieg zu einer tiefen Zerklüftung der deutschen Gesellschaft geführt hat. Während die Unternehmerschaft, soweit sie direkt oder indirekt an der Rüstungsproduktion teilhatte, ihre ökonomische Lage erheblich verbesserte, zumal sie in der dem Kriege nachfolgenden Inflation einen großen Teil ihrer hypothekarischen und sonstigen Verschuldung abschütteln konnte, gehörten die mittelständischen Schichten der Gesellschaft, vor allem der sogenannte »alte Mittelstand« und die Beamtenschaft, hier wiederum insbesondere die höherbezahlten Gruppen, zumal sie einen großen Teil ihres verfügbaren Vermögens in Kriegsanleihen angelegt hatten, zu den großen Verlierern des Krieges. Die industrielle Arbeiterschaft nahm zwar an dem allgemeinen Verarmungsprozeß teil und mußte angesichts der überlangen Arbeitszeiten und der exzeptionellen Arbeitsbelastung, mit der die Versorgung mit Lebensmitteln und Gütern des täglichen Bedarfs immer weniger Schritt hielt, enorme Entbehrungen auf sich nehmen. Gleichwohl verbesserte sich ihr sozialer Status innerhalb des Sozialgefüges des spätwilhelminischen Reichs im Vergleich zu anderen Sozialgruppen, die sich bislang ihrer Überlegenheit über die Arbeiterschaft sehr bewußt gewesen waren, nicht zuletzt aber gegenüber den Unterschichten im engeren Sinne, den Dienstboten, Gehilfen und unstetig Beschäftigten.

Auch die Lage der Landwirtschaft war weniger gut, als man angesichts ihrer privilegierten Position während des Krieges hätte annehmen sollen. Hier waren der fortgesetzte Raubbau der Kriegsjahre ohne ausreichende Verfügbarkeit von Düngemitteln und die Abnutzung der Maschinen und Anlagen nicht ohne Folgen geblieben. Auf den internationalen Märkten war die deutsche Landwirtschaft bei Kriegsende weniger konkurrenzfähig denn je zuvor und auf den Ver-

§ 4 Die deutsche Gesellschaft im Kriege 113

lust der Schutzzölle, die ihr ehedem eine immerhin komfortable ökonomische Position garantiert hatten, in keiner Weise vorbereitet. Deutschland war zwar auch am Ende des Ersten Weltkrieges keine Klassengesellschaft im orthodox marxistischen Sinne, aber von tiefen Bruchlinien durchzogen, die großenteils sozioökonomisch bedingt waren, aber zugleich in hohem Maße auf mentalen Einstellungen und Vorurteilen beruhten, deren Entstehung zwar vielfach Jahrzehnte zurücklag, die aber in der Kriegssituation eine enorme Zuspitzung erfahren hatten.

d) Die kulturellen Eliten und die Kirchen

Die Schriftsteller und Künstler empfanden den Kriegsausbruch in ihrer großen Mehrheit als eine Erlösung aus der angeblichen Sterilität des Kulturmilieus der Vorkriegsjahre. Sie wurden von der Vorstellung geleitet, daß der Krieg eine Revitalisierung der Kultur bringen werde, vor allem aber glaubten sie, daß der Krieg dank des »Geists des August 1914« die Chance bieten werde, den Graben zu überbrücken, der die Kunst und die Literatur der Avantgarde von den breiten Schichten des Volkes trenne. Kunst und Literatur würden dann wieder einen festen Platz in der deutschen Gesellschaft einnehmen.[56] Die wenigen entschiedenen Kriegsgegner, wie Ludwig Meidner und Hugo Ball unter den bildenden Künstlern oder Heinrich Mann unter den Schriftstellern, befanden sich in einer nahezu einflußlosen Randposition; das Publikum wollte von pazifistischen Deklarationen einstweilen nichts hören und die Verleger dergleichen nicht veröffentlichen. Erst mit beträchtlicher Verzögerung formierte sich um die Zeitschriften »Das Forum« und »Die weißen Blätter« eine zahlenmäßig bedeutsame intellektuelle Opposition gegen den Krieg, die aber zumeist unentschieden operierte und sich zu zahlreichen Konzessionen an die Behörden herbeiließ, um dem ansonsten drohenden Verbot durch die Zensur zu entgehen. Das Gros der Künstler und Schriftsteller begrüßte den Krieg hingegen sowohl aus künstlerischen als auch aus nationalen

---

[56] Vgl. MOMMSEN, Bürgerliche Kultur (wie VI, 8d), 117ff.; Kultur und Krieg (wie VI, 8d); DERS., Künstler, Schriftsteller und Intellektuelle im Ersten Weltkrieg, in: Jahrbuch/Wissenschaftskolleg zu Berlin, 1997/98, 261–276; Die Dichter und der Krieg (wie VI, 8d); Ansichten vom Krieg (wie VI, 8d); ferner FLASCH, Mobilmachung (wie VI, 8d).

Gründen; es kam zu einer regelrechten Selbstmobilisierung der Intellektuellen und Künstler zur Förderung der nationalen Kriegsanstrengungen. Viele bedeutende Künstler, so beispielsweise Max Beckmann und Otto Dix, Franz Marc, Georg Trakl, Ernst Toller und selbst Richard Dehmel, meldeten sich freiwillig zum Kriegsdienst; viele andere fühlten sich verpflichtet, die Kriegsanstrengungen der Nation mit ihrer Feder oder ihrem Pinsel zu unterstützen, zum Beispiel Gerhart Hauptmann oder Max Liebermann. Max Beckmann sprach in charakteristischer Ambivalenz von dem Kriege als einer »wunderbaren Katastrophe«.[57] Thomas Mann ging sogar so weit, die Rolle des Künstlers und des Soldaten als in ihrem Wesen gleichartig zu bezeichnen.[58]

Der Kriegseinsatz der bildenden Künstler und Schriftsteller sollte sich im gewissen Sinne auszahlen; im März 1916 erklärte Wilhelm II., er kenne keine Richtungen in der Kunst mehr, sondern nur noch eine deutsche Kunst.[59] Noch entschiedener engagierten sich die akademischen Eliten. In einer Flut von Aufrufen, Broschüren und Buchpublikationen rechtfertigten sie die deutsche Kriegspolitik und unterzogen zugleich die Vorkriegspolitik der alliierten Mächte überaus scharfer Kritik.[60] Seit Kriegsbeginn wurden die Methoden der deutschen Kriegsführung ebenso wie die Politik der Reichsleitung, die den Krieg bewußt herbeigeführt habe, von britischen und französischen Intellektuellen scharf angegriffen, unter Verweis auch auf die Gewaltaktionen der deutschen Armeen bei ihrem Vormarsch durch Belgien. Daraufhin traten 93 Repräsentanten des deutschen Kulturlebens mit einem Manifest »An die Kulturwelt« vom 3. Oktober 1914 gutenteils wider besseres Wissen diesen Vorwürfen öffentlich entgegen.[61] Die Unterzeichner des Aufrufs identifizierten sich in aller Form mit dem deutschen Militarismus, der die europäische Kultur vor der blutleeren *raison* der Franzosen und dem flachen Materialismus der

---

[57] M. BECKMANN, Briefe, Bd. 1, Hg. U. M. SCHNEEDE, 1993, 90.
[58] T. MANN, Gedanken im Kriege, in: Gesammelte Werke in Einzelbänden, Bd. 13, Hg. P. de MENDELSSOHN, 1984, 10.
[59] P. PARET, »The Enemy within«, 1984, 8.
[60] Ein Überblick über die riesenhaft angeschwollene Literatur bei C. CORNELISSEN, Politische Historiker und deutsche Kultur, in: Kultur und Krieg (wie VI, 8d), 119ff. Grundlegend immer noch SCHWABE, Wissenschaft (wie VI, 8d).
[61] Die jüngste ausführliche Dokumentation der Entstehungs- und Wirkungsgeschichte des Aufrufs »An die Kulturwelt« bei UNGERN-STERNBERG u. a., Der Aufruf »An die Kulturwelt« (wie VI, 8d), 27ff.

§ 4 Die deutsche Gesellschaft im Kriege 115

angelsächsischen *civilisation* gerettet habe. Hermann Hesse und Franz Werfel und, als ein Intellektueller zwischen den Fronten, Romain Rolland, die zur Besonnenheit mahnten, fanden kein Gehör.[62] Die Auseinandersetzungen eskalierten vielmehr zu einem regelrechten »Krieg der Geister«. Auf allen Seiten wurde der Erste Weltkrieg zu einem förmlichen »Kulturkrieg« erklärt. Im Gegenzug gegen die Kritik des Westens kreierten die deutschen Historiker und Staatswissenschaftler die Idee einer »deutschen Freiheit«, die einer Freiheit in den parlamentarischen Systemen des Westens weit überlegen sei. Das deutsche System bürokratischer Herrschaft mit begleitender parlamentarischer Kontrolle wurde als die ideale »Herrschaftsform des 20. Jahrhunderts« gepriesen, welche weit eher imstande sein werde, die sozialen Zukunftsprobleme der industriellen Gesellschaft zu lösen als die parlamentarischen Systeme des Westens. Max Weber allerdings polemisierte scharf gegen diese »Literatenideen«, welche das bestehende System der »kontrollfreien Beamtenherrschaft« mit einer idealistischen Gloriole ummäntelten und auf diese Weise die Unzulänglichkeiten der politischen Verfassung des Kaiserreichs beschönigten.[63]

Seit dem Frühjahr 1916 und endgültig mit den blutigen Schlachten vor Verdun und an der Somme verblaßte der »Geist des 4. August 1914« und machte zunehmender Ernüchterung Platz. Die Metapher von der »Erneuerung der Kultur« durch den Krieg hatte sich endgültig als Chimäre erwiesen. Die Künstler und Schriftsteller schilderten nunmehr die Schrecken des Kriegsgeschehens in eindringlicher Weise, auch wenn sie zu Teilen, wie beispielsweise Walter Flex und Fritz von Unruh, weiterhin an der bisher verbreiteten Idealisierung des Opfertods im Felde festhielten. Die Tonlage änderte sich grundlegend; an die Stelle der anfänglich vorherrschenden Themen nationaler Euphorie traten nun zunehmend solche des Leidens und Mitleidens und der Trauer und daneben auch harsche Kritik an der angeblich in Saus und Braus lebenden Oberschicht in der Heimat.

Nunmehr mehrten sich auch unter den Intellektuellen die Stimmen, welche die Reform des preußischen Dreiklassenwahlrechts und eine Parlamentarisierung der Reichsverfassung verlangten. Nur durch eine

---

[62] Vgl. jetzt auch KLEPSCH, Romain Rolland (wie VI, 8d), 45–66.
[63] Vgl. MOMMSEN, Max Weber (wie VI, 4), 178–188, ferner M. WEBER, Parlament und Regierung im neugeordneten Deutschland, in: MWG I/15 (wie VI, 3), 432–596.

stärkere Beteiligung der Parteien an den politischen Entscheidungen könne das wankende Vertrauen der breiten Massen in die Reichsleitung wiederhergestellt und gefestigt werden. Ernst Troeltsch plädierte für ein höheres Maß der Verständigung zwischen Deutschland und den westlichen Völkern und schrieb mahnend, daß über den kriegerischen Auseinandersetzungen die grundsätzlichen Gemeinsamkeiten der europäischen Kultur nicht aus dem Auge verloren werden dürften.[64] Friedrich Meinecke aber verlangte nun die »Demobilmachung der Geister«.[65] Doch blieben dies Meinungen von Minderheiten; die große Mehrheit der Intellektuellen verharrte vorerst weiterhin im Bann der Ideologie des Durchhaltens um jeden Preis bis zu einem »ehrenvollen Frieden«. Die Staatsbehörden nahmen die Lehrer und Pfarrer, überhaupt alle im Bildungssystem Tätigen, auf die sie Einfluß hatten, in Dienst, um für die Aufrechterhaltung der Kriegsmoral zu wirken. Auf die Universitäten und die Wissenschaftlichen Akademien war ohnehin Verlaß; sie verharrten in ihrer traditionellen Loyalität gegenüber Kaiser und Reich.[66] Soweit sich die Professorenschaft aktiv in der politischen Arena engagierte, geschah dies nach wie vor überwiegend auf der Rechten; nur eine kleine, allerdings einflußreiche Minderheit begann nun, sich schrittweise aus dem selbstgeknüpften Netz der nationalistischen Propaganda zu befreien.

Im Zuge der zunehmend hektischen Anstrengungen zur Hebung der Kriegsmoral der breiten Schichten wurde nun auch der Film als ein neuartiges Medium der Massenkultur entdeckt. Die Oberste Heeresleitung gründete zu diesem Zweck unter anderem die Ufa, freilich in erster Linie als Instrument der Propaganda im Ausland. Allerdings erwies sich das neue Medium des Films zunächst als nur wenig geeignet, wirklich die Stimmung der Bevölkerung zu heben.[67] Die ersten Kriegsfilme und Wochenschauen waren wirklichkeitsfern; sie zeigten allenfalls Bilder aus der Etappe, ansonsten aber nur gestellte Szenen von den Kampfhandlungen, die wenig eindrucksvoll waren. Davon

---

[64] E. TROELTSCH, Naturrecht und Humanität in der Weltpolitik, in: DERS., Deutscher Geist und Westeuropa, 1925, 25f.
[65] Werke, Bd. 2, Hg. G. KOTOWSKI, ²1966, 195ff.
[66] Vgl. u. a. W. J. MOMMSEN, Wissenschaft, Krieg und die Berliner Akademie der Wissenschaften, in: Die Preußische Akademie der Wissenschaften zu Berlin 1914–1945, Hg. W. FISCHER, 2000, 3–23.
[67] BARKHAUSEN, Filmpropaganda (wie VI, 8d); siehe auch K. KREIMEIER, Die Ufa-Story, 1992.

abgesehen zeigte sich das Publikum an Kriegsfilmen immer weniger interessiert; es wollte Unterhaltung und Ablenkung von der düsteren Wirklichkeit, die es umgab. Vergleichsweise wirksamer war die massenhafte Verbreitung von Kunstdrucken und Postkarten mit patriotischen Themen wie beispielsweise von Arthur Kampfs bekanntem Gemälde »Wir treten zum Beten«. Nicht unbedeutsam waren auch die zahlreichen Kunstausstellungen, die sich direkt mit Themen des Krieges befaßten; ihnen kam zugute, daß sich die Zensurbehörden hier relativ großzügig verhielten.

Die offiziöse Propaganda, die von zahllosen Institutionen, seit Ende 1916 nicht zuletzt auch von der Vaterlandspartei betrieben wurde, konnte auf die Dauer freilich nicht verhindern, daß die ursprüngliche nationale Aufbruchstimmung immer stärker einer tiefen Niedergeschlagenheit Platz machte. Die meinungsführenden Eliten standen ungeachtet ihrer weiterhin nationalen Grundeinstellung dem Krieg und der deutschen Kriegspolitik zunehmend distanzierter gegenüber. Jetzt gewannen auch die pazifistischen Stimmen und Organisationen mehr Gehör, ohne allerdings aus ihrer Randposition heraustreten zu können. Die bürgerliche Friedensbewegung versagte sich auch weiterhin direkte Kritik an der Kriegspolitik des Reiches und konzentrierte sich auf die Propagierung der Völkerverständigung und der Schaffung eines Völkerbunds nach dem Ende des Krieges.[68] Ein großer Teil der politisch gemäßigt eingestellten Intellektuellen griff nun die Idee eines Völkerbunds und eines Verhandlungsfriedens auf der Linie der Vorstellungen Woodrow Wilsons über eine neue Weltordnung auf.[69] Die Auswirkungen der russischen Oktoberrevolution verstärkten diesen Trend.

Infolgedessen kam es jetzt zu einer folgenreichen Polarisierung der kulturellen Eliten in einander zunehmend scharf bekämpfende Lager, auch wenn berücksichtigt werden muß, daß es viele Künstler und Schriftsteller schon zuvor vorgezogen hatten, sich in eine selbstgewählte innere Emigration zurückzuziehen. Während zahlreiche Autoren, mit Thomas Mann und Richard Dehmel an der Spitze, die Kriegführung der Mittelmächte weiterhin als Verteidigung der vor-

---

[68] Vgl. EISENBEISS, Friedensbewegung (wie VI, 7d), 93 ff.
[69] Vgl. W. J. MOMMSEN, Die europäische Reaktion auf Woodrow Wilsons »New Diplomacy« in: Rivalität und Partnerschaft (Fs. A. J. Nicholls), Hg. G. A. RITTER u. a., 1999, 145–162, bes. 151 ff.

nehmlich deutsch geprägten europäischen Kultur gegen die angelsächsische materialistische »Zivilisation« rechtfertigten, wandte sich nun eine wachsende Zahl von Künstlern, Schriftstellern und Intellektuellen vor allem der jüngeren Generation, unter ihnen Ernst Toller, gegen die Fortführung des offenbar sinnlos gewordenen Krieges; viele von ihnen fanden eine ideologische Heimat im Lager des Sozialismus, ohne sich mit der Sozialdemokratischen Partei als solcher zu identifizieren. Zu ihnen gehörten unter anderen Walter Hasenclever und Georg Kaiser, der junge Bertolt Brecht und nicht zuletzt Gottfried Benn. Sie plädierten in jeweils sehr unterschiedlichen Formen für internationale Verständigung und für eine neue gewaltfreie Weltordnung.

Gleichzeitig kam es unter den Intellektuellen zu einer Erosion der dort bisher vorherrschenden liberalen Positionen. Ein neuer Kult völkischer Ideale, verbrämt mit mystischen Elementen und verbunden mit einem hybriden Nationalismus, breitete sich aus, vornehmlich organisiert in kleinen intellektuellen Zirkeln und Bünden, als Fortsetzung der Bestrebungen der Jugendbewegung, nun freilich mit einer eindeutig antiaufklärerischen Ausrichtung.[70] Der Verleger Eugen Diederichs diente sich diesen neuen Stimmen mit großem Erfolg als Sprachrohr an.[71] Vergebens wandte sich Max Weber in seinem Münchner Vortrag »Wissenschaft als Beruf« vom November 1917 gegen den Kult des »Erlebens«, der sich immer stärker auszubreiten beginne, und plädierte für eine rationale Lebensführung, die den Realitäten des Tages nüchtern ins Auge sehe, statt falschen Propheten nachzulaufen.[72] In diesen Zirkeln und Bünden entwickelte sich jenes ideologische Gebräu, das dann in den zwanziger Jahren in der »Konservativen Revolution« eine außerordentliche Verdichtung erfahren sollte. Aber der herkömmliche bürgerliche Nationalkonservativismus war im kulturellen Diskurs der letzten Kriegsjahre durchaus präsent. Noch Ende 1918 pries Thomas Mann in seinen »Betrachtungen eines Unpolitischen« die obrigkeitsstaatliche Ordnung, in der große, an idealistischen Idealen orientierte Kulturleistungen am besten gediehen. Die drohende Oktroyierung parlamentarischer Herrschaftsformen durch die westlichen Mächte werde hingegen auf die Zerstörung der

---

[70] Vgl. NIPPERDEY, Religion (wie VI, 8d), 46, 92ff.
[71] Vgl. G. HÜBINGER, Der Verlag Eugen Diederichs in Jena, in: GG 22, 1996, 31–45.
[72] MWG I/17, Hg. W. J. MOMMSEN u. a., 1992, 71–111, bes. 84ff.

§ 4 Die deutsche Gesellschaft im Kriege 119

europäischen Kultur hinauslaufen, wie sie sich in den Werken von Goethe, Fichte, Schopenhauer und Nietzsche, aber auch von Dostojewski verkörpere.[73] Bereits jetzt kündigte sich die Zerklüftung der künstlerischen und intellektuellen Kultur an, die dann in der Weimarer Zeit offen aufbrach und zur Untergrabung des demokratischen Systems wesentlich beitragen sollte.

Der Entstehung eines lockeren Gefüges von Bünden und mystischen Zirkeln aller Art, die inmitten zunehmender Orientierungslosigkeit auf ihre Weise eine neue kulturelle Ordnung hervorbringen wollten, zeigt, daß die Bindungskraft der traditionellen Religionen im Kriege nachgelassen hatte. Bei Kriegsbeginn war das Gegenteil der Fall gewesen; es war zu einer Welle religiöser Erweckung gekommen; die Kirchen waren mit einem Male wieder gefüllt, und die theologischen Botschaften der evangelischen oder der katholischen Geistlichen wurden begierig aufgenommen. Die Pfarrer setzten ihre große moralische Autorität ein, um die Gläubigen davon zu überzeugen, daß dieser Krieg in Gottes Weltplan einen festen Platz einnehme und daß die uneingeschränkte Unterstützung der Kriegsanstrengungen dieses deutschen Gotteskrieges Christenpflicht sei.[74] Für die Katholische Kirche und ebenso auch für die jüdischen Gemeinden spielte im Hintergrund das Motiv eine Rolle, durch die Einfügung in die nationale Aufbruchstimmung des »August 1914« die Reste ihrer Diskriminierung innerhalb der primär protestantisch geprägten deutschen Nationalkultur abzuschütteln.[75] Was die jüdische Gemeinschaft angeht, so ist dieses Kalkül allerdings nicht aufgegangen. Vielmehr sah sie sich im Deutschen Reich bereits seit Ende 1914 mit einem aggressiven Antisemitismus konfrontiert, der die Juden in krasser Verdrehung der Tatsachen bezichtigte, Drückeberger an der Front zu sein. Dies gab im Herbst 1916 den Anstoß für eine entwürdigende Umfrage des Kriegsministeriums an alle Truppenteile der Armee über die Rolle der Juden, deren höchstwahrscheinlich entlastende Ergebnisse freilich nie

---

[73] Vgl. T. MANN, Tagebücher 1918–1921, Hg. P. de MENDELSSOHN, 1979, 7.
[74] Vgl. HAMMER, Deutsche Kriegstheologie (wie VI, 8d); BESIER, Kirchen (wie VI, 8d); K. MEIER, Evangelische Kirche und Erster Weltkrieg, in: Der Erste Weltkrieg (wie VI, 5), 691–724; F. FISCHER, Die Kirchen in Deutschland und die beiden Weltkriege, in: DERS., Hitler war kein Betriebsunfall, ²1992, 182–214; M. HÖRMANN, 1903–1918, in: Mit Gott für Volk und Vaterland, Hg. Haus der Geschichte Baden-Württemberg u. a., 1995, 31–47; LOTH, Katholiken (wie VI, 8d).
[75] Deutsches Judentum in Krieg und Revolution, Hg. W. E. MOSSE, 1971.

publiziert wurden.[76] Der Centralverein deutscher Staatsbürger jüdischen Glaubens stemmte sich mit gewissem Erfolg gegen diese antisemitische Kampagne, doch blieb unter den Juden große Erbitterung zurück.

Insbesondere die evangelischen Landeskirchen stellten sich der Staatsautorität zur Durchsetzung der zahlreichen kriegsbedingten behördlichen Maßnahmen uneingeschränkt zur Verfügung.[77] Die Pfarrer wurden von den Kirchenbehörden, nicht selten auf ein Ersuchen der Stellvertretenden Generalkommandos hin, angewiesen, für die Akzeptanz und loyale Durchführung der unzähligen Verordnungen zur Lebensmittelversorgung einzutreten; sie wirkten bei den Sammlungen von Geldern für wohltätige Zwecke, aber auch der Ablieferung von Edelmetallen und Rohstoffen mit; sie plädierten selbst in den Gottesdiensten für das Zeichnen von Kriegsanleihen. Insgesamt legten die evangelischen Kirchen, Institutionen und Stiftungen nahezu 200 Millionen Mark aus ihrem eigenen Vermögen und ihren Einkünften in Kriegsanleihen an. Vor allem aber spielten die evangelischen Kirchen eine maßgebliche Rolle im Rahmen der Durchhaltekampagnen 1917/18. Die Katholische Kirche stand dahinter nur unwesentlich zurück. Gemäß ihrem traditionellen Verständnis des Verhältnisses von kirchlicher und weltlicher Obrigkeit war für sie die Unterstützung der Kriegspolitik niemals zweifelhaft; französische Angriffe auf die Haltung der deutschen Katholiken im Kriege führten nur zu einer Bekräftigung der eigenen nationalen Einstellung.[78] Einzig im Zusammenhang des päpstlichen Friedensangebotes im Sommer 1917 stellten sich leise Zweifel an der Kriegspolitik des Reiches ein, während die protestantische Geistlichkeit auch jetzt ganz überwiegend für einen »Siegfrieden« eintrat.

---

[76] W. T. ANGRESS, The German Army's »Judenzählung« of 1916, in: Leo Baeck Institute Year-Book 23, 1978, 117–137; DERS., Das deutsche Militär und die Juden im Ersten Weltkrieg, in: MGM 19, 1976, 77–146, ferner W. JOCHMANN, Die Ausbreitung des Antisemitismus, in: Deutsches Judentum in Krieg und Revolution, Hg. W. E. MOSSE u. a., 1981. S. auch P. PULZER, Der Erste Weltkrieg, in: Deutsch-jüdische Geschichte in der Neuzeit, Hg. M. A. MEYER, Bd. 3, 1997, 356–380, hierzu 367f., und neuerdings U. SIEG, Jüdische Intellektuelle im Ersten Weltkrieg, 2001, 87–96.

[77] Belege bei SCHIAN, Kirche (wie VI, 8d), Bd. 1.

[78] Vgl. H. HÜRTEN, Die katholische Kirche im Ersten Weltkrieg, in: Der Erste Weltkrieg (wie VI, 5), 725–735.

§ 4 Die deutsche Gesellschaft im Kriege

In den ersten Kriegsmonaten war es zu einer Symbiose von nationaler Begeisterung und religiöser Euphorie gekommen, verbunden mit dem Bedürfnis nach seelischer Rückversicherung angesichts der Sorge um das ungewisse Schicksal der zu den Waffen gerufenen Angehörigen und der Ungewißheit über das Kommende. Die Pastoren deuteten die nationale Aufbruchstimmung des August 1914 in heilsgeschichtlicher Perspektive als das Werk göttlicher Fügung und als Beweis dafür, daß Gott auf der Seite der Deutschen stehe. Ungeachtet der großen Opfer und Entbehrungen, welche der Krieg mit sich bringe, sei dieser Krieg ein Gottesgeschenk und insofern ein deutscher Krieg. Die Siegesnachrichten in den ersten Wochen des Krieges wurden als Beweis dafür angeführt. Siegesfeiern gehörten ebenso zum kirchlichen Alltag wie die sonntäglichen Gottesdienste und die neuerlich eingeführten Bittgottesdienste für die Soldaten an der Front und bald auch für die Gefallenen. Zugleich deuteten die Theologen den Krieg als Gottesgericht für die unchristlichen Verfehlungen der vergangenen Jahrzehnte und interpretierten ihn als einen Akt der Läuterung der Nation, der mit Gottes Hilfe den Weg zu einer großen Zukunft öffne; dabei wurden die Gläubigen vielfach mit dem deutschen Volk in seiner Gesamtheit gleichgesetzt.[79] Die »göttliche Sendung« dieses Krieges wurde als Quelle unbedingter Siegesgewißheit gedeutet:»Krämernationen, denen das Vaterland nichts weiter ist als eine Versicherungsanstalt für persönliches Wohlbefinden, können für immer in Trümmer gehen. [...] Ein Volk, ... dem das Vaterland ein ewig heiliges Gut bedeutet, kann niemals ganz zerbrechen. Die Kraft des Ewigen wird sich stärker erweisen als alle Unheilsmächte dieser irdischen Zeit.«[80] Die Kriegssituation galt vielen Theologen als Beginn der Entstehung einer die ganze Nation umfassenden echten Volkskirche. Die Feiern zum 400. Jahrestag der Reformation im Jahre 1917 wurden dazu benutzt, die enge Verbindung von Protestantismus und Nation einmal mehr zu bekräftigen.[81]

Die religiöse Erweckungsbewegung des ersten Kriegsjahres wich jedoch bereits 1915 einer zunehmenden Ernüchterung. Die anfänglich mit so großer Genugtuung verzeichneten hohen Zahlen der Kirchen-

---

[79] Vgl. PRESSEL, Kriegspredigt (wie VI, 8d); MISSALLA, »Gott mit uns« (wie VI, 8d); G. BRAKELMANN, Krieg und Gewissen, 1991.
[80] PRESSEL, Kriegspredigt (wie VI, 8d), 123.
[81] Dazu jüngst G. MARON, Luther 1917, in: ZKG 93, 1982, 1–45.

besucher gingen wieder auf ein Normalmaß zurück, um dann seit 1917 auch absolut abzunehmen. Es wurde immer schwieriger, den Krieg in heilsgeschichtlicher Perspektive als Teil eines göttlichen Heilsplans zu deuten, der den Sieg Deutschlands über seine moralisch weit niedriger eingestuften Widersacher, namentlich das sittlich verkommene Frankreich und das von einer Krämergesinnung beherrschte England, bringen müsse.[82] Vor allem aber stand die christliche Botschaft vor der unlösbaren Aufgabe, wie der Soldatentod den Angehörigen noch als ein sinnvolles, gottgewolltes Opfer für die Gemeinschaft gerechtfertigt werden sollte. Man konnte doch schließlich nicht länger davon ausgehen, daß angesichts der astronomisch ansteigenden Gefallenenzahlen das Opfer des eigenen Lebens für die Gemeinschaft in jedem Falle ein seliges Lebens nach dem Tode garantiere. Als die Zahlen der Gefallenen dann 1917 immer mehr stiegen und die Furcht vor einem Einbruch der Volksstimmung übermächtig wurde, wurde sogar die feierliche Abkündigung der Namen der Gefallenen von den Kanzeln eingestellt.

Seit 1917 begannen einzelne bedeutende Theologen, unter ihnen Otto Baumgarten und Adolf von Harnack, umzudenken und die nationalprotestantische Haltung der evangelischen Kirche behutsam zu revidieren. Eine Reihe von Berliner Pfarrern protestierte im Herbst 1917 sogar öffentlich gegen die offiziöse Politik der Kirchenleitungen und plädierte für die baldige Herbeiführung eines Verhandlungsfriedens.[83] Das Gros der Pfarrer beider Religionsgemeinschaften trat hingegen nach wie vor für einen »Siegfrieden« ein und tat alles, um die Gläubigen auch unter widrigsten Bedingungen weiterhin zum »Aushalten und Durchhalten« zu bewegen.[84] Sie gerieten damit zunehmend in Widerspruch zu ihren Gemeindemitgliedern und büßten nicht zuletzt infolge ihrer kritiklosen Akklamation der Person des Kaisers schließlich einen großen Teil ihrer moralischen Autorität und ihrer Glaubwürdigkeit ein. Das Kirchenvolk wollte, wie es in einem Be-

---

[82] Für die antienglische Tendenz der Kriegspredigten siehe u. a. die Feldpredigt von Althaus vom Februar 1915, bei PRESSEL, Kriegspredigt (wie VI, 8d), 143.
[83] Vgl. G. BRAKELMANN, Der deutsche Protestantismus im Epochenjahr 1917, 1974, 269ff., nach Kirchliche Rundschau für die evangelischen Gemeinden Rheinlands und Westfalens, 1917, 433ff.
[84] Vgl. W. J. MOMMSEN, Die nationalgeschichtliche Umdeutung der christlichen Botschaft im Ersten Weltkrieg, in: »Gott mit uns« (wie VI, 8d), 259.

richt der Kreissynode Görlitz heißt, »nichts mehr vom Kriege hören«, auch nicht länger im Namen Gottes »zum Durchhalten ermutigt werden«.[85]

e) Kriegsalltag an der Front und in der Heimat

In den ersten Kriegswochen hatte nationale Begeisterung, die freilich von vornherein mit Trennungsschmerz und Furcht vor den Ungewißheiten der Zukunft verbunden war, das Verhalten der großen Mehrheit der Soldaten bestimmt. Die Abschiedsszenen auf den Bahnhöfen, von denen aus die einzelnen Truppenteile an die Front entsandt wurden, vermittelten den Eindruck nationaler Geschlossenheit und entschiedenen Siegeswillens. Die hier bekundete Solidarität mit den Soldaten war gewiß nicht überall gleich stark und so einheitlich, wie man lange angenommen hat, aber sie war unzweifelhaft echt, gerade weil sie mit Empfindungen der Sorge und Furcht verbunden war.[86] Für die große Zahl der Kriegsfreiwilligen brachte bereits die überaus harte Grundausbildung, die darauf abzielte, die Rekruten von vornherein zu strenger militärischer Disziplin zu erziehen und ihnen jegliche Spontaneität abzugewöhnen, eine vielfach folgenreiche Ernüchterung.[87]

Dies alles wurde freilich in den Schatten gestellt durch die Erfahrungen an der Front; was dort geschah, hatte mit dem herkömmlichen Bild des Soldatendaseins nichts mehr gemein. Von Tapferkeit und selbstlosem Einsatz für die Nation war nicht die Rede. Unter den Bedingungen des Stellungskrieges waren Tapferkeit und individuelle Leistung weit weniger gefragt als Leidensfähigkeit und Durchhaltevermögen unter widrigsten Umständen. Das herkömmliche Soldatenleben wurde weitgehend reduziert auf den täglichen Kampf gegen Kälte, Schlamm und Nässe, gegen Krankheiten aller Art und auf das passive Erleiden von Schrapnell- oder Artilleriebeschuß, ohne etwas dagegen tun zu können, als sich immer tiefer einzugraben und die eigenen Stellungen möglichst beschußsicher auszubauen. Dazu kam

---

[85] Vgl. SCHIAN, Kirche (wie VI, 8d), Bd. 2, 159.
[86] Dieser Sachverhalt kann durch die Heranziehung von kritischen Stimmen aus den letzten Tagen und Wochen vor Kriegsausbruch nicht erschüttert werden. Vgl. dazu W. KRUSE, Zur Erfahrungs- und Kulturgeschichte des Ersten Weltkrieges, in: Eine Welt von Feinden (wie VI, 5), 159–195. Siehe ferner Frontalltag (wie VI, 1).
[87] Dazu B. ULRICH, Die Desillusionierung der Kriegsfreiwilligen von 1914, in: Der Krieg des kleinen Mannes (wie VI, 9c), 110ff.

in ruhigen Frontabschnitten oder auch in ruhigen Phasen des Stellungskriegs gähnende Langeweile. Man bewegte sich auf engem Raum in einer fast unwirklichen Welt, und es machte die Dinge noch makabrer, daß man im eigenen beschränkten Gefechtsfeld den Feind zumeist überhaupt nicht zu Gesicht bekam, sondern nur einige hundert Meter des Niemandslandes vor den eigenen Gräben. Nur bei Nacht war Bewegung zwischen den Gräben und Verbindung mit der Etappe möglich; bei Tag erstarrte alles in Schanzarbeiten und Warten. Auch der Tod im Felde hatte nichts mehr mit dem herkömmlichen Bild des Soldatentodes gemein; angesichts des anonymen Massensterbens verlor der Tod des einzelnen immer mehr seine individuelle Sinnhaftigkeit, und nicht nur deshalb, weil die Körper der Gefallenen in vielen Fällen bis zur Unkenntlichkeit verstümmelt und zuweilen durch Granattreffer gleichsam in nichts aufgelöst wurden. Letzteres war, wie Soldatenbriefe belegen, besonders gefürchtet. Im übrigen wußten die Soldaten selbst am besten, daß der Übergang zur Offensive stets mit großen Blutopfern verbunden war, und nicht wenige fürchteten sich vor der Teilnahme an Angriffsoperationen wegen der dann zu erwartenden hohen Verlustquoten. Dem stand gegenüber, daß Angriffe Erlösung von der zermürbenden alltäglichen Routine brachten und gegebenenfalls sogar die Aussicht bestand, beim Feind Lebensmittel oder knappe Güter zu erbeuten.

Unter solchen Umständen verlor die herkömmliche Redeweise vom Kampf für die Größe des Vaterlandes und des Opfertodes für ein größeres Deutschland schon bald jegliche Glaubwürdigkeit. Von sogenannten »positiven« Kriegszielen wollten die Soldaten an den Fronten schon gar nichts hören, wie beispielsweise ein Feldgeistlicher zu berichten wußte.[88] Allenfalls die Parole vom Deutschland aufgezwungenen Verteidigungskrieg wurde akzeptiert, und mit dem Fortgang des Krieges verlor auch diese ihre Glaubwürdigkeit. Der einzelne Soldat sah sich zurückgeworfen auf die Solidarität mit seinen Kameraden, auf die Loyalität gegenüber der eigenen Einheit; für sie kämpfte er unter den widrigsten Umständen mit dem Ziel gemeinsamen Überlebens, nicht für abstrakte Ideale wie das Vaterland und schon gar nicht für wie auch immer geartete »positive« Kriegsziele.

---

[88] Belege bei A. LIPP, Friedenssehnsucht und Durchhaltebereitschaft, in: AfS 36, 1996, 279–292, hier 283f. Vgl. auch DIES., Heimatwahrnehmung und soldatisches »Kriegserlebnis«, in: Kriegserfahrungen (wie VI, 8e), 225–242.

§ 4 Die deutsche Gesellschaft im Kriege 125

Fahnenflucht wurde im deutschen Heer vergleichsweise milde bestraft, im Unterschied zu den Verhältnissen in Großbritannien und Frankreich. Es war nicht in erster Linie der Druck der militärischen Disziplin, sondern die Bindung an die eigene Einheit, die in aller Regel den Gedanken an Desertion beziehungsweise ein Überlaufen zum Gegner ausschloß, obschon die Perspektive, in Gefangenschaft zu geraten, als solche nicht als abschreckend empfunden wurde. Im deutschen Heer hat es bis zum Frühjahr 1918, nach dem Scheitern der Märzoffensive, im Vergleich mit Frankreich und Großbritannien, von Italien und Rußland ganz zu schweigen, eine erstaunlich geringe Zahl von disziplinarischen Maßregelungen wegen Fahnenflucht oder »unerlaubter Entfernung von der Truppe« gegeben, wie es in der Sprache der Militärs hieß; auch die Zahl der Gefangennahmen hielt sich in engen Grenzen.[89] Allerdings gab es im Stellungskrieg ohnehin nur wenig Gelegenheit, sich dem Gegner gefahrlos gefangen zu geben. Dies war überdies, wie wir heute wissen, durchaus nicht ganz risikolos; in manchen Fällen wurden Soldaten, die sich gefangen geben wollten oder gegeben hatten, noch auf dem Schlachtfeld erschossen.[90]

Nicht wenige Soldaten erlitten, sei es durch Artilleriebeschuß, sei es infolge der Wahrnehmung grausiger Szenen, seelische Schocks, die eine psychiatrische Behandlung erforderten und in schweren Fällen auf Dauer dienstunfähig machten. Bisweilen waren die Soldaten der Versuchung ausgesetzt, dem sie umgebenden Elend durch eine simulierte Krankmeldung oder gar durch Selbstverstümmelung zu entkommen, aber meist blieb dies beim bloßen Vorsatz, zumal die Heerespsychiater ihre Hauptaufgabe darin sahen, sogenannte »Drückeberger« zu entlarven.[91] Die innere Kohäsion der Truppenverbände war gerade in extremen Situationen so groß, daß dergleichen die Ausnahme war. Insgesamt erwies sich die »Leidensfähigkeit« des Menschen als nahezu unbegrenzt.[92]

Im übrigen war für die Soldaten die Verbindung zur Heimat, genauer gesagt zur eigenen Familie beziehungsweise zur Ehefrau oder

---

[89] Eindeutige Belege bei JAHR, Soldaten (wie VI, 8e), 149 ff.
[90] Vgl. FERGUSON, The Pity of War (wie VI, 5), 369 f.
[91] Dazu P. LERNER, »Ein Sieg deutschen Willens«, in: Medizin (wie VI, 8e), 85–107; ferner P. BROCK, Confinement of conscientious objectors as psychiatric patients in World War I Germany, in: Peace and change 23, 1998, 247–264.
[92] P. KNOCH, Kriegsalltag, in: Kriegsalltag (wie VI, 8e), 233.

Freundin, die durch Feldpostbriefe und seltener durch zumeist einwöchige Fronturlaube aufrechterhalten wurde, von größter Bedeutung. Sie vor allem half ihnen, inmitten zuweilen fürchterlicher Lebensumstände ihre Identität zu bewahren und sich nicht selbst zu verlieren.[93] Mit guten Gründen maßen die Militärbehörden der Verbindung der Soldaten zur Heimat größte Bedeutung zu, und die Feldpost erwies sich insgesamt als bemerkenswert leistungsfähig. Gleichwohl war die Kommunikation zwischen der Front und der Heimat keineswegs spannungsfrei. Die militärische Zensur beschränkte die freie Meinungsäußerung der Soldaten allein schon durch das Wissen darum, daß die eigenen Briefe in aller Regel von den eigenen Vorgesetzten mitgelesen wurden. Während geheimhaltungsbedürftiger Einsätze wurde die Kommunikation der betreffenden Einheiten häufig gar auf wenige vorgedruckte schematische Aussagen begrenzt. Jedoch vermieden es die Soldaten ohnehin, rückhaltlos über die eigenen Fronterlebnisse oder ihre eigene bedrängte Situation zu berichten; sie wollten ihre Angehörigen gerade dann nicht beunruhigen, wenn sie sich in einer gefährlichen oder bedrückenden Situation befanden. Umgekehrt wurden die »Kriegerfrauen« immer wieder von den Behörden und der Presse und im Zweifelsfall auch von ihren Pfarrern oder Geistlichen ermahnt, keine »Jammerbriefe« an ihre Männer an der Front zu senden, weil diese es ohnehin schwer genug hätten.[94] Davon ganz abgesehen entzog sich das grauenvolle Geschehen während der großen Schlachten insbesondere an der Westfront ohnehin nahezu jeder literarischen Artikulation.[95] Gleiches gilt für die unvorstellbaren psychischen Strapazen der Besatzungen der Unterseeboote bei ihren immer verlustreicheren Einsätzen. Die Soldatenbriefe halten demnach

---

[93] Vgl. B. ULRICH, Feldpostbriefe im Ersten Weltkrieg, in: Kriegsalltag (wie VI, 8e), 40ff.; DERS., Augenzeugen (wie VI, 8e). Siehe auch die bei Knoch veröffentlichten Beiträge von E. HAGENER, Reinhold STERZ und Wolf-Dieter MOHRMANN, ferner A. REIMANN, Die heile Welt im Stahlgewitter, in: Kriegserfahrungen (wie VI, 8e), 129–145; DERS., Der große Krieg der Sprachen: Untersuchungen zur historischen Semantik in Deutschland und England zur Zeit des Ersten Weltkriegs, 2000.
[94] LIPP, Friedenssehnsucht (wie Anm. 88), 283.
[95] Vgl. etwa den Tagebucheintrag Ernst Noppers vom 23.8.1914 nach der Schlacht bei Longwy: »Schaudervolle Eindrücke, man kann diese schändlichen Greul nicht beschreiben«. P. KNOCH, Erleben und Nacherleben, in: Keiner fühlt sich hier mehr als Mensch (wie § 1, Anm. 18), S. 205; ebenso REIMANN, Die heile Welt (wie Anm. 93), 131f.

§ 4 Die deutsche Gesellschaft im Kriege 127

nicht, was man sich von ihnen versprochen hat.[96] Besser steht es schon mit den Schützengrabenzeitungen und den von den höheren Stäben in der Etappe herausgegebenen Armeezeitungen. Allerdings gerieten auch die Schützengrabenzeitungen meist unter die Kontrolle der Kommandobehörden und geben daher nur begrenzt die Stimme des gemeinen Mannes wieder.[97] Immerhin vermitteln sie einen Einblick in die uns sonst weithin nicht zugängliche Mentalität der einfachen Soldaten an oder unmittelbar hinter den Fronten.

Insgesamt läßt sich festhalten, daß es während des Ersten Weltkrieges ein auch nur annähernd einheitliches Kriegserlebnis der Soldaten nicht gegeben hat; die Erfahrungen und die Schicksale jedes einzelnen waren nach Zeit und Umständen so verschieden, daß eine Verallgemeinerung nicht möglich ist. Von einer besonderen Kriegsmentalität der Soldaten kann daher nicht eigentlich die Rede sein; die meisten Soldaten blieben auch während des Fronteinsatzes ihren herkömmlichen Lebensauffassungen treu und wünschten sehnlichst die Rückkehr in ihre angestammten Berufe und Lebensverhältnisse. Von einem Umschmelzen ihres Charakters in der Hölle des Krieges in einen neuen stahlharten Menschentyp[98] kann nicht die Rede sein; das Klischee des »Frontsoldaten« war eine ideologische Fabrikation der Nachkriegsjahre. Unbestritten dürfte allerdings sein, daß die Soldaten an der Front nach und nach eine immer stärkere Allergie gegen die Stammtischstrategen in der Heimat entwickelten, die sich von den bedrückenden Lebensumständen der Soldaten in den Gräben keine Vorstellung machten und vom sicheren Hort aus für weitreichende Kriegsziele plädierten.[99] Aber auch für die seit 1917 häufigeren Streiks der Industriearbeiterschaft fehlte an der Front vielfach das Verständnis. Mochte anfangs bei vielen Soldaten noch so etwas wie eine fröhliche Bejahung des Krieges bestanden haben, so wich diese Einstellung bereits 1915 und dann mit den großen Schlachten an der Westfront im Jahre 1916 definitiv einer fatalistischen Grundeinstellung, in der sich durchaus vorhandene Kampfbereitschaft mit einer immer stärkeren Sehnsucht nach einem baldigen Frieden verband.

---

[96] Vgl. oben, S. 20.
[97] Vgl. LIPP, Friedenssehnsucht (wie Anm. 88), 280ff.
[98] So die mit jeder neuen Auflage noch stärker stilisierte Botschaft in Ernst Jüngers Tagebüchern »In Stahlgewittern«.
[99] Ein charakteristischer Beleg unter vielen bei Frontalltag (wie VI, 1), 62.

VI. Der Erste Weltkrieg 1914–1918

Während der Frühjahrsoffensive im März 1918 stieg die Kampfmoral der Truppen nochmals auf einen Höhepunkt, gerade weil sie sich von einem durchschlagenden Erfolg dieser Offensive einen baldigen Friedensschluß erhofften. Als diese scheiterte, kam es zu einem Zusammenbruch der Kampfmoral und streckenweise zu einem »verdeckten Militärstreik«.[100] Es ist bezeichnend, daß die Militärbehörden seit 1917 zunehmend beklagten, daß von den auf Urlaub befindlichen Frontsoldaten negative Einflüsse auf die Stimmung in der Heimat ausgingen, und nach Möglichkeiten suchten, gegebenenfalls gegen »Miesmacher« vorzugehen.

Die »Heimat« wurde von den Kriegshandlungen nicht direkt erfaßt, abgesehen von der vorübergehenden Besetzung von Teilen des Oberelsaß durch französische Truppen sowie von Teilen Ostpreußens im Zuge der russischen Offensive im August 1914. Außerdem kam es zu gelegentlichen Fliegerangriffen, unter anderem auf Freiburg und mehrere Städte in der Pfalz und im Saarland, die aber nur geringe Schäden anrichteten. Dagegen kam die Bevölkerung von Anbeginn in unmittelbare Berührung mit dem Kriegsgeschehen durch die hohe Zahl von Verwundeten, die es namentlich in den verlustreichen Kämpfen der ersten Kriegswochen gegeben hatte und die späterhin in einem ständig anwachsenden Strom in Militärlazaretten und in dazu umfunktionierten städtischen Krankenhäusern versorgt werden mußten. Eine weit unmittelbarere Konfrontation mit der brutalen Realität des Krieges ergab sich in den Feldlazaretten hinter der Front; ein großer Teil der hier angelieferten Verwundeten waren Schwerstverletzte, die im Sterben lagen. Die Schwestern in den Pflegestationen waren von dem Massensterben von zumeist blutjungen Männern tief erschüttert; ihnen oblag es, den Soldaten das Sterben leichter zu machen. Später kam dann der Umgang mit Invaliden und Verkrüppelten hinzu. Die Kriegsinvaliden waren für jedermann als Gegenstück zu dem anfänglich in der Öffentlichkeit vorherrschenden optimistischen Kriegsbild wahrnehmbar. Überdies kam die Versorgung der Kriegsinvaliden mit orthopädischen Hilfsmitteln, die vielfach neu entwickelt werden mußten, erst nach und nach in Gang. Erst im Frühjahr 1915 wurden eigenständige Kriegsinvaliden-Fürsorgeeinrichtungen ins Leben gerufen.

---

[100] Vgl. DEIST, Verdeckter Militärstreik (wie VI, 9c), 156f.

§ 4 Die deutsche Gesellschaft im Kriege

In der Krankenpflege der Kriegsverletzten hatte die bürgerliche Frauenbewegung, insbesondere die Vaterländischen Frauenvereine, schon vor dem Krieg ein natürliches Betätigungsfeld im Dienste der Nation gesehen. Jedoch fand nur ein kleiner Teil der vielen tausend Frauen, die sich bei Kriegsbeginn freiwillig zum Krankenpflegedienst meldeten, tatsächlich eine entsprechende Beschäftigung. Denn auch jetzt blieb Krankenpflege überwiegend eine Männerangelegenheit; nur etwa 92 000 Frauen wurden während des ganzen Krieges in Kriegslazaretten eingesetzt, zumeist bereits berufserfahrene Schwestern aus den Mutterhäusern des Roten Kreuzes und den Diakonissen-Mutterhäusern des Kaiserswerther Schwesternverbandes.[101] Ihre aufopferungsvolle, gelegentlich gefährliche und unter äußerst kargen Bedingungen verrichtete Arbeit kann nicht hoch genug eingeschätzt werden. Die Organisationen der bürgerlichen Frauenbewegung verwiesen die dienstwilligen Frauen ansonsten auf das Feld freiwilliger sozialer Dienste, und hier gab es mit dem Fortgang des Krieges vielerorts Aufgaben genug, unter anderem als Fabrikinspektorinnen, die sich um die sozialen Probleme der jungen Fabrikarbeiterinnen kümmern sollten, in der Absicht, die weiterhin bestehenden starken Vorbehalte gegenüber der Beschäftigung von Frauen in den Großbetrieben der Rüstungsindustrie abzubauen. Gegen Ende des Krieges ging die Heeresverwaltung überdies dazu über, in beschränktem Umfang Frauen zu Dienstleistungen hinter der Front heranzuziehen, um die bisher dort tätigen Angehörigen des Unteroffizierskorps für den Frontdienst freizustellen.

Ungeachtet der starken Zunahme der Beschäftigung von Frauen in zahlreichen, bisher weitgehend Männern vorbehaltenen Berufen, nicht allein in den Industriebetrieben, hat der Erste Weltkrieg keine nennenswerten Fortschritte in Richtung Emanzipation der Frauen gebracht. Vielmehr wurde an den traditionellen Leitbildern, wie jenem der »Mütterlichkeit« als der eigentlichen gesellschaftlichen Bestimmung der Frau, zäh festgehalten; durch die Krankenpflege der Schwestern im Felde und in der Heimat wurde dieses »überhöhte Bild von idealer Weiblichkeit und Mütterlichkeit« als der eigentlichen Bestim-

---

[101] Vgl. R. SCHULTE, Die Schwester des kranken Kriegers, in: DIES., Die verkehrte Welt des Krieges, 1998, 95–116, sowie D. RIESENBERGER, Im Dienst des Krieges – Im Dienst des Friedens, in: Medizin (wie VI, 8e), 35 ff.

mung der Frau sogar noch weiter gestärkt.[102] Allenfalls läßt sich sagen, daß den »Kriegerfrauen«, die häufig erstmals über eigenes Einkommen, nämlich die ihnen zufließenden Versorgungszahlungen, verfügten, durch die äußeren Lebensumstände eine eigenständigere Rolle zuwuchs.

Die Lage der Frauen in der Kriegsgesellschaft war von Anbeginn nicht einfach, und sie verschlechterte sich mit dem Fortgang des Krieges immer mehr.[103] Die verheirateten Frauen mußten über Jahre hinweg ohne ihren Lebenspartner auskommen; sie hatten allein für den Lebensunterhalt und die Erziehung ihrer Kinder zu sorgen. Für die ledigen Frauen reduzierten sich die Chancen, einen Lebenspartner zu finden, erheblich. Dies war in einer Gesellschaft, in der im Prinzip nur die verheiratete Frau Rechtsfähigkeit und Ansehen genoß, von einigem Gewicht. Die finanzielle Lage der Frauen, deren Männer im Felde standen, war in aller Regel angespannt. Die Versorgungsleistungen der Kommunen reichten zumeist nicht aus, um den bisherigen Lebensstandard aufrechtzuerhalten oder auch nur die Miete für die bisherige Wohnung aufzubringen. Vor allem aber wurde es für sie infolge der ständig steigenden Preise für Lebensmittel und Güter des täglichen Bedarfs zunehmend schwieriger, über die Runden zu kommen. Einschneidender für die tägliche Lebensführung der Frauen war noch, daß man für Lebensmittel und sonstige Güter oft stundenlang anstehen mußte, wollte man angesichts der immer spärlicheren Lieferungen überhaupt etwas bekommen. Besonders im Winter 1917 kam akuter Mangel an Hausbrandkohle hinzu; manche Städte richteten damals besondere Wärmestuben ein, um den frierenden Familien zu helfen.

Der Kriegsalltag der Frauen wurde demgemäß immer stärker vom Fehlen selbst der notwendigsten Güter des täglichen Bedarfs bestimmt und dem Zwang, gleichwohl Mittel und Wege zu finden, um ihre Familien zu ernähren und wenigstens notdürftig zu kleiden. Die Behörden appellierten an die Frauen, auch unter den bestehenden widrigen Umständen das Ihre zu tun, um den Sieg der deutschen

---

[102] SCHULTE, Schwester (wie Anm. 101), 102.
[103] Die Lage der Frauen in der Kriegsgesellschaft: FREVERT, Frauen-Geschichte (wie VI, 8e), 148f. und DANIEL, Arbeiterfrauen (wie VI, 8b), 202f.; ferner v. GERSDORFF, Frauen (wie VI, 8e), 22ff.; B. GUTTMANN, Weibliche Heimarmee, 1989, 117ff.

§ 4 Die deutsche Gesellschaft im Kriege

Waffen sicherzustellen. »Es gilt, jeden Haushalt in Kriegszustand zu versetzen«, erklärte der preußische Innenminister von Loebell bereits im Januar 1915. »Jeder Deutsche, vor allem jede Frau sei Soldat in diesem wirtschaftlichen Krieg; was Todesmut und Tapferkeit vor dem Feind ist, das ist Sparsamkeit und Entsagung daheim.«[104] Mit Sparen und Improvisieren allein war freilich nicht viel auszurichten; Not und Hunger klopften an die Türen vieler Familien der Unterschichten in den industriellen Ballungszonen. Deutschland wurde immer mehr zu einer »Ersatzgesellschaft«, weil für zahllose Dinge des täglichen Bedarfs, von Schuhen und Kleidung angefangen bis hin zu sanitären Artikeln, die Rohstoffe fehlten und Ersatzprodukte an deren Stelle treten mußten. Bei Ende des Krieges waren die Deutschen nach einem Wort Friedrich Eberts ein auch »äußerlich zerlumptes Volk« geworden. Selbst zu diesem Zeitpunkt war jedoch für Geld noch nahezu alles zu haben. Die bestehenden tiefen sozialen Gegensätze wurden solcherart jedermann handgreiflich vor Augen gestellt.

Gleichzeitig wurde die deutsche Bevölkerung ständig durch Sammel- beziehungsweise Spendenaktionen aller Art in Atem gehalten, welche die Unterstützung der Soldaten an der Front oder die Förderung der Kriegsanstrengungen betrafen. Dabei wurde immer wieder mit nationalen Parolen an die Opfer- und Hilfsbereitschaft aller Bürger appelliert, im ganzen mit großem Erfolg. Die Sammlung und Versendung von Liebesgaben aller Art, die Veranstaltung von Strickabenden zur Fertigung von Strümpfen für die Soldaten, die Sammlung von Wolle und anderen knappen Rohmaterialien, die Durchführung von Sammelaktionen von Obstkernen zur Ölgewinnung, von Haaren und Gummi, Knochen und Altwaren aller Art zur Wiederverwertung und schließlich sogar von Wildgemüse und Waldfrüchten zur Aufbesserung der Lebensmittelversorgung wurden zu einem festen Bestandteil des alltäglichen Lebens. Dafür wurden insbesondere auch die Schulkinder eingespannt. Die Kriegsgesellschaft wurde »immer mehr zu einer totalen Ersatzstoff- und Wiederverwertungsgesellschaft«.[105] Gleichzeitig wurde über die aufwendigen Kampagnen für die Zeichnung von Kriegsanleihen hinaus in allen nur denkbaren Formen Geld

---

[104] Zitiert bei S. NIMMESGERN, »Konnt' ich auch nicht Waffen tragen, half ich doch die Feinde schlagen«, in: »Als der Krieg über uns gekommen war ...«, Hg. L. KUGLER, 1993, 80–93, hier 91.
[105] Ebd., 86.

für die Finanzierung des Krieges gesammelt, von der Nagelung von hölzernen Statuen unter der patriotischen Parole »Gold gab ich für Eisen«[106] bis hin zum Umtausch von Gold und anderen Edelmetallen in Papierwährung unterschiedlicher Art. Die propagandistische Wirkung – nämlich das Einschwören der Bevölkerung auf die Unterstützung der gemeinsamen Kriegsanstrengungen – war dabei weit wichtiger als der finanzielle Ertrag, der angesichts der gigantischen Kriegskosten schwerlich ins Gewicht fiel. Alle öffentlichen Funktionen wurden den Bedürfnissen der Kriegführung unterworfen. Auch der Handel und die Konsumgüterindustrie paßten sich den Kriegsverhältnissen in der Gestaltung ihrer Produkte und selbst ihrer Werbung an.[107] Der breite Strom der Durchhaltepropaganda, der sich über die Bevölkerung ergoß, begleitet und überhöht von den Parolen der extremen Rechten zugunsten eines Siegfriedens, tat ein übriges, eine fast unwirkliche Atmosphäre entstehen zu lassen.

Das tägliche Leben in der Heimat aber wurde immer stärker überschattet von den steigenden Zahlen der Kriegstoten. Anfänglich suchten die Militärbehörden das Ausmaß der Kriegsverluste herunterzuspielen, und die Medien trugen dazu bei, den Soldatentod im Felde in einer idealisierten Weise darzustellen. Die Bildpostkarten, die in großen Mengen vertrieben wurden, sowie die Kriegsbilderhefte und die zumeist gestellten Kriegsfotos tendierten dahin, den Soldatentod zu verharmlosen, zugleich aber zu verherrlichen. Aber dies konnte nicht darüber hinwegtrösten, daß bald in nahezu jeder Familie ein oder mehrere Kriegsopfer zu beklagen waren. Wie wir der Lebensgeschichte von Käthe Kollwitz exemplarisch entnehmen können, suchten die Angehörigen Trost in dem Gedanken, daß der Mann, Freund oder Sohn sein Leben für die größere Zukunft des Vaterlandes gegeben habe.[108] Entsprechend gestaltete Gedenkblätter[109] sollten ihnen gleichsam ein konkretes Unterpfand für diese ihre Überzeugung geben; die Gebetsgottesdienste und Epitaphe in den Kirchen sollten es

---

[106]G. SCHNEIDER, Zur Mobilisierung der »Heimatfront«, in: Zeitschrift für Volkskunde 95, 1999, 32–62.

[107]Beispiele bei H.-P. ULLMANN, Wirtschaft und Krieg, in: Kriegserfahrungen (wie VI, 8e), 243 ff.

[108]Vgl. R. SCHULTE, Käthe Kollwitz' Opfer, in: DIES., Die verkehrte Welt (wie Anm. 101), 120 ff.

[109]Das Faksimile eines solchen Gedenkblattes – einer bisher vernachlässigten Quellengattung – in: »Als der Krieg über uns gekommen war ...« (wie Anm. 104), 146.

§ 4 Die deutsche Gesellschaft im Kriege

ihnen erleichtern, sich ihrer Toten in Würde zu erinnern. Bei Lage der Dinge konnte das öffentliche Gedenken an den oder die Gefallenen in den Gottesdiensten der eigenen Gemeinde kein wirklicher Ersatz für die schmerzliche Tatsache sein, daß eine Rückführung der Gefallenen in aller Regel nicht möglich war, sondern diese in fremder Erde bestattet werden mußten, soweit man sie denn überhaupt noch hatte bergen und identifizieren können. Die Einrichtung besonderer Kriegerfriedhöfe war ein karger Ersatz.[110]

In den späteren Kriegsjahren, als die Zweifel am Sinn des Krieges immer stärker wurden, konnte die Berufung auf die Zukunft der Nation als Sinngebung des Soldatentodes nicht mehr genügen. Der Stolz auf den Opfertod der eigenen Angehörigen wich nun mehr und mehr Resignation, wenn nicht gar dumpfer Verzweiflung. Zuweilen tauchte die Vorstellung einer künftigen Wiederkehr der Gefallenen auf, die dann alles wieder richten würden. Nach Kriegsende wurde dieser »Mythos von der Wiederkehr der gefallenen Soldaten« dann politisch instrumentalisiert zum Zweck der Stiftung der Ideologie einer den Krieg überdauernden überindividuellen Volksgemeinschaft, welche die Verpflichtung begründe, das Vermächtnis der gefallenen Soldaten zur Richtschnur des politischen Handelns der Nation zu machen und sich auf einen erneuten Waffengang mit den Gegnern einzustellen.[111]

Solange noch Aussicht auf einen erträglichen Friedensschluß bestand, mochten die außerordentlichen Entbehrungen und die physischen und psychischen Belastungen vornehmlich der Frauen in der Heimat noch angehen. Die erstaunlich hohe Solidarität und gegenseitige Hilfsbereitschaft der Menschen an der Heimatfront hat vieles erleichtert. Jedoch wurden besonders die Frauen der unteren Schichten immer stärkeren Belastungen ausgesetzt. Die Gegensätze zwischen arm und reich, zwischen den Kaufleuten und den Konsumenten, zwischen den Stadtbürgern und den Bauern traten immer schärfer hervor, und die Behörden und Ordnungskräfte, die den immer mehr um sich greifenden Schleichhandel zu unterdrücken suchten, verloren am Ende jegliche Autorität. Es waren die Frauen der unteren Schichten, die als erste begannen, ihren Unmut über die sich ständig ver-

---

[110] Vgl. dazu LURZ, Kriegerdenkmäler (wie VI, 8e), 33 ff. sowie KOSELLECK, Kriegerdenkmale (wie § 1, Anm. 15), 271 f.
[111] Vgl. MOSSE, Gefallen für das Vaterland (wie VI, 8e), 89–133.

schlechternden Lebensbedingungen und über die Kriegspolitik als solche öffentlich zu artikulieren. Sie forderten vielfach unverblümt eine unverzügliche Beendigung des Krieges. Auch die Reichsleitung konnte sich immer weniger dem Tatbestand verschließen, daß die »Heimatfront« ohne die aktive Unterstützung der Freien Gewerkschaften und der Sozialdemokratie, welche das Vertrauen der breiten Schichten der Bevölkerung besaßen, nicht mehr lange gehalten werden könne. Der Friede kam dann am Ende dennoch von außen, nämlich von der fortschreitenden Erosion der Kampfkraft der deutschen Armeen, die dem stetig steigenden Druck der alliierten Verbände ungeachtet zäher Gegenwehr nicht mehr standzuhalten vermochten.

§ 5 Die Peripetie des Krieges

a) »Verständigungsfrieden« oder Siegfrieden 1917–1918

Mit der Begründung des Interfraktionellen Ausschusses, dem die Führer der Mehrheitsparteien angehörten, hatte der Reichstag einen ersten großen Anlauf unternommen, den tiefen Graben, der zwischen der Reichsleitung und den Parteien des Reichstags bestand, zu überbrücken. Zwar war nicht daran gedacht, zu einem parlamentarischen System nach englischem Vorbild überzugehen, wohl aber sollten den Regierungsinstanzen parlamentarische Beiräte beigegeben werden, um auf solche Weise das wankende Vertrauen der breiten Öffentlichkeit in die Regierung wieder zu festigen. Das vorrangige Ziel aber war es, die Reichsleitung auch künftig auf der Linie einer baldigen Herbeiführung eines Verhandlungsfriedens zu halten. Damit wurde die Zusammenarbeit der sogenannten »Mehrheitsparteien« im Reichstag, nämlich der Sozialdemokratie, des Zentrums und der beiden liberalen Parteien, also jener Koalition, die später die Weimarer Republik ins Leben rief, formalisiert. Ein wichtiger Schritt in Richtung einer Demokratisierung der Reichsverfassung war vollzogen.

Allerdings erwies sich der Interfraktionelle Ausschuß als außerstande, die Politik der Reichsleitung effektiv zu kontrollieren, geschweige denn auf die Beschlüsse der Obersten Heeresleitung Einfluß zu nehmen. Dazu trug freilich Uneinigkeit in den Reihen der Mehrheitsparteien über die Auslegung der Friedensresolution nicht unerheblich bei. Insbesondere Gustav Stresemann geriet unter den Druck des rechten Flügels der Nationalliberalen Partei, der die Politik eines »Verständigungsfriedens« weiterhin ablehnte und auch an der hergebrachten halbkonstitutionellen Ordnung nicht gerüttelt sehen wollte.[1] Dabei spielte eine bedeutsame Rolle, daß die eben gegründete Deutsche Vaterlandspartei sich als nationale Sammlungsbewegung zwecks Stärkung der inneren Front und eines deutschen Siegfriedens empfahl und sich scharf von den Parlamentarisierungsbestrebungen der Mehrheitsparteien distanzierte.[2] Sie rekrutierte sich aus denselben sozialen Gruppen, die traditionell vornehmlich Wähler der Nationalliberalen Partei waren, und brachte diese damit in erhebliche Bedrängnis. Die Vaterlandspartei stellte dem Programm eines »Verständigungsfriedens«, wie es die Mehrheitsparteien auf ihre Fahne geschrieben hatten, ohne diesem doch klare Konturen zu geben, die Parole eines »Hindenburgfriedens« entgegen. Es gelang der Vaterlandspartei vergleichsweise rasch, vor allem in der Provinz eine große Zahl von Mitgliedern zu mobilisieren, unter denen sich vor allem höhere Beamte, Angehörige der Freien Berufe, Offiziere, Landwirte und nicht zuletzt protestantische Geistliche befanden. Die Bemühungen, in die breiten Volksschichten vorzustoßen, mißlangen allerdings, obschon die Vaterlandspartei unter dem Einfluß von Tirpitz allzu extreme Töne in den Kriegszielfragen, die polarisierend hätten wirken können, zu vermeiden bestrebt war.[3] Gegenorganisationen gegen das Wirken der Vaterlandspartei, vor allem der »Volksbund für Freiheit und Vaterland«, an dem unter anderen Friedrich Meinecke, Albert Einstein und Hans Delbrück beteiligt waren, erwiesen sich hingegen als wenig erfolgreich.

Unter solchen Umständen liefen die Bestrebungen der Mehrheitsparteien des Reichstags weitgehend ins Leere. Zwar hatten sie wesentlichen Anteil am Sturz des Reichskanzlers Michaelis, der wegen seiner Handhabung der Matrosenrevolte in Kiel unhaltbar geworden war, aber es gelang ihnen wiederum nicht, konkreten Einfluß auf die Ernennung seines Nachfolgers auszuüben. Am Ende wurde mit Graf Hertling immerhin ein Kanzler berufen, der als ehemaliges Mitglied der Zentrumspartei dem parlamentarischen Leben nicht vollständig

---
[1] Von Bassermann zu Stresemann (wie VI, 1), 410–412.
[2] Siehe HAGENLÜCKE, Vaterlandspartei (wie VI, 7d), 216 ff.
[3] Vgl. dazu ebd., 192 ff.

fern stand. Hertling fand sich dazu bereit, in vermehrtem Umfang Vertreter der Parteien in Regierungsämter zu berufen und im Rahmen des Systems eines »Halbparlamentarismus« in höherem Maße als bisher Fühlung mit den Mehrheitsparteien zu halten. Daraus wurde freilich nicht viel, denn an dem selbstherrlichen Regiment der Obersten Heeresleitung änderte sich gar nichts. Auf den ersten Blick ließ sich die Zusammenarbeit des Reichstags mit dem neu berufenen Staatssekretär des Äußeren Richard von Kühlmann zwar vielversprechend an, zumal dieser die Gesamtlage der Mittelmächte ebenfalls durchaus kritisch betrachtete und eine Beendigung des Krieges auf dem Verhandlungsweg als unausweichlich ansah.[4] Jedoch stellte sich bald heraus, daß auch Richard von Kühlmann, ungeachtet seiner verbalen Beteuerungen im Hauptausschuß des Reichstages, nicht daran dachte, die Beschlüsse der Reichstagsmehrheit für einen Verständigungsfrieden loyal umzusetzen. Er setzte vielmehr auf die klassischen Instrumente der Geheimdiplomatie und suchte auf diplomatischem Wege Friedensverhandlungen anzubahnen, unter Inanspruchnahme der Dienste neutraler Staaten, namentlich Spaniens, ohne die Öffentlichkeit davon im geringsten in Kenntnis zu setzen. Er war zwar bereit, erforderlichenfalls hinter die in den Vereinbarungen mit der Obersten Heeresleitung und den Verbündeten vereinbarten Kriegsziele zurückzugehen. Doch wollte er diese keinesfalls aufgeben, schon gar nicht im vorhinein, sondern die besetzten Gebiete einschließlich Belgiens gegebenenfalls am Verhandlungstisch als Faustpfänder einsetzen in der Hoffnung, auf solche Weise am Ende doch noch einen »guten Frieden« aushandeln zu können. Es kam dabei hinzu, daß sein Spielraum gegenüber der Obersten Heeresleitung, die unnachgiebig an ihren extremen Kriegszielen festhielt, gering war.

Dies zeigte sich bei der Behandlung der Friedensnote des Vatikans, die den kriegführenden Mächten am 1. August 1917 übermittelt worden war.[5] Während die Reichstagsmehrheit große Hoffnungen an die päpstliche Friedensinitiative geknüpft hatte, behandelte Kühlmann die Vorschläge des Vatikans eher mit Zurückhaltung. Vor allem aber war er nicht bereit, die vom Vatikan genannten Vorbedingungen, nämlich die Zusage der Räumung aller besetzten Gebiete einschließlich der

---

[4] Vgl. STEGLICH, Friedenspolitik (wie VI, 9a), 138f.
[5] Siehe Der Friedensappell (wie VI, 2), 159ff.

Wiederherstellung Belgiens sowie einer internationalen Garantie seiner Unabhängigkeit, im vorhinein zu erfüllen, obschon dies die Aussichten auf einen Erfolg der päpstlichen Friedensinitiative gegen Null reduzierte, von dem Erfordernis einer deutsch-französischen Verständigung über Elsaß-Lothringen ganz abgesehen. Angesichts der hartnäckigen Weigerung der Obersten Heeresleitung und der Marinebehörden, an ihren Kriegszielforderungen, insbesondere in der belgischen Frage, auch nur die geringsten Abstriche vorzunehmen, wäre ein anderes Vorgehen für Kühlmann allerdings nur schwer gangbar gewesen. Er verfiel indessen auf den zweifelhaften Ausweg, dem Siebenerausschuß des Reichstages ein rosarotes Bild über den Verlauf der Verhandlungen mit dem Vatikan zu zeichnen und diesen in der belgischen Frage regelrecht zu täuschen. Von der Tatsache, daß die vatikanische Diplomatie einen eindeutigen Verzicht auf Belgien als unabdingbare Voraussetzung für erfolgversprechende Verhandlungen betrachtet hatte, erfuhren die Abgeordneten nichts. Der Vatikan brach denn auch wenig später den Versuch ab, auf der Grundlage der höchst allgemein gehaltenen Vorschläge der Mittelmächte Friedensverhandlungen herbeizuführen. Die mit der Friedensresolution eingeleiteten Bemühungen der Reichstagsmehrheit, einen Verhandlungsfrieden anzubahnen, waren damit in eine Sackgasse geraten; das System des »Halbparlamentarismus« war zumindest auf außenpolitischem Felde gescheitert. Auch die anderen von Kühlmann insgeheim ausgestreckten Friedensfühler, insbesondere die sogenannte Mission Villalobar, endeten ergebnislos. Eine Beendigung des Krieges auf dem Verhandlungswege war weniger denn je in Sicht, und dies, obwohl sich die inneren Verhältnisse, insbesondere die Versorgungslage der Bevölkerung, immer stärker zuspitzten und namentlich ein Zusammenbruch Österreich-Ungarns nicht länger ausgeschlossen werden konnte.

Auf militärischem Gebiet waren die Mittelmächte nunmehr weitgehend in die Defensive gedrängt. Zwar gelang es, die neuen großen Offensiven der Alliierten im Westen abzuwehren, aber die dabei erlittenen schweren Verluste nötigten die Obersten Heeresleitung, nunmehr eine neue Verteidigungsstrategie anzuwenden, welche die eigenen Verluste bei gegnerischen Offensiven auf das möglichste Minimum beschränken sollte, durch Ausdünnung der vordersten Verteidigungslinie um den Preis der weitgehenden Aufopferung der betreffenden Einheiten. Der Krieg war endgültig zu einem Abnutzungskrieg geworden, in dem die Mittelmächte auf die Dauer den kürzeren ziehen mußten. Allerdings erzielten die Mittelmächte in der Durchbruchsschlacht von Caporetto Ende Oktober 1917 einen spektakulären Erfolg, der aber nicht, wie die »zivile« Leitung hoffte, zu einem definitiven Ausscheiden Italiens aus der Reihe der Gegner der Mittelmächte führte.

b) Die russische Oktoberrevolution und der Friede
   von Brest-Litowsk

Dagegen gingen im Osten die Erwartungen der deutschen Politik, durch die Förderung einer Revolution in Rußland ein Ausscheiden dieses Landes aus der Reihe der kriegführenden Mächte zu erreichen, unter anderem durch den Transport Lenins in einem versiegelten Waggon aus der Schweiz nach Petrograd,[6] im November 1917 in Erfüllung. Am 7. November schlugen die Bolschewiki überraschend zu und übernahmen die Macht in Petrograd, während die Regierung Kerenski in alle Winde zerstob. Der Zweite Allrussische Rätekongreß sah sich bei seinem ersten Zusammentreten am Abend des gleichen Tages vor vollendete Tatsachen gestellt, während die Bolschewiki unter Führung von Lenin und Trotzki unverzüglich darangingen, ihre Machtstellung im Lande mit Waffengewalt systematisch auszubauen. Bereits am 9. November (nach russischem Kalender am 27. Oktober) erging im Namen der neuen Revolutionsregierung ein allgemeiner Appell an die Regierungen und an die Völker der kriegführenden Mächte, einen sofortigen »Frieden ohne Annexionen (d. h. ohne Aneignung fremder Territorien, ohne gewaltsame Angliederung fremder Völkerschaften) und ohne Kontributionen« zu schließen.[7]

Die Wirkung dieses »Dekrets über den Frieden« auf die Bevölkerung der Mittelmächte war ungeheuer; anfänglich hatte die Oberste Heeresleitung demgemäß versucht, dessen Verbreitung zu unterdrücken, doch ließ es sich nicht verheimlichen. Die Hoffnungen auf einen baldigen Frieden erhielten dadurch neue Nahrung, und die Forderung nach dem Abschluß eines allgemeinen Friedens »ohne Annexionen und Kontributionen« gewann nun unwiderstehliche Anziehungskraft

---

[6] Vgl. Lenins Rückkehr (wie VI, 2).
[7] Text in: W. I. LENIN, Werke, Bd. 26, 1961, 239.

§ 5 Die Peripetie des Krieges

auf die breiten Schichten der Bevölkerung. Alle kriegführenden Regierungen mußten darauf reagieren, Woodrow Wilson mit der Verkündung seiner »Vierzehn Punkte«,[8] Lloyd George in einer vielbeachteten Rede vor den britischen Gewerkschaften am 5. Januar 1918.[9] Graf Hertling erklärte in einer Rede im Reichstag am 29. November 1917 die Bereitschaft der Mittelmächte zu einem Friedensschluß mit dem revolutionären Rußland auf der Grundlage des Selbstbestimmungsrechts der Völker, freilich mit der Maßgabe, daß man die staatliche Ablösung Polens, Kurlands und Litauens vom Russischen Reich erwarte. Hingegen lehnte die Reichsleitung einen allgemeinen Friedensschluß ab, wie ihn die Bolschewiki propagierten, obwohl der Zeitpunkt für einen solchen für die Mittelmächte nicht ungünstig gewesen wäre, sondern faßte von vornherein den Abschluß eines Sonderfriedens mit den Bolschewiki ins Auge. Nachdem ein erneutes Friedensangebot der Bolschewiki am 28. November 1917, das den Regierungen aller kriegführenden Mächte in einem öffentlichen Funkspruch zugestellt worden war, ergebnislos geblieben war, kam es am 3. Dezember 1917 in Brest-Litowsk zu Waffenstillstands- und anschließend zu Friedensverhandlungen zwischen den Bolschewiki und den Mittelmächten.

Während die Öffentlichkeit in Deutschland und im benachbarten Österreich sehnsüchtig auf einen raschen Abschluß der Sonderfriedensverhandlungen hoffte, hatten es die politische Leitung und mehr noch die Oberste Heeresleitung damit nicht sonderlich eilig. Vor allem aber gewann die Einschätzung, daß der erstrebte »Siegfriede« über die alliierten Mächte nun doch noch in den Bereich des Möglichen gerückt sei, die Oberhand über die Bereitschaft zur Mäßigung der deutschen Kriegsziele. Von einem Eingehen auf das Programm eines Friedens ohne Annexionen und Kontributionen, wie es die Bolschewiki propagierten, nicht ohne auf die Unterstützung der Arbeiterschaft in den kriegführenden Staaten zu hoffen, war schon gar nicht die Rede. Nicht nur die Ablösung der Randstaaten vom Russischen Reich, womöglich gar die Verbindung Kurlands mit der Hohenzol-

---

[8] Papers Relating to the Foreign Relations of the United States, 1918, Supplement 1/1, Reprint 1969, 12.
[9] Vgl. W. J. MOMMSEN, Zur Entstehung der Kriegszielrede Lloyd Georges vom 5. Januar 1918, in: Staat und Gesellschaft im politischen Wandel (Fs. W. Bußmann), Hg. W. PÖLS, 1979, 446–468, hier 463ff.

lernmonarchie in Form einer Personalunion, stand nun erneut zur Debatte, sondern auch der im Frühjahr 1917 aufgestellte umfangreiche Katalog der deutschen Kriegsziele im Westen, den Kühlmann in den letzten Monaten mit großer Mühe ein wenig hatte zurückschneiden können. Der Form halber sollten die Annexionen im Osten beziehungsweise die Errichtung von ostmitteleuropäischen Satellitenstaaten unter dem Deckmantel des Selbstbestimmungsrechts erfolgen. Dieses sollte von eigens dafür gebildeten sogenannten »Landesräten« ausgeübt werden, die einer Anlehnung an das Deutsche Reich zuneigten, jedoch schwerlich für die Bevölkerungsmehrheit repräsentativ waren. Überdies sollten diese Abstimmungen unter dem »Schutz« der deutschen Besatzungstruppen stattfinden.[10] Die einzige Bremse für die maßlosen Forderungen der Vertreter der Mittelmächte in Brest-Litowsk bestand darin, daß die Verhandlungen öffentlich geführt wurden und damit ein Mindestmaß an Rücksicht auf die Haltung der Bevölkerung in den eigenen Ländern genommen werden mußte.

Unter den obwaltenden Umständen liefen sich die Friedensverhandlungen in Brest-Litowsk, die eigentlich mehr öffentlichen Rededuellen über die Modalitäten der Anwendung des Selbstbestimmungsrechts glichen, Ende Januar 1918 endgültig fest. Am 10. Februar 1918 brach Trotzki die Verhandlungen mit der berühmten Erklärung »Weder Krieg noch Frieden« ab und erklärte das Ausscheiden Rußlands aus dem Krieg, ohne die demütigenden Friedensbedingungen zu unterzeichnen. Schon die Krise der Verhandlungen in der ersten Januarwoche hatte große Unruhe unter der deutschen Bevölkerung ausgelöst und in Österreich-Ungarn zu zahlreichen spontanen Massenstreiks der Arbeiterschaft geführt. Nun brach auch in den industriellen Zentren im Deutschen Reich eine Flutwelle von Massenstreiks los, die sich durchweg gegen die Art und Weise der Verhandlungsführung der Regierungen der Mittelmächte in Brest-Litowsk richteten und sich mit der Forderung eines »Friedens ohne Annexionen und Kontributionen« auf der Grundlage einer fairen Anwendung des Selbstbestimmungsrechts der Völker identifizierten. Daneben trat, genährt von tiefem Mißtrauen in die Aufrichtigkeit der Verhandlungsführung der Reichsleitung, die Forderung nach durchgreifender »Demokratisierung der gesamten Staatseinrichtungen [...], und zwar zunächst d[er] Einfüh-

---

[10] Vgl. BAUMGART, Deutsche Ostpolitik (wie VI, 9b), 18f.

§ 5 Die Peripetie des Krieges

rung des allgemeinen, gleichen, direkten und geheimen Wahlrechts für [...] Männer und Frauen [...] für den preußischen Landtag.«[11] Die Streikbewegung wurde von den Militärbehörden mit rigorosen Maßnahmen bekämpft, doch konnte sie endgültig nur durch das Eintreten von Vertretern der Gewerkschaften und der Mehrheitssozialdemokratie in die Streikleitungen beigelegt werden.[12] Der Ausgang der Dinge hinterließ bei den Arbeitermassen ein Gefühl tiefer Frustration; das Ansehen der Mehrheitssozialdemokraten war ernstlich beschädigt, und ihr Kurs der loyalen Unterstützung der Kriegspolitik der Reichsleitung wurde immer fragwürdiger, während die Linke immer größeren Zulauf erhielt. Umgekehrt kühlte sich das Verhältnis der übrigen Mehrheitsparteien zur Sozialdemokratie merklich ab; ihr wurde von vielen Seiten wegen ihres Eintritts in die Streikleitungen unpatriotisches Verhalten unterstellt. Nunmehr nahm die Polarisierung im Lager der Arbeiterschaft konkrete Formen an. Auf einem Parteitag in Gotha Ostern 1917 wurde die Trennung der innerparteilichen Opposition von der Sozialdemokratie durch die Gründung der USPD in aller Form besiegelt. Allerdings erfolgte die Spaltung der Sozialdemokratie gleichsam in schiefer Frontrichtung, weil in der USPD sowohl pazifistisch eingestellte Revisionisten wie Eduard Bernstein als auch entschiedene Marxisten wie Karl Liebknecht und Rosa Luxemburg zusammenarbeiteten, die sich nur im Negativen einig waren.[13] Vor allem aber begann es jetzt auch in den großen Rüstungsbetrieben, namentlich in der Berliner Metallindustrie, zu brodeln.

In den folgenden Monaten wurde die Erbitterung der breiten Massen über das bestehende halbautoritäre Regime im Innern durch die Weigerung des preußischen Abgeordnetenhauses, die grundsätzlich von der Krone bereits zugesicherten Reform des Dreiklassenwahlrechts in Preußen in Gang zu bringen, noch weiter gesteigert.[14] Die

---

[11] Text in: Deutschland im Ersten Weltkrieg (wie VI, 5), Bd. 3, 150f.
[12] Die Zahl der Streikenden belief sich insgesamt auf ca. 500000. Vgl. ebd., Kap. IV, bes. 168; W. BOLDT, Der Januarstreik 1918 in Bayern mit besonderer Berücksichtigung Nürnbergs, in: Jahrbuch für Fränkische Landesforschung 25, 1965, 5–42; ULLRICH, Kriegsalltag (wie § 1, Anm. 17), 126ff.; Militär und Innenpolitik (wie VI, 1), Bd. 2, 1160ff.
[13] C. E. SCHORSKE, German Social Democracy 1905–1917, 1955, 313–321; H. KRAUSE, USPD, 1975; D. W. MORGAN, The Socialist Left and the German Revolution, 1975.
[14] Vgl. PATEMANN, Kampf (wie VI, 7e), 127ff.

preußische Wahlreform wurde allgemein als Gradmesser dafür angesehen, ob die Reichsleitung es mit ihrem neuen Kurs ernst meine oder ob sie weiterhin als Lakai der herrschenden Schichten zu operieren gewillt sei.

Es kam hinzu, daß sich die politische Leitung außerstande zeigte, der Obersten Heeresleitung in der Verfolgung ihrer zunehmend gigantomanischen Kriegsziele im Osten Zügel anzulegen. Die deutschen Armeen setzten ihren Vormarsch im Osten unvermindert fort, mit dem Ziel, günstige Ausgangspositionen für künftige, noch weiter nach Osten und zum Kaukasus hin ausgreifende Gebietserwerbungen zu gewinnen. Ende Februar 1918 setzte sich Lenin im Führungskreis der Bolschewiki, die auf die Hilfe der revolutionären Arbeitermassen in den Feindstaaten gesetzt hatten, schließlich mit seiner Strategie des »Sozialismus in einem Lande« durch und veranlaßte zähneknirschend die Unterzeichnung des Friedens von Brest-Litowsk, den er als einen zweiten »Tilsiter Frieden« bezeichnete, welcher ebenso wie der erste ohnehin keine Geltung auf Dauer haben werde.[15] In dem am 3. März 1918 unterzeichneten Friedensvertrag von Brest-Litowsk mußten die Bolschewiki den Mittelmächten hinsichtlich der politischen Zukunft aller Gebiete westlich einer Linie, die von der Narwa über Pleskau bis nach Witebsk verlief, freie Hand geben sowie der Ablösung Polens, Litauens, Estlands und Lettlands und der Ukraine einschließlich der Krim vom Russischen Reich zustimmen. Dies war gleichbedeutend mit dem Verlust von 34 Prozent der Einwohner des ehemaligen Zarenreiches sowie von 54 Prozent seiner industriellen Unternehmen und 84 Prozent seiner Kohlenbergwerke. In der Folge wurde dieser Gewaltfriede dann noch durch eine Serie von Zusatzverträgen ergänzt, welche die wirtschaftliche Ausplünderung Rußlands vervollständigten und den deutschen Herrschaftsbereich immer weiter nach Osten vorschoben.[16] Insbesondere die Ukraine wurde nun indirekt der deutschen Herrschaft unterworfen, vor allem mit dem Ziel, sie wirtschaftlich auszubeuten und ihre agrarischen Ressourcen für die Linderung der Not in Deutschland zu nutzen, freilich mit zweifelhaften Ergebnissen. Die Bemühungen der Mehrheitsparteien des Reichstags, unter Führung von Matthias Erzberger in den besetzten Gebieten eine

---

[15] LENIN, Die Hauptaufgabe unserer Tage, in: DERS., Werke, Bd. 27, 1960, 147ff.
[16] Vgl. dazu BAUMGART, Deutsche Ostpolitik (wie VI, 9b), 259ff.

faire Anwendung des Selbstbestimmungsrechts zu erreichen, blieben hingegen ergebnislos; im Osten tobte sich die imperiale Herrschaft der Militärs ungebremst aus.

c) Die große Westoffensive vom März 1918 und die Aushöhlung der Kampfkraft der deutschen Armeen

Der Abschluß des Gewaltfriedens von Brest-Litowsk begrub endgültig die Chancen, den Ersten Weltkrieg auf dem Verhandlungswege zu einem baldigen Ende zu bringen. Vielmehr verfestigte sich auch in den Führungskreisen der Westmächte die Meinung, daß der Krieg nun bis zu einem vollständigen »knock-out« (Lloyd George) der Mittelmächte fortgeführt werden müsse. Ludendorff seinerseits setzte jetzt alles auf eine Karte. In einer für März 1918 vorbereiteten großen Westoffensive, unter Heranziehung der im Osten entbehrlich gewordenen Verbände und unter Einsatz aller verfügbaren Reserven, wollte er nunmehr seinerseits eine Kriegsentscheidung herbeiführen, bevor die Amerikaner mit ihren frischen, hervorragend ausgerüsteten Truppen an der Westfront zum Einsatz kamen.

Die große Westoffensive war mit äußerster Präzision vorbereitet worden. Erstmals seit Ende 1914 bestand eine wenn auch nur leichte, zahlenmäßige Überlegenheit der deutschen Armeen an der Westfront; 192 deutsche standen 178 alliierten Divisionen gegenüber. Eine neuartige, mit mathematischer Präzision gesteuerte Artilleriestrategie, verbunden mit dem punktuellen Einsatz von Giftgas, verhalf den angreifenden Armeen, die zudem den Überraschungseffekt für sich nutzen konnten, zu erheblichen Anfangsvorteilen. Hinzu kam, daß auch die Kampfmoral der Truppen hoch war; sie wollten mit einer letzten großen Kraftanstrengung den Krieg zu einem definitiven Ende bringen. Der geplante Angriff von auf engem Raum konzentrierten deutschen Verbänden an der Nahtstelle zwischen den französischen und den britischen Armeen war ungewöhnlich erfolgreich. Es gelang, die Stellung der 5. Britischen Armee ernstlich zu erschüttern und erhebliche Bodengewinne zu erzielen, noch dazu eine erhebliche Zahl von Gefangenen zu machen. Aber ungeachtet aller Anstrengungen ließen sich diese beachtlichen Anfangserfolge nicht zu einer kriegsentscheidenden Durchbruchsschlacht ausweiten, teils wegen der Unwegsamkeit des durch jahrelange Artilleriekämpfe verwüsteten Geländes, in dem sich die Nachführung von Nachschub und Munition besonders schwierig gestaltete, aber auch wegen der zunehmenden Erschöpfung der deutschen Verbände. Am 5. April mußten die Angriffe schließlich abgebrochen werden. Ludendorff aber war nicht bereit, die Tatsache zur Kenntnis zu nehmen, daß die schlecht ernährten und mangelhaft ausgerüsteten deutschen Armeen für Angriffsoperationen großen Stils nicht mehr tauglich und auch nicht mehr dazu bereit waren.[17] Vielmehr wollte er den Gegnern in erneuten Offensivschlägen doch noch seinen Willen aufzwingen. Neuerliche Angriffe am 9. April in Flandern und dann am 27. Mai an der Aisne führten zu beachtlichen Erfolgen, aber nicht zu einer grundlegenden Veränderung der Lage; im Gegenteil, die Frontlinie war nun noch länger und noch unübersichtlicher geworden, und die durch die Offensiven dezimierten deutschen Mannschaftsreserven reichten kaum noch aus, diese angemessen zu verteidigen. Die deutschen Armeen waren nach diesen mit großem Einsatz und erheblichen Hoffnungen durchgeführten Angriffsoperationen ausgebrannt und physisch wie psychisch am Ende ihrer Kräfte. Zu Offensivaktionen waren sie nicht mehr fähig. Hindenburg und Ludendorff hatten ihr Spiel endgültig überreizt; sie hatten die Armeen immer wieder vor unlösbare Aufgaben gestellt und ihnen unerreichbare Angriffsziele vorgegeben. Die Folge war ein schwerer Stimmungseinbruch an der Front, der durch patriotische Appelle, geschweige denn durch den von den Offizieren zu erteilenden »vaterländischen Unterricht« nicht mehr aufgefangen werden konnte. Jetzt stieg die Bereitschaft – sich wenn irgend möglich – dem Kampf an der Front zu entziehen, oder sich gefangen nehmen zu lassen.

Im Innern herrschte in diesen Monaten eine von Fatalismus überschattete Stagnation. Die Vaterlandspartei führte ihre Kampagne zugunsten eines »Siegfriedens« mit unverminderter Energie fort; auch die staatlichen Instanzen suchten mit allen verfügbaren Mitteln die wankende Kriegsmoral zu stützen. Im übrigen wurden die innenpolitischen Auseinandersetzungen beherrscht von den Versuchen der Konservativen Partei, die überfällige Reform des preußischen Dreiklassenwahlrechts mit allen Mitteln doch noch zu hintertreiben. Die Weigerung des preußischen Abgeordnetenhauses, die grundsätzlich

---

[17] Hierzu und zum folgenden vgl. DEIST, Zusammenbruch (wie VI, 9c), 111, sowie DERS., Verdeckter Militärstreik (wie VI, 9c), 148–152.

§ 5 Die Peripetie des Krieges 145

von der Krone bereits zugesicherte Reform auf den Weg zu bringen, steigerte die Erbitterung der Linken, insbesondere der Arbeiterschaft auf den Siedepunkt.[18]

Diese Auseinandersetzungen vollzogen sich gleichsam in einem luftleeren Raum. Denn sie berücksichtigten so gut wie überhaupt nicht die dramatische Verschlechterung der militärischen Situation der Mittelmächte und auch die krisenhaften Entwicklungen bei ihren Bundesgenossen. Die Politiker und ebenso die Öffentlichkeit erfuhren von der kritischen Lage an den Fronten nur wenig. Die amtliche Informationspolitik, der die Journalisten und Zeitungsverleger in falsch verstandenem Patriotismus ihrerseits Hilfestellung leisteten, zeichnete weiterhin ein rosarotes Bild der militärischen Lage; auch die »Vaterlandspartei« bemühte sich mit großem propagandistischen Aufwand, in der deutschen Bevölkerung Unterstützung für den von ihr propagierten »Hindenburgfrieden« zu mobilisieren.[19] Wie wenig man selbst in den Kreisen der Regierung und der Parteien über ein realistisches Bild der militärischen Lage verfügte, zeigte sich schlaglichtartig in der Kühlmann-Krise Ende Juni 1918. Richard von Kühlmann hatte am 24. Juni 1918 im Reichstag dargelegt, daß »bei der ungeheuren Größe dieses Koalitionskrieges und bei der Zahl der in ihm begriffenen auch überseeischen Mächte durch rein militärische Entscheidungen allein ohne alle diplomatischen Verhandlungen ein absolutes Ende« des Kriegs kaum erwartet werden könne.[20] Diese Äußerung wurde, obschon sie hinter den tatsächlichen Verhältnissen noch um einiges zurückblieb, allgemein als ein Zeugnis eines verantwortungslosen Defätismus aufgefaßt, und auf Drängen der Obersten Heeresleitung mußte Kühlmann wenig später seinen Platz für den linientreuen Admiral Paul von Hintze freimachen. Die deutsche Öffentlichkeit wurde bis zum bitteren Ende mit Durchhalteparolen gefüttert und mit geschönten Informationen über die wirkliche Lage getäuscht.[21]

Die Mehrheitssozialdemokratie geriet angesichts dieser nahezu unwirklichen Verhältnisse in eine immer schwierigere Lage. Von den

---

[18] Vgl. PATEMANN, Kampf (wie VI, 7e), 127 ff.
[19] Siehe CREUTZ, Pressepolitik (wie VI, 7a), 175 ff.
[20] Stenographische Berichte über die Verhandlungen des Deutschen Reichstages (wie VI, 1), Bd. 313, 5607–5612, Zit. 5611 f.; vgl. auch Der Interfraktionelle Ausschuß (wie VI, 1), Bd. 2, 413 f., Anm. 4.
[21] Vgl. CREUTZ, Pressepolitik (wie VI, 7a), 262 ff.

Parteien und Verbänden des rechten Lagers wurden weiterhin ohne Rücksicht auf die tatsächliche Kriegslage Siegfriedensparolen ausgegeben, während die Reichsleitung sich in Schweigen hüllte und nicht zu erkennen war, daß sie definitiv auf einen Verständigungsfrieden hinarbeite. Im Lager der Mehrheitssozialdemokratie mehrten sich nun die Stimmen derer, die den Ausstieg aus der bisherigen Tolerierungspolitik forderten, doch unterblieb dies, weil die sozialdemokratische Führung die verheerenden Folgen eines Ausscherens der Partei aus der nationalen Einheitsfront fürchtete, das vermutlich zu einem sofortigen Zusammenbruch geführt hätte. Hingegen sammelte sich im linken Lager, bis hinein in die Reihen des Zentrums, eine wachsende Zahl von Politikern, Journalisten und Wissenschaftlern, die für einen Friedensschluß auf der Grundlage der Ideen Woodrow Wilsons, einschließlich der Gründung eines Völkerbunds, als einzigem Ausweg aus der verfahrenen Lage plädierten.[22]

d) Der Zusammenbruch

Am 18. Juli 1918 setzte dann mit einem französischen Angriff an der Marne eine Welle von Offensiven ein, der die körperlich und seelisch überforderten deutschen Truppen nicht mehr in gleichem Maße wie bisher zu widerstehen vermochten. Psychologisch vielleicht am bedeutsamsten war ein mit Tankunterstützung durchgeführter englischer Angriff bei Amiens am 8. August 1918, der zu einem tiefen Einbruch in die deutsche Front führte; Ludendorff bezeichnete den 8. August wenig später als den »Schwarzen Tag in Deutschlands Geschichte«.[23] Die ungewöhnlich hohen Gefangenenzahlen signalisierten, daß die Kampfmoral und der Widerstandswille der Truppen gelitten hatten. In den folgenden Wochen wurden die deutschen Armeen ungeachtet erbitterter Gegenwehr unter schweren Verlusten und hohen Zahlen von Gefangenen Schritt für Schritt immer weiter zurückgedrängt. Nunmehr zeichnete sich die Perspektive ab, daß die deutschen Fronten im Westen bei einem erneuten massiven Angriff der Alliierten gänzlich

---

[22] Vgl. MOMMSEN, Die europäische Reaktion (wie § 4, Anm. 68), 154–156, P. KRÜGER, German Disappointment and Anti-Western Resentment, 1918–19, in: Confrontation and cooperation, Hg. H.-J. SCHRÖDER, 1993, 323–335.

[23] Am 17. Okt. 1918. Siehe Die Regierung des Prinzen Max von Baden (wie VI, 1), 227.

§ 5 Die Peripetie des Krieges

zusammenbrechen und die Armeen in einem ungeordneten Rückzug zurückfluten könnten.

Das Ausscheiden des Osmanischen Reiches aus dem Krieg und das Friedensersuchen Österreich-Ungarns an die Alliierten und Assoziierten Mächte am 14. September 1918, gefolgt von einem gleichartigen Ersuchen Bulgariens am 25. September, signalisierten einmal mehr, daß dieser Weltkrieg so schnell wie möglich zu einem Ende gebracht werden müsse, sollte ein allgemeiner Zusammenbruch noch verhindert werden.

Die Mehrheitsparteien drängten nun mit steigendem Nachdruck darauf, daß jetzt eine Regierung unter Einschluß auch der Mehrheitssozialdemokratie gebildet werden müsse, die das Vertrauen des Volkes besitze, weil sonst ein vollständiger Einbruch der Stimmung im Innern kaum noch abgewendet werden könne, aber auch, weil nur eine von einer parlamentarische Mehrheit getragene Regierung die Glaubwürdigkeit besitze, um erfolgversprechende Verhandlungen über einen Verständigungsfrieden aufzunehmen.[24] Die Oberste Heeresleitung kam ihnen zuvor. Am 29. September 1918 verlangten die Heerführer im Großen Hauptquartier in Spa die sofortige Bildung einer parlamentarischen Regierung sowie die unverzügliche Herausgabe eines Waffenstillstandsangebots an den amerikanischen Präsidenten auf der Grundlage der »Vierzehn Punkte«. Ludendorff verfolgte mit diesem Schritt, der für jedermann völlig überraschend kam, das Nahziel, vermittels eines Waffenstillstands den deutschen Armeen eine dringend benötigte Atempause zu verschaffen und damit einen völligen Zusammenbruch der Westfront zu verhindern, und das Fernziel, jenen politischen Kräften, die es nach seiner Ansicht nicht zugelassen hatten, daß die militärische und wirtschaftliche Leistungskraft Deutschlands bis zum letzten für die Kriegführung ausgeschöpft worden sei, die Verantwortung für die Niederlage – denn diese war nun nicht mehr abwendbar – zuzuschieben.

---

[24] Theodor Eschenburgs bekannte These von der »improvisierten Demokratie der Weimarer Republik« muß insoweit modifiziert werden, als die Mehrheitsparteien des Reichstags tatsächlich große Anstrengungen zur Herbeiführung eines parlamentarischen Systems unternommen haben, also von einer einfachen Oktroyierung der parlamentarischen Demokratie nicht die Rede sein kann. Vgl. T. ESCHENBURG, Die improvisierte Demokratie, in: DERS., Die Improvisierte Demokratie, 1963, 11–60, bes. 44 ff.

Zum Kanzler eines von den Mehrheitsparteien getragenen Kabinetts wurde nicht der von diesen ausersehene Kandidat, der Fortschrittler Friedrich von Payer, sondern der süddeutsche Aristokrat Prinz Max von Baden berufen, eine Persönlichkeit, von der man annahm, daß sie den Brückenschlag zwischen den alten und den neuen politischen Eliten zuwege zu bringen vermochte. Nach einigem Zögern stimmten die Mehrheitsparteien – die Mehrheitssozialdemokraten nur mit schwerem Herzen – dieser Lösung zu, nachdem sich Max von Baden auf das von ihnen beschlossene Friedensprogramm verpflichtet hatte. Vergebens bedrängten Max von Baden und seine Berater die Oberste Heeresleitung, ihnen noch einige Tage Zeit für eine angemessene diplomatische Vorbereitung des deutschen Friedensangebots zu geben. Ludendorff bestand darauf, daß dieses ohne Zeitverzug herausgehen müsse.[25] In der Nacht vom 3. zum 4. Oktober ging dann das deutsche Friedensangebot an Woodrow Wilson heraus, verbunden mit den Ersuchen um einen sofortigen Waffenstillstand. In den folgenden Wochen kam es zum Austausch einer Serie von Noten zwischen der amerikanischen und der deutschen Regierung, in denen immer deutlicher hervortrat, daß die Vereinigten Staaten nur einen Waffenstillstand abschließen würden, der eine Wiederaufnahme der Kämpfe definitiv ausschloß, vor allem aber, daß sie nur mit einer demokratisch legitimierten Regierung, nicht aber mit den alten militärischen und monarchischen Gewalten in Friedensverhandlungen einzutreten gewillt sei. Letzteres lief kaum verhüllt auf die Forderung nach Abdankung des Kaisers hinaus.[26] Bei Lage der Dinge beschleunigte dies den Gärungsprozeß in der deutschen Gesellschaft und weckte in der deutschen Öffentlichkeit den Glauben, daß nur die Person Wilhelms II. einem baldigen Friedensschluß auf der Grundlage der »Vierzehn Punkte« im Wege stehe.[27] Überdies widerrief Ludendorff nunmehr überraschend seine Erklärungen vom 29. und 30. September und plädierte für eine Zurückweisung dieser amerikanischen Zumutungen und für die Wiederaufnahme der Kampfhandlungen »à outrance«. Auf Ersuchen von Max von Baden wurde Ludendorff dar-

---

[25] MAX VON BADEN, Erinnerungen (wie VI, 3b), 336–351.
[26] Die Einzelheiten bei SCHWABE, Woodrow Wilson (wie VI, 9d), 59f.
[27] In den ursprünglichen Entwürfen der amerikanischen Antwortnote trat dies noch deutlicher hervor. Vgl. The Papers of Woodrow Wilson, Bd. 51, Hg. A. S. LINK, 1985, 333f.

§ 5 Die Peripetie des Krieges 149

aufhin entlassen, während Hindenburg dazu überredet wurde, einstweilen im Amt zu bleiben. Kurzfristig ließ sich die Situation so beherrschen, längerfristig war damit ein zusätzlicher Ansatzpunkt für die Entstehung der »Dolchstoßlegende« geschaffen worden.
Die Regierung Max' von Baden bemühte sich in diesen Wochen redlich darum, die überfällige Reform des preußischen Dreiklassenwahlrechts auf den Weg zu bringen, vor allem aber die Parlamentarisierung der Reichsverfassung gesetzlich zu verankern. Doch dies alles reichte nicht aus – nicht zuletzt, weil Wilhelm II. sich hartnäckig weigerte, seinem Thron zu entsagen –, um der Öffentlichkeit glaubhaft zu machen, daß tatsächlich ein tiefgreifender Regimewechsel stattgefunden habe, um so weniger, als die Militärbehörden weiterhin schalteten und walteten, als ob gar nichts geschehen sei. Auch hier galt das Wort: »Wer zu spät kommt, den bestraft die Geschichte.« Dem neuen Regime Max' von Baden fehlte, obschon es auf die loyale Unterstützung der Mehrheitssozialdemokratie zählen konnte, jegliches Vertrauen in den breiten Schichten des Volkes. Infolgedessen verfestigte sich in der Öffentlichkeit, aller offiziellen Propagandabemühungen zum Trotz, der Eindruck, daß Wilhelm II. und die Militärbehörden auch jetzt noch den Eintritt in die Friedensverhandlungen hinauszögerten und es womöglich darauf anlegten, den Krieg weiterzuführen. Nun geriet auch die Heimatfront in Bewegung, angestoßen durch die Auflehnung der Matrosen in Wilhelmshaven gegen den Plan der Admiralität, zur Rettung des Ansehens der deutschen Hochseeflotte in letzter Minute einen Vorstoß gegen Großbritannien zu unternehmen.[28] Während die Rebellion in Wilhelmshaven zunächst wieder unter Kontrolle gebracht werden konnte übernahmen am 4. November 1618 die Matrosen des 3. Flottengeschwaders, das nach Kiel verlegt worden war, in Zusammenarbeit mit den örtlichen Funktionären der Sozialdemokratie die Macht in der Stadt Kiel. Vergeblich entsandte die Regierung Max' von Baden den Sozialdemokraten Gustav Noske nach Kiel, der den Versuch unternehmen sollte, die Rebellion der Matrosen wieder beizulegen. Seit dem 5. November 1918 breitete sich die revolutionäre Bewegung von Kiel ausgehend mit großer Geschwindigkeit in ganz Deutschland aus. Am Ende wagten es

---

[28] L. E. HILL, Signal zur Konterrevolution?, in: Vierteljahrshefte für Zeitgeschichte 36, 1988, 113–129; G. P. GROSS, Eine Frage der Ehre?, in: Kriegsende (wie VI, 5), 349–366.

auch die Militärs nicht mehr, der Flutwelle der Revolution mit Waffengewalt entgegenzutreten; sie fegte die alten Gewalten mit elementarer Gewalt hinweg. Überall entstanden Arbeiter- und Soldatenräte, die sich als Organe einer spontanen Selbstorganisation der Bevölkerung verstanden, ursprünglich nur mit dem Ziel der Ausschaltung der verhaßten militärischen Instanzen und der Kontrolle der öffentlichen Behörden. Den beiden sozialdemokratischen Parteien fiel ohne ihr eigenes Zutun die Führung der revolutionären Bewegung in den Schoß. Sie brauchten die Macht nur aufzugreifen.

Der Zusammenbruch des deutschen Kaiserreichs war Tatsache; der Weg zu einer demokratischen Neuordnung war frei. Noch aber war nicht abzusehen, wie sich die Dinge weiterhin gestalteten und welche neue Ordnung am Ende aus dem Strudel der Revolution hervorgehen sollte.

§ 6 Ausblick: Auswirkungen des Ersten Weltkrieges auf die Politik, Gesellschaft und Kultur

Der Erste Weltkrieg war nach einem Wort George Kennans die »Urkatastrophe Europas«. Die politischen und sozialen Gegensätze im Deutschen Reich, die zur Auslösung des Ersten Weltkrieges im Juli 1914 beigetragen haben, reichen jedoch gutenteils bis in die Bismarckzeit zurück. Gleiches gilt für die Ausbildung eines integralen Nationalismus, der gegenüber den anderen europäischen Völkern immer aggressivere Töne anschlug. In den letzten Jahrzehnten vor dem Ersten Weltkrieg entwickelte sich zudem ein zunehmend aggressiver »objektloser Imperialismus« (Schumpeter), der immer breitere Gruppen des Bürgertums erfaßte und von den Herrschaftseliten, teilweise wider besseres Wissen, zur Grundlage der deutschen Außenpolitik erhoben wurde.

Dabei spielten die inneren Verhältnisse, insbesondere die scharfen sozialen und politischen Spannungen in der deutschen Gesellschaft, eine wesentliche Rolle. In gewissem Sinne suchten die Führungseliten im Juli 1914 ihre Zuflucht im Kriege, weil sich ansonsten die überfälligen politischen und gesellschaftlichen Reformen, die unter anderem in den Forderungen der Arbeiterbewegung, aber auch dem zunehmenden politischen Partizipationsverlangen der bürgerlichen

§ 6 Ausblick

Schichten zum Ausdruck kamen, nicht mehr hätten abwehren lassen. Nach Kriegsausbruch 1914 traten die nationalistischen und imperialistischen Bestrebungen nahezu ungehemmt zutage und machten von Anbeginn eine Politik des Augenmaßes, die allenfalls einen Verständigungsfrieden hätte herbeiführen können, zu einem Ding der Unmöglichkeit. Im weiteren Verlauf des Krieges setzte sich dies insoweit fort, als die traditionellen Führungseliten, aber auch die konservativen und bürgerlichen Parteien die Aufrechterhaltung des bestehenden halbkonstitutionellen Systems, welches immer noch weit hinter den Idealen der »Zivilgesellschaft« zurückblieb,[1] nur dann für erreichbar hielten, wenn der Krieg mit einem »Siegfrieden« enden werde, der es erlaube, den Gegnern die ungeheuren, in astronomischen Größenordnungen zunehmenden Kosten der Kriegführung aufzubürden. Die Intellektuellen und Künstler hingegen waren überzeugt, daß es in diesem Kriege um die Verteidigung der deutschgeprägten europäischen Kultur gehe, bis sie erkennen mußten, daß dieser Krieg ganz im Gegenteil die Zerstörung der europäischen Kultur zur Folge haben werde.[2]

Während des Krieges stellte sich zunehmend deutlicher heraus, daß das bestehende System bürokratischer Regierung mit parlamentarischem Zusatz den westlichen parlamentarischen Systemen keineswegs überlegen war, wie beständig behauptet worden war; vielmehr erwies es sich den Kriegserfordernissen immer weniger gewachsen. Es stellte sich heraus, daß die Vorstellung von einer »deutschen Idee der Freiheit«, welche dem westlichen Modell der parlamentarischen Demokratie weit überlegen sei,[3] eine Chimäre war. So gewann der Gedanke der Demokratisierung des politischen Systems, verbunden mit der unmittelbaren Beteiligung der Parteien des Reichstags an den politischen Entscheidungen, wenngleich immer noch von massiven politischen und gesellschaftlichen Interessen abgeblockt, seit 1917 schrittweise an Boden. Immerhin waren seit 1917 mit der Einsetzung des Interfraktionellen Ausschusses die Grundlagen der Zusammenarbeit der Sozialdemokratie, des Zentrums und der liberalen Parteien, der späteren Weimarer Koalition gelegt worden. Aber die Parlamentarisierungsbemühungen der Mehrheitsparteien stießen immer wieder

---

[1] Vgl. J. KOCKA, Das lange 19. Jahrhundert, [10]Gebhardt, Bd. 13.
[2] Vgl. Kultur und Krieg (wie VI, 8d), 10–15 und passim.
[3] Siehe oben, S. 114. Vgl. neuerdings auch FLASCH, Mobilmachung (wie VI, 8d).

an enge Grenzen, nicht zuletzt infolge der Uneinigkeit der Parteien über die zu verfolgenden Ziele und fortbestehender Illusionen über die deutschen Kriegsaussichten. Unter den Bedingungen einer Kriegführung, die sich immer mehr den Formen des totalen Krieges annäherte, wurde die deutsche Gesellschaft in zunehmenden Maße von inneren Konflikten durchzogen, die man mit Hilfe nationaler Parolen mühsam zu überbrücken versuchte, nicht zuletzt dank der Mithilfe der Presse und des Journalismus, die sich im Dienste der Kriegführung weitgehend hatten »gleichschalten« lassen.

Nicht nur die Soldaten an den Fronten, sondern auch die Bevölkerung in der Heimat wurden immer größeren Strapazen und unermeßlichen Leiden ausgesetzt. Am Ende war die Erschöpfung in allen Bereichen des Lebens allgemein. Der Krieg, mit seiner ungeheuren Anstrengung aller Kräfte, führte zur Verarmung breiter Volksschichten und zu weitreichenden gesellschaftlichen Umschichtungen. Dazu gehören insbesondere der Niedergang des alten Mittelstandes und die Aushöhlung der ökonomischen Position der bürgerlichen Schichten sowie die nachhaltige Schwächung des bislang hohen gesellschaftlichen Status der Bildungseliten. Dem stand eine irreversible Stärkung der politischen und gesellschaftlichen Organisationen der Arbeiterbewegung gegenüber, denen zwar weiterhin die volle Emanzipation versagt blieb, die sich aber nicht länger beiseite schieben oder gar unterdrücken ließen. Die Versäulung des politischen und gesellschaftlichen Systems und die stetige Vermehrung der Konfliktpotentiale führten zu einer Erosion des Legitimitätseinverständnisses der Bevölkerung gegenüber dem bestehenden Herrschaftssystem und am Ende zu einem totalen Vertrauensverlust der breiten Schichten der Bevölkerung in die politische und militärische Führung, insbesondere die militärischen Instanzen und der Monarchie. Diese Spannungen kamen in der Revolution von 1918/19 zu einer plötzlichen Entladung und führten zum Zusammenbruch des Kaiserreiches.

Langfristig bedeutsam waren vor allem die gesellschaftlichen Auswirkungen des Ersten Weltkrieges, insbesondere die Depossedierung von großen Teilen der bürgerlichen Schichten sowie die enorme Verschärfung der Gegensätze zwischen den einzelnen gesellschaftlichen Gruppen. Dazu gehörte nicht zuletzt die verhängnisvolle Spaltung der Arbeiterbewegung in einander erbittert bekämpfende Richtungen, die in der Zwischenkriegszeit zu einer weitgehenden Paralysierung der politischen Linken geführt hat. Dies alles verhinderte auf lange Sicht eine Stabilisierung der politischen und gesellschaftlichen Verhältnisse, zumal die aus dem Friedensvertrag von Versailles resultierenden materiellen Belastungen und territorialen Verluste erschwerend hinzutraten. In vieler Hinsicht war der Erste Weltkrieg die Inkubationsphase eines neuen, aggressiven völkischen Nationalismus und eines radikalen Antisemitismus, die sich mit rapider Geschwindigkeit ausbreiteten und nach und nach immer breitere Bevölkerungsschichten in ihren Bann schlugen. Auch im Bereich der Kultur spitzten sich die Gegensätze zwischen der Avantgarde und dem traditionellen Kulturbetrieb, die sich schon vor dem Weltkriege ausgebildet hatten, immer mehr zu. Der Nationalsozialismus wußte sich den »Verlust der Mitte« (Sedlmayer) auf dem Gebiet des künstlerischen und literarischen Lebens seinerseits propagandistisch zu Nutzen zu machen.

Der Erste Weltkrieg führte nicht nur zu weitreichenden gesellschaftlichen Umschichtungen und Verwerfungen, sondern auch zu tiefgreifenden Veränderungen der deutschen und europäischen Kultur. Am bedeutsamsten war die Zerstörung des überkommenen bürgerlichen Milieus, die nicht zuletzt im Verlust eines einheitlichen bürgerlichen Ethos und einer einheitlichen ästhetischen Gesinnung zum Ausdruck kam. Das bürgerliche Europa der Vorkriegsjahrzehnte war unwiderruflich dahin; auch die traditionelle Vormachtstellung Europas in der Welt hatte schwere Einbußen erlitten. Max Weber diagnostizierte bereits damals, daß die Weltherrschaft nun auf die großen Flügelmächte Europas, die Vereinigten Staaten und das wiedererstarkende Rußland, übergegangen sei. Mit der Aufteilung der deutschen Kolonien unter den Siegermächten, verbunden mit der rechtfertigenden Verpflichtung der Kolonialmächte zur »Treuhänderschaft« gegenüber der indigenen Bevölkerung der Mandatsgebiete, sowie der Aufteilung des Osmanischen Reiches, das bis zum Schluß ein treuer Bündnispartner des Deutschen Reiches gewesen war, in ein Bündel von großenteils künstlichen Nachfolgestaaten kündigte sich überdies der Prozeß der Dekolonisation und der Emanzipation der Dritten Welt an. Zugleich aber wurden die Wurzeln für die Konflikte im Nahen Osten und auf dem Balkan gelegt, welche die Welt auch heute noch in Atem halten.

Anhang

Zeittafel (1914–1918)

1914

28. Juni	Ermordung des österreichisch-ungarischen Thronfolgerpaares in Sarajewo.
5. Juli	Zusicherung der Unterstützung Österreich-Ungarns für ein militärisches Vorgehen gegen Serbien gegenüber dem österreichisch-ungarischen Sonderbotschafter Graf Hoyos in Berlin (sog. »Blankoscheck«).
6. Juli	Wilhelm II. tritt ungeachtet der drohenden außenpolitischen Krise seine gewohnte Nordlandreise an.
11. Juli	Der Reichskanzler Theobald von Bethmann Hollweg bezeichnet die Zusage der Unterstützung Österreich-Ungarns gegenüber Kurt Riezler als einen »Sprung ins Dunkle«, den er persönlich als »schwerste Pflicht« betrachte.
20.–23. Juli	Staatsbesuch des französischen Staatspräsidenten Poincaré in St. Petersburg.
23. Juli	Scharfes, auf 48 Stunden befristetes österreichisch-ungarisches Ultimatum an Serbien. Die Reichsleitung gibt gegenüber den westlichen Regierungen vor, von dem Ultimatum zuvor keinerlei Kenntnis gehabt zu haben.
25. Juli	In der Sache weitgehend entgegenkommende Antwort Serbiens auf das Ultimatum. Gleichwohl Abbruch der diplomatischen Beziehungen Österreich-Ungarns zu Serbien, gefolgt von einer Teilmobilmachung der gegen Serbien vorgesehenen Teile der österreichisch-ungarischen Armee; gleichzeitig Mobilmachung der serbischen Armee.
26. Juli	Vertrauliche Einwirkungen der Reichsleitung auf den sozialdemokratischen Parteivorstand im Sinne der Erhaltung des Friedens.
27. Juli	Ein britischer Vorschlag auf Einberufung einer Botschafterkonferenz der Großmächte zur friedlichen Lösung des Konflikts wird in Wien und Berlin zu-

	rückgewiesen. Die Reichsleitung drängt statt dessen halbherzig auf bilaterale österreichisch-russische Verhandlungen.
28. Juli	Kriegserklärung Österreich-Ungarns an Serbien.
29. Juli	Russische Teilmobilmachung.
30. Juli	Russische Gesamtmobilmachung. Der deutsche Generalstab drängt nun auf sofortige Eröffnung des Krieges. Bethmann Hollweg gibt gegenüber dem sozialdemokratischen Abgeordneten Südekum beruhigende Erklärungen über die Friedenswilligkeit der Reichsleitung ab.
31. Juli	Sommation der Reichsleitung an die zarische Regierung, die Mobilmachung zurückzunehmen, sowie an die französische Regierung, für den Fall des nunmehr drohenden deutsch-russischen Krieges Frankreichs Neutralität zuzusichern. Gleichzeitig Erklärung des Zustandes der »drohenden Kriegsgefahr«, der Vorstufe der Mobilmachung.
1. August	Generalmobilmachung in Deutschland. Kriegserklärung an Rußland. Gleichzeitig werden gegenüber der deutschen Öffentlichkeit angebliche russische Grenzverletzungen als kriegsauslösend bezeichnet und die Parole vom aufgezwungenen »Verteidigungskrieg« ausgegeben. Wilhelm II. ruft den vor dem Berliner Stadtschloß zusammenströmenden Massen der Bevölkerung zu, daß hinfort alle Parteien aufhören würden, es gebe nur noch Deutsche. Generalmobilmachung in Österreich-Ungarn und in Frankreich.
2. August	Überraschender Abschluß eines Bündnisvertrages zwischen dem Deutschen und dem Osmanischen Reich. Deutsche Truppen besetzen Luxemburg. Ultimatum an Belgien, als neutrale Macht den Durchmarsch deutscher Truppen zuzulassen. Großbritannien sichert Frankreich den Schutz der Nordseeküste zu.
3. August	Kriegserklärung an Frankreich. Beginn der militärischen Operationen. Einmarsch in Belgien.

Zeittafel (1914–1918) 159

	Die Dreibundpartner Italien und Rumänien erklären sich für neutral.
4. August	Bewilligung der Kriegskredite durch den Reichstag sowie Ermächtigung des Bundesrates zu Verordnungen während der Dauer des Krieges, mit nach außen hin einstimmiger Zustimmung auch der sozialdemokratischen Reichstagsfraktion. Gleichzeitig Verpflichtung zur Wahrung eines »Burgfriedens« zwischen den Parteien und Verbänden für die Dauer des Krieges.
	Großbritannien fordert ultimativ die Respektierung der Neutralität Belgiens und bricht, da dies nicht geschieht, die diplomatischen Beziehungen zum Deutschen Reich ab. In Deutschland wird dies als Verrat des »perfiden Albion« aufgenommen.
6. August	Österreichisch-ungarische Kriegserklärung an Rußland
11. August	Französische Kriegserklärung an Österreich-Ungarn
11.–21. August	Österreichische Offensive gegen Serbien endet mit einem Fehlschlag.
17. August	Abschluß der Eroberung der Festung Lüttich unter Generalmajor Erich Ludendorff. Damit ist der Weg für die deutschen Westoffensive durch Belgien frei.
20.–22. August	Schlacht in Lothringen. Beiderseits schwere Verluste.
20. August	Schlacht bei Gumbinnen. Räumung großer Teile Ostpreußens durch die deutsche 8. Armee.
22. August	Paul von Hindenburg und Erich Ludendorff als Befehlshaber der 8. Armee eingesetzt.
23. August	Kriegserklärung Japans an Deutschland.
26.–30. August	Schlacht bei Tannenberg. Vernichtung der russischen Narew-Armee. Abwendung der Gefahr des Vordringens der russischen Armeen über Ostpreußen hinaus ins Reichsgebiet. Entstehung des Mythos von »Tannenberg«.
30. August	Deutsche Truppen stehen an der Marne und bedrohen Paris.

2. September	Vorlage einer Kriegszieldenkschrift des Abgeordneten Matthias Erzberger beim Reichskanzler.
5. September	Formelles Kriegsbündnis zwischen Großbritannien, Frankreich und Rußland im Londoner Vertrag, in dem den Bündnispartnern unter anderem der Abschluß eines Separatfriedens untersagt wird.
5.–12. September	Marneschlacht. Erfolgreiche Gegenoffensive General Joffres und Bedrohung der deutschen 1. Armee durch das britische Expeditionskorps führen zum Abbruch der geplanten konzentrischen Umfassungsoffensive. Damit ist der auf dem »Schlieffenplan« beruhende deutsche Kriegsplan gescheitert.
6.–15. September	Schlacht an den Masurischen Seen. Befreiung Ostpreußens.
9. September	Ausarbeitung der »Vorläufigen Richtlinien über unsere Politik bei Friedensschluß« in der Reichskanzlei, des sog. »Septemberprogramms«; dieses geht von der Erwartung baldiger Friedensverhandlungen mit Frankreich aus.
14. September	Generaloberst Erich von Falkenhayn übernimmt anstelle von Helmuth von Moltke die Leitung der Obersten Heeresleitung. Diese Maßnahme wird vorerst geheimgehalten.
18. September	Vorlage einer Denkschrift des Alldeutschen Verbandes über die Kriegszielfragen beim Reichskanzler. Gleichzeitig »vertrauliche Versendung« in 2000 Exemplaren.
September-November	In verlustreichen Kämpfen können die deutschen Armeen ihre Positionen in Frankreich weiter ausbauen, doch erstarrt die Front schließlich im Stellungskrieg.
3. Oktober	»Aufruf an die Kulturwelt« von 93 Intellektuellen und Künstlern.
20. Oktober	Beginn der Ypernoffensive. Der Versuch, die Alliierten im Westen zu überflügeln und wieder zum Bewegungskrieg überzugehen, scheitert.
Oktober 1914	Kriegseintritt des Osmanischen Reiches auf seiten der Mittelmächte.

1. November	Ludendorff und Hindenburg übernehmen den Oberbefehl im Osten. Auseinandersetzungen mit dem Generalstabschef von Falkenhayn über die deutsche Kriegsstrategie.
2.–6. November	Kriegserklärungen Rußlands, Frankreichs und Großbritanniens an das Osmanische Reich.
10. November	Beginn der verlustreichen Offensivoperationen in Flandern, unter anderem bei Langemarck. Die gesamte Westfront erstarrt in den folgenden Wochen von der Schweizer Grenze bis Dixmuiden im Stellungskrieg.
2. Dezember	Zusammentritt des Reichstages, der die Vorlagen der Reichsleitung im wesentlichen ohne öffentliche Debatte annimmt. Karl Liebknecht brandmarkt den Krieg als einen imperialistischen Krieg um die Beherrschung des Weltmarktes.

1915

25. Januar	Einführung der Brotkarte. Beginn der Rationierung von Lebensmitteln.
Ende Januar	Die Karpatenoffensive Conrad von Hötzendorfs führt zu einer Katastrophe für das österreichisch-ungarische Heer. Einzelne tschechische Verbände laufen zum Gegner über.
4. Februar	Das Deutsche Reich erklärt das Seegebiet um die britischen Inseln zum Sperrgebiet. Ankündigung der Eröffnung des Handelskrieges mit Unterseebooten trotz einer allerdings nur geringen Zahl einsatzfähiger U-Boote ab 18. Februar.
Mitte Februar	Vertrauliche Beratungen im Hauptausschuß des Reichstags. Der »Burgfrieden« gerät angesichts der aufbrechenden Gegensätze zwischen den bürgerlichen Parteien und der Sozialdemokratie an den Rand des Scheiterns.
10. März	Vorlage einer umfangreichen Denkschrift der fünf großen Wirtschaftsverbände an den Reichskanzler mit einem umfassenden Katalog von annexionistischen Kriegszielen in West und Ost.

	Anhang
20. März	Karl Liebknecht und Otto Rühle protestieren im Reichstag gegen den Krieg und verweigern demonstrativ die Zustimmung zu den Kriegskrediten.
22. März	Kapitulation der Festung Przemysl unter Verlust von 200 000 Mann.
25. April	Beginn der Landung britischer Truppen auf der Halbinsel Gallipoli; ein Vordringen auf das Festland mißlingt jedoch unter hohen Verlusten.
26. April	Londoner Vertrag Großbritanniens, Frankreichs und Rußlands mit Italien. Zusicherung großer territorialer Gewinne, insbesondere der Brennergrenze, aber auch an der Adria für den Fall eines Kriegseintritts auf seiten der alliierten Mächte.
7. Mai	Die Versenkung des Passagierdampfers »Lusitania« zwingt zu einer weitgehenden Zurücknahme des Handelskriegs mit U-Booten.
Mitte Mai	Durchbruchsschlacht bei Tarnow-Gorlice. Zurückdrängung der russischen Armeen auf der ganzen Frontlinie, ohne diese entscheidend schlagen zu können. Ganz Kongreßpolen in deutscher Hand, Galizien wieder weitgehend von russischen Truppen frei.
12.–20. Mai	Vorlage einer Neufassung der extrem annexionistischen Kriegszieldenkschrift der nunmehr sechs großen Wirtschaftsverbände beim Reichskanzler. Höhepunkt der Kriegszielagitation in der Öffentlichkeit. Versuch, die zahlreichen kursierenden Kriegszieldenkschriften der Rechten über den Stellvertretenden Kommandierenden General des Rheinisch-Westfälischen Korpsbezirks in Münster General von Gayl am Reichskanzler vorbei unmittelbar dem Kaiser zur Kenntnis zu bringen.
23. Mai	Kriegserklärung Italiens an Österreich-Ungarn.
20. Juni/8. Juli	Die sogenannte Seeberg-Adresse an den Reichskanzler fordert umfassende Annexionen in Ost und West.
9. Juli	Sog. »Intellektuelleneingabe« an den Reichskanzler mit vergleichsweise maßvollen Kriegszielen.
19. August	Versenkung der »Arabic« führt zu erneuten Konflikten mit den USA und zur Rückkehr zum »Kreuzer-

	krieg mit U-Booten« nach der Prisenordnung, und, da die Marineleitung diesen ablehnt, zur weitgehenden Einstellung des U-Boot-Krieges.
6. September	Freundschafts- und Bündnisvertrag des Deutschen Reiches mit Bulgarien.
5. Oktober	Landung britischer und französischer Truppen in Saloniki.
Anfang Oktober	Veröffentlichung von Friedrich Naumanns programmatischem Buch »Mitteleuropa«.
11. Oktober	Niederwerfung Serbiens durch Verbände der Mittelmächte und Bulgariens. Damit wird eine Landverbindung der Mittelmächte zum Osmanischen Reich hergestellt. als Kriegsgegner definitiv ausgeschaltet.
9. Dezember	Interpellation der Sozialdemokraten im Reichstag zu den Kriegszielen der Reichsleitung. Bethmann Hollweg weicht einer eindeutigen Stellungnahme aus und erklärt vielsagend, »das allgemeine Kriegsziel des Deutschen Reiches« sei »die dauernde Sicherung seiner Machtstellung«.
18. Dezember	Der Staatssekretär des Inneren Clemens von Delbrück kündigt im Hauptausschuß die Absicht der Schaffung eines mitteleuropäischen Wirtschaftsverbandes an.
21. Dezember	20 Abgeordnete der Sozialdemokratischen Partei stimmen im Reichstag gegen die Bewilligung der Kriegskredite.

1916

1. Januar	Gründung der »Gruppe Internationale« in Berlin unter führender Beteiligung Karl Liebknechts. Anfänge des Spartakusbundes.
11. Februar	Erklärung des Reichsleitung, daß bewaffnete Handelsschiffe künftig ohne Warnung angegriffen würden.
21. Februar	Beginn der Verdunoffensive.
Mitte Februar	Friedensmission des amerikanischen Diplomaten Colonel Edward Mead House in London und Berlin ohne Ergebnis.

Februar/März	Zunehmend aggressive Kampagne in der Öffentlichkeit zugunsten des »unbeschränkten U-Bootkrieges« als einer angeblich »unfehlbaren Waffe«.
4. März	Kronrat in Pleß. Der unbeschränkte U-Boot-Krieg einstweilen ausgesetzt.
9. März	Kriegserklärung des Deutschen Reiches an Portugal.
15. März	Rücktritt des Großadmirals Alfred von Tirpitz.
16. März	Petition des »Unabhängigen Ausschusses für einen deutschen Frieden« zugunsten des unbeschränkten U-Boot-Krieges in 750 000 Exemplaren versandt und mit 90 000 zustimmenden Unterschriften am 22. März dem Reichstag unterbreitet.
4. Mai	Rückkehr zum reinen Kreuzerkrieg mit U-Booten verkündet.
16. Mai	Sykes-Pikot Abkommen
22. Mai	Errichtung eines dem Reichskanzler unterstehenden Kriegsernährungsamtes zur Zentralisierung der Maßnahmen zur Lebensmittelversorgung der Bevölkerung.
27. Mai	Große Rede des amerikanischen Präsidenten: Parole eines Friedens »ohne Sieger und Besiegte«
31. Mai–1. Juni	Seeschlacht am Skagerrak. Achtenswerter Erfolg der deutschen Schlachtflotte, der aber ihre strategische Nutzlosigkeit demonstrierte.
4. Juni	Brussilow-Offensive. Zeitweiliger Zusammenbruch der österreichischen Front in Galizien. Vorschlag, die gesamten Streitkräfte der Mittelmächte dem Oberbefehl von Hindenburg und Ludendorff zu unterstellen.
1. Juli	Beginn der Sommeoffensive.
27. August	Kriegserklärung Rumäniens an das Deutsche Reich, daraufhin Kriegserklärung der Mittelmächte an Rumänien.
28. August	Kriegserklärung Italiens an das Deutsche Reich.
29. August	Generalfeldmarschall von Hindenburg wird zum Chef des Generalstabes des Feldheeres und Generalleutnant Ludendorff zum ersten Generalquartiermeister ernannt. General von Falkenhayn tritt zurück.

September	Erster Entwurf eines Kriegsleistungsgesetzes seitens der Obersten Heeresleitung zur Mobilisierung aller verfügbaren Arbeitskräfte zwecks Freisetzung zusätzlicher kriegsverwendbarer Kräfte und Steigerung der Rüstungsproduktion. Sogenanntes »Hindenburgprogramm«.
9. Oktober	Beratungen des Hauptausschusses des Reichstags; die Forderung der bürgerlichen Parteien auf unverzüglichen Übergang zum unbeschränkten U-Boot-Krieg wird nur vorläufig abgewehrt.
5. November	Polenproklamation der Mittelmächte. Den Polen wird die Errichtung eines »selbständigen«, aber von den Mittelmächten abhängigen polnischen Staates in Kongreßpolen in Aussicht gestellt.
15. November	Freigabe der Kriegszieldiskussion in der Öffentlichkeit.
5. Dezember	Das Gesetz über den »Vaterländischen Hilfsdienst« tritt in Kraft.
6. Dezember	Einnahme von Bukarest durch die Mittelmächte.
12. Dezember	Friedensangebot der Mittelmächte an den amerikanischen Präsidenten Woodrow Wilson. Aufforderung des amerikanischen Präsidenten an die kriegführenden Mächte, ihre Kriegsziele offenzulegen.
26. Dezember	Die Reichsleitung erklärt sich zur Teilnahme an einer allgemeinen Friedenskonferenz bereit, ohne sich jedoch eindeutig über ihre Kriegsziele zu erklären.
31. Dezember	Die Alliierten lehnen das deutsche Friedensangebot ab. Fortführung der Verhandlungen über die Friedensinitiative des amerikanischen Präsidenten Woodrow Wilson.

1917

9. Januar	Beschluß der Reichsleitung, des Admiralstabs des Reichsmarineamts und der Obersten Heeresleitung, ungeachtet der noch laufenden Verhandlungen mit den Vereinigten Staaten über die amerikanische Friedensinitiative den »unbeschränkten U-Bootkrieg« zum 1. Februar 1918 zu eröffnen.

12. Januar	Hungerrevolte vor dem Hamburger Rathaus. Protest wegen der mangelhaften Versorgungslage im »Steckrübenwinter«. Zahlreiche Protestdemonstrationen gleicher Art in anderen industriellen Zentren.
22. Januar	Der amerikanische Präsident Woodrow Wilson proklamiert einen »Frieden ohne Sieg« auf der Grundlage des Selbstbestimmungsrechts der Völker.
29. und 30. Januar	Ergebnisloser Abbruch der diplomatischen Verhandlungen über die Friedensinitiative des amerikanischen Präsidenten.
1. Februar	Beginn des unbeschränkten U-Bootkrieges.
3.–18. Februar	Interalliierte Konferenz in Paris. Vereinbarung eines weitreichenden Kriegszielprogramms, das unter anderem auch die langfristige wirtschaftliche Niederhaltung des Deutschen Reiches nach dem Ende des Krieges einschloß.
7.–15. März	Russische Februarrevolution. Sturz des Zaren und Bildung einer Provisorischen Regierung. Nebenregierung des Petrograder Arbeiter- und Soldatenrats.
11. März	Eroberung von Bagdad durch britische Truppen.
14. März	Appell des Petrograder Arbeiter- und Soldatenrats an die Völker der Welt, den Krieg durch einen allgemeinen Frieden »ohne Annexionen und Kontributionen« zu beenden; Ankündigung der Reform des preußischen Dreiklassenwahlrechts im preußischen Abgeordnetenhaus durch Bethmann Hollweg.
2. April	Kongreßbotschaft Woodrow Wilsons: Kampf für die Befreiung der Welt von oppressiven Regierungen und für Frieden und Sicherheit für alle Völker.
6. April	Kriegserklärung der Vereinigten Staaten an das Deutsche Reich.
7. April	»Osterbotschaft« Wilhelms II.: Zusicherung der Einführung des allgemeinen, gleichen und direkten, nicht aber des geheimen Wahlrechts in Preußen nach dem Kriege.
6.–8. April	Parteitag der linken Opposition innerhalb der Sozialdemokratie in Gotha. Gründung der Unabhängigen Sozialdemokratischen Partei (USPD).

16. April	Streiks in Berlin, Leipzig und zahlreichen anderen deutschen Großstädten gegen die Verschlechterung der Lebensmittelversorgung, insbesondere die Kürzung der Brotrationen. Lenin reist mit deutscher Unterstützung nach Rußland und trifft am 16. April in Petrograd ein. Parole, die Provisorische Regierung zu stürzen und, statt eine Konstituante zu wählen, »alle Macht den Räten« zu übertragen.
23. April	Kriegszielkonferenz der Mittelmächte in Kreuznach. Unter dem Druck der Obersten Heeresleitung erneut Festlegung auf gigantische Kriegsziele.
4. Mai	Beginn der Beratungen des Verfassungsausschusses des Reichstags über verfassungspolitische Reformen, unter anderem der Festlegung der Verantwortlichkeit des Reichskanzlers gegenüber dem Reichstag.
27. Juni	Unter dem Druck der Alliierten tritt Griechenland in den Krieg ein.
28. Juni	Denkschrift der Sozialdemokratie an Bethmann Hollweg. Androhung, der Reichsleitung die Unterstützung der Partei zu entziehen, wenn sich dieser in der Friedensfrage und in den Reformen nicht eindeutig erkläre.
1. Juli	Beginn der Kerenski-Offensive.
6. Juli	Angriff des Zentrumsabgeordneten Erzberger im Reichstag auf die Marinebehörden wegen ihrer Fehlkalkulationen hinsichtlich der Auswirkungen des unbeschränkten U-Boot-Krieges und der ausbleibenden Friedensbereitschaft der Gegner. Forderung der baldigen Herbeiführung eines »Friedens des Ausgleichs«. Auslösung der Julikrise 1917.
14. Juli	Sturz Bethmann Hollwegs. Berufung von Georg Michaelis auf Betreiben der Obersten Heeresleitung.
19. Juli	»Friedensresolution« des Reichstags, welche die Reichsleitung auf die Herbeiführung eines Verständigungsfriedens festzulegen sucht. Zu diesem Zweck Bildung eines Interfraktionellen Ausschusses der Parteien des Reichstags.

29. Juli	Einrichtung des Vaterländischen Unterrichts in der Armee zwecks Hebung der Kriegsmoral.
1. August	Note des Vatikans an die kriegführenden Mächte zur Vermittlung eines allgemeinen Friedens.
7. August	Berufung Richard von Kühlmanns zum Staatssekretär des Äußeren.
21. August	Einsetzung eines Siebenerausschusses des Reichstages zur Kontrolle der Exekutive auch während der tagungsfreien Zeiten des Reichstags.
2. September	Gründung der Deutschen Vaterlandspartei.
24.–27. Oktober	Großer Offensiverfolg der Mittelmächte bei Caporetto unter Auflösung der italienischen Verbände. Jedoch gelingt die erhoffte Ausschaltung Italiens aus dem Kreis der Gegner der Mittelmächte nicht; die italienische Front kann an der Piave wieder stabilisiert werden.
1. November	Ersetzung des Reichskanzlers Georg Michaelis durch Graf Hertling.
7. November	Oktoberrevolution in Rußland. Übernahme der Macht in Petrograd durch die Bolschewiki unter Führung von Lenin und Trotzki.
9. November	»Dekret über den Frieden«: Appell des russischen Kongresses der Arbeiter- und Bauernräte an die Regierungen und Völker der kriegführenden Staaten auf sofortigen Abschluß eines Friedens ohne »Annexionen und Kontributionen«.
20. November	Schlacht von Cambrai; erstmaliger wirkungsvoller Einsatz von Tanks durch die britische Heeresführung.
29. November	Erklärung des Reichskanzlers Graf Hertling im Reichstag, das Deutsche Reich sei zum Abschluß eines Friedens mit dem revolutionären Rußland auf der Grundlage des Selbstbestimmungsrechts der Nationen bereit, freilich unter der Voraussetzung der Ablösung der Randstaaten Estland, Litauen, Kurland, Polen sowie der Ukraine von russischen Reich.
3. Dezember	Beginn der Verhandlungen über einen Waffenstillstand mit dem revolutionären Rußland in Brest-Litowsk.

6. Dezember	Proklamation der Unabhängigkeit Finnlands.
7. Dezember	Die Vereinigten Staaten erklären Österreich-Ungarn den Krieg.

1918

1. Januar	Gründung des Spartakusbundes in Berlin.
5. Januar	Rede Lloyd Georges vor englischen Gewerkschaftlern zur Friedensfrage.
8. Januar	Der amerikanische Präsident Woodrow Wilson verkündet sein Programm der »Vierzehn Punkte« zur Herbeiführung eines weltweiten Friedens.
10. Januar	Abbruch der Friedensverhandlungen in Brest-Litowsk durch Trotzki mit der Parole »Weder Krieg noch Frieden«.
16. Januar	Spontane Massenstreiks in Wien und zahlreichen anderen Industriestädten der Donaumonarchie, die sich gegen die Verhandlungsführung der Mittelmächte in Brest-Litowsk richten.
28. Januar	Ausbruch von spontanen Massenstreiks in zahlreichen Städten des Deutschen Reiches, die sich ebenfalls gegen die Verhandlungsführung der Mittelmächte in Brest-Litowsk richten.
9. Februar	»Brotfriede« zwischen den Mittelmächten und der ukrainischen Rada.
18. Februar	Wiederbeginn des deutschen Vormarsches im Osten.
26. Februar	Lenin setzt sich mit der Strategie des »Sozialismus in einem Lande« durch. Wiederaufnahme der Friedensverhandlungen mit den Mittelmächten.
3. März	Friedensvertrag von Brest-Litowsk unterzeichnet. Ablösung Polens, Litauens, Estlands, Lettlands und der Ukraine vom Russischen Reich.
21. März	Beginn der großen Märzoffensive an der Westfront; große Anfangserfolge, aber eine strategische Ausnutzung des erzielten Durchbruchs mißlingt.
3. April	Beginn der deutschen Intervention in Finnland zur Unterstützung des finnischen Unabhängigkeitskampfes.

5. April	Abbruch der Märzoffensive nach deutschen Verlusten von mehr als 300000 Mann. Erste Auflösungserscheinungen.
9.–21. April	2. deutsche Ypernoffensive. Erstürmung des Kemmelbergs.
Mai/Juni	Erneute deutsche Offensiven an der Westfront, ohne nachhaltige strategische Ergebnisse.
7. Mai	Friede von Bukarest zwischen den Mittelmächten und Rumänien.
24. Juni	In einer Rede im Reichstag läßt von Kühlmann anklingen, daß eine Beendigung des Krieges durch rein militärische Entscheidungen nicht mehr erwartet werden könne. Daraufhin erzwingt die Oberste Heeresleitung Kühlmanns Entlassung.
8. August	Tankangriff der britischen Armeen bei Amiens. Schwere Einbrüche in die deutsche Front. In der Folge Rückzug der deutschen Armeen auf eine vorher ausgebaute rückwärtige Linie, die sog.»Siegfriedstellung«.
14. August	Ludendorff räumt ein, daß man nur noch hoffen könne, durch strategische Defensive den Kriegswillen des Gegners allmählich zu lähmen.
25. September	Friedensersuchen Bulgariens.
26. September	Erneuerung der Offensive der Alliierten. Die deutschen Truppen werden unter schweren Verlusten schrittweise zurückgedrängt.
29. September	Die Oberste Heeresleitung fordert von der politischen Führung überraschend die sofortige Herausgabe eines Waffenstillstandsangebots und die Bildung einer parlamentarischen Regierung.
30. September	Bulgarien schließt einen Waffenstillstand mit den Alliierten und Assoziierten Mächten.
3. Oktober	Bildung einer parlamentarischen Regierung unter der Kanzlerschaft des Prinzen Max von Baden, getragen von den Mehrheitsparteien des Reichstages. Note an den amerikanischen Präsidenten mit dem Ersuchen um Herbeiführung eines Friedens auf der Grundlage der »Vierzehn Punkte«.

14. Oktober	2. amerikanische Antwortnote. Die Annahme des deutschen Friedensersuchens wird darin in kaum verhüllter Form davon abhängig gemacht, daß die neue Regierung für die Bevölkerung und nicht für die alten Gewalten spreche. Wilhelm II. lehnt jedoch jetzt wie späterhin die Abdankung ab.
16. Oktober	Kaiserliches »Völkermanifest« Karls I., das Gleichberechtigung aller Nationen der Donaumonarchie im Rahmen eines föderativen Systems in Aussicht stellt.
24. Oktober	Hindenburg und Ludendorff verlangen den Abbruch der Waffenstillstandsverhandlungen wegen der zu erwartenden erniedrigenden Bedingungen sowie die Wiederaufnahme des Kampfes. Ludendorff wird daraufhin zwei Tage später entlassen und durch General Wilhelm Groener ersetzt.
29. Oktober	Die Matrosen der Hochseeflotte in Kiel verhindern das Auslaufen der Schiffe.
30. Oktober	Das Osmanische Reich ersucht um Abschluß eines Waffenstillstands.
3. November	Proteste gegen die Inhaftierung der aufständischen Matrosen führen zur Übernahme der Macht in der Stadt Kiel durch die Mannschaften der 3. Flotte, in Zusammenarbeit mit den lokalen Funktionären der Sozialdemokratischen Partei, zunächst nur als Abwehr gegen militärische Disziplinierungsmaßnahmen. Ersuchen der in innerer Auflösung befindlichen Donaumonarchie um unverzügliche Vereinbarung eines Waffenstillstands.
5.–7. November	Sprunghafte Ausbreitung der revolutionären Bewegung von Kiel aus auf ganz Deutschland, mit dem vordringlichen Ziel der sofortigen Beendigung des Krieges.
7. November	Revolutionsregierung in München unter Kurt Eisner gebildet.
8. November	Beginn der Waffenstillstandsverhandlungen in Compiègne.
9. November	Sieg der Revolution auch in der Hauptstadt Berlin.

Übergabe der Regierungsgeschäfte an Friedrich Ebert, der zum Vorsitzenden des Rats der Volksbeauftragten gewählt wird. Abdankung Wilhelms II. noch von Prinz Max von Baden verkündet. Ausrufung der Republik durch Karl Liebknecht und wenig später auch durch Philipp Scheidemann.

11. November   Unterzeichnung des Waffenstillstandsvertrages in Compiègne.

Orts- und Sachregister

Abnutzungskrieg 50, 137
Abnutzungsschlacht 66
Achtstundentag 108
AEG 80
Afrika, Nordafrika 23
Agadirkrise (1911) 25
Albanien 50, 52
Alldeutscher Verband 50, 61
Allrussischer Rätekongreß, Zweiter 138
Alltagsgeschichte 19
Amiens, Schlacht (1918) 146
»An die Kulturwelt« (1914) 114
Angestellte 101 ff., 107, 111
Angestelltenverbände 107
Angestelltenversicherung 103
Anleihescheine 85
Annexionskrise (1908) 28
Antisemitismus 14, 17 f., 61, 119 f., 153
Antwerpen, Belagerung 43
»Arabic«, französisches Passagierschiff 71
Arbeit 129
Arbeiter, Arbeiterschaft 16, 19, 34, 36 f., 58, 60, 75, 79 f., 89 f., 97–103, 106–112, 127, 139–142, 145
Arbeiter, Freizügigkeit 89
Arbeiter- und Soldatenräte 150
Arbeiterausschüsse 89
Arbeiterbewegung 111 f., 150, 152
Arbeitskräftemangel 79, 93, 99
Arbeitslosigkeit 39, 100
Arbeitspflicht 89
Arbeitszeit 109, 112
Armeezeitungen 20, 127
»August 1914« 119, 121
»Augusterlebnis« 16, 35 f.
Avantgarde 113, 153

Bagdadbahn 22
Balkankrieg, dritter 24
–, erster 23
–, zweiter 28
Baugewerbe 97
Bayern, Beamte 103
–, Verarmung 104
Beamte 18, 27, 77, 82, 101, 103, 108, 111 f., 115
Beamtenverbände 107
Belgien 42, 61, 114
–, Besetzung 42, 47
–, deutsche Truppen in 33
–, Kriegszieldebatte 136 f.
–, Neutralität 33 f., 41 f.
Bergbau 97
Berlin 95
–, Fabrikunruhen 141
–, Kirchen 122
–, Lebensmittelunruhen (1916/17) 95
–, Sozialstruktur 98
Betriebe 99, 102
–, Kleinbetriebe 99, 104
–, mittelständische 81, 99
Blockade 47
Bordeaux, Regierungssitz 44
Bosnien 28
Brenner 53
Brest-Litowsk, Friede von (1918) 110, 138–143
Briefe, Soldatenbriefe 20
Brotkarte 94
Brotunruhen 109
Bürgertum 14, 16, 18 f., 26, 35, 111, 150, 152 f.
Bukarest, Friede (1913) 23, 28
Bukowina 51
Bulgarien 50
–, Friedensersuchen 147
–, Neutralität 51
»Bund der Industriellen« 82

Orts- und Sachregister

»Bund der Landwirte« 104
Bundesrat 37, 39
»Burgfrieden« 37, 39, 60, 64, 105, 159, 161

Caporetto, Schlacht (1917) 138
»Centralverband deutscher Industrieller« 82
Centralverein deutscher Staatsbürger jüdischen Glaubens 120
Chemieindustrie 98 f.
China, deutsche Kolonien 53

Dalmatien 52 f.
Dardanellen 49
Darlehnskassenscheine 84
Darlehnsscheine 85 f.
»Defätismus« 145
Dekolonisation 14, 153
»Dekret über den Frieden« 138
Demographie 19
Demokratisierung 151
Denkmäler 19
Denkschriften 60 ff., 64, 114
Deutsche Vaterlandspartei 65
»Deutscher Nationalausschuß für einen ehrenvollen Frieden« 65
Deutsches Reich 15, 18
–, Außenpolitik 22 f., 27, 150
–, Beamte 103
–, Bürgertum 26, 153
–, Diplomatie 25, 29 f.
–, Flottenbau 24
–, Friede von Brest-Litowsk (1918) 138–142
–, Friedensdebatte 77 f., 134, 146
–, Friedensprogramm 148
–, Generalstab 27, 29, 48
–, Gesellschaft 152
–, Heer 41 f., 74, 83, 143 f.
–, Ideologien 118
–, Imperialismus 26, 150
–, Industrie 79–82, 87 f., 90, 97 ff.
–, Innenpolitik 27, 37, 39, 47, 56, 58–61, 63, 65 f., 77, 134

–, Kirchen 119 f.
–, Kolonien 23, 53, 153
–, Kriegführung 66, 69–72, 74
–, Kriegsdiskussion 27
–, Kriegserklärung 33
–, Kriegsfinanzierung 84–88
–, Kriegsfolgen 151 ff.
–, Kriegsindustrie 81, 100
–, Kriegskosten 83–87
–, Kriegsmoral 116, 144 f.
–, Kriegsursachen 150
–, Kriegsverluste 67 f.
–, Kriegswirtschaft 78–82, 87 f., 90 f., 95, 105
–, Kriegsziele 57–66, 71 f., 76
–, Kultur 151
–, Kunst 113–119, 151
–, Landwirtschaft 36, 92 f., 96 f., 105, 112
–, Lebensmittelversorgung 90, 92, 94 ff.
–, Literatur 113–119
–, Mangelwirtschaft 94, 96
–, Massenstreiks (1917) 140
–, Mobilmachung 33
–, Nationalismus 26, 121
–, öffentliche Meinung 23, 25, 33 f., 36, 38 ff., 50, 146, 151
–, Österreich(-Ungarn) 27, 55
–, Ostgebiete 142
–, Parlamentarisierung 151
–, Parteien 18, 59 f., 75–78, 144
–, Polen 74
–, Preispolitik 92 ff.
–, Propaganda 116, 145
–, Reformpläne 75, 77
–, Reichstag 77
–, Reichsverfassung 27
–, Revolution (1918) 149 f., 152
–, Rüstung 79 f., 82, 88, 90
–, Rußland 75
–, Rußlandpolitik 55
–, Sozialleistungen 84, 87
–, Sozialstruktur 97–113

Orts- und Sachregister

–, Staatsdirigismus 99, 105
–, Steuern 85f.
–, »totaler« Krieg 74
–, U-Boot-Krieg 47, 69–74
–, Vereinigte Staaten von Amerika 73
–, Verfassung 115
–, Waffenstillstand 147f.
–, Wirtschaft 78f., 88
–, Zollpolitik 104
Deutschlandlied 21
Devisenhandel, Verbot 84
Diakonissen 129
Dienstboten 112
»Dolchstoßlegende« 21, 149
Dreibund 25, 34, 51
Dreibundvertrag (1914) 51
Dreiklassenwahlrecht 18, 58, 75, 115, 141, 144, 149
Düsseldorf, Sozialstruktur 98

Einzelhandel 91f., 95f.
Eisenbahn 22, 25, 41
Eisenindustrie 98f.
Eliten 16, 18, 113, 150
Elsaß 42, 137
–, Besetzung 128
Emanzipation 129, 152f.
Emigration, innere 117
Entente 26, 29f.
Ermächtigungsgesetze 37
Ernährung 88, 96, 109
Ernten 93
»Ersatzgesellschaft« 131
Ersatzstoffe 80f.
Erz 89
Estland 142

Fabrikarbeiterinnen 129
Fabrikinspektorinnen 129
Fabrikschließungen 100
Facharbeiter 80, 89, 98, 102, 110
Fahnenflucht 67, 125
Feldgeistliche 124

Feldpost 20, 124, 126
Film 116f.
Flandern 21, 46, 144
Fliegerangriffe 128
Flotte, deutsche 47
–, Kosten 83
Flottenabkommen 26
Flottenbau 24, 26
Flottenkonvention 26
Fortschrittliche Volkspartei (Partei) 18, 76
Frankreich 25, 28, 34, 41–45, 47, 50, 55, 66f., 69, 125, 137
–, Allianz mit Rußland 25
–, Besetzung 47
–, Diplomatie 33
–, Großbritannien 25
–, Heer 41
–, Kolonien 54
–, Kriegführung 44, 46, 66
–, Kriegsbeginn 33
–, Kriegsverluste 67f.
–, Kriegsziele 17
–, Zerstörungen 69
Franktireurs 42
Frauen 19, 40, 79, 102, 129, 133
–, Armut 130
–, Beschäftigte 100, 102, 129
–, Brotunruhen 109
–, Fabrikarbeit 129
–, Krankenpflegedienst 128f.
–, Kriegsgesellschaft 130f.
–, Protestbewegungen 133
–, Versorgung 130
–, Wahlrecht 141
Frauenarbeit 79
Frauenvereine, Vaterländische 129
Freiburg i. Br., Fliegerangriffe 128
Friedensdebatte 110, 135
–, Siegfrieden 135, 139
–, Verhandlungsfrieden 117, 134, 136f.

–, Verständigungsfrieden 134 ff., 151
Friedensindustrien 74, 81, 87, 89, 99 f., 109
Friedensresolution 134, 137
Friedenssehnsucht 117
Fronterlebnisse 20
Frontverläufe 42, 44, 46, 49, 66, 143 f.

Galizien 43, 47, 49, 67, 74
Gallipoli, Schlacht 49
Gedenkblätter 132
»Geist des August 1914« 35, 113
Generalstab, deutscher 29
Geschichtsschreibung 14 f., 17 f., 115
Geschichtswissenschaft 14
Gesellschaft, Kriegsfolgen 18
Getreide 93
Gewerbe 103, 111
Gewerkschaften 39, 58 ff., 75, 89 f., 106–111, 134, 139, 141
Giftgas 143
Görlitz, Kreissynode 123
Golddeckung 84
Goldeinlösepflicht 84
Gotha, Gründung der USPD (1917) 75, 141
Griechenland 50, 52
Großbritannien 15, 22, 24 ff., 32 f., 46 f., 50, 52, 54 f., 69 f., 74, 125, 143, 149
–, Diplomatie 31, 33 f.
–, Expeditionskorps 44 f., 66
–, Flotte 24, 26
–, Frankreich 25
–, Heer 49, 67
–, Italienpolitik 52
–, Kolonien 54 f.
–, Kriegführung 46, 49 f., 70
–, Kriegsbeginn 36
–, Kriegserklärung 34
–, Kriegsschuld 15

–, Kriegsverluste 67 f.
–, Kriegsziele 17
–, Neutralität 24, 33
–, Parlament 34
–, Parteien 34
–, Seeblockade 69 f.
–, U-Boot-Krieg 70
Großindustrie 81, 99, 101 f., 106
Großstädte 35
Großunternehmen 98, 129
–, Industrie 19
Grundstoffindustrie 19, 98

Haber-Bosch-Verfahren 80
Hamburg 95
–, Hungerkrawalle 95
–, Sozialstruktur 98
Handel 70, 92, 104, 132
Handelskrieg 70
Handelsschiffahrt 70 f.
Handwerk, Handwerker 81, 97, 99
Hausbesitzer 91, 103 f., 111
Heer 147
–, Ausrüstung 144
–, Kampfkraft 42
–, Kampfmoral 143 f., 146
–, Kosten 83
–, Nachschub 44 f., 79, 144
–, Waffen 143
–, Zahlenstärke 41, 143
»Heimatfront« 129–134, 149, 152
Herzegowina 28
Hilfsdienstgesetz 89, 106, 108
Hindenburgfrieden 145
»Hindenburgprogramm« (1916) 88 ff., 100
Hirsch-Dunckersche Gewerkvereine 106
Hochschutzzollpolitik 104
Hochseeflotte 149
Hunger 48, 78, 95, 104, 131
Hungerkrawalle 95

Orts- und Sachregister

Imperialismus 14, 22 f., 26, 37, 54, 151
Import 80
Industrialisierung 97
Industrie 80 ff., 86–90, 96–100, 102, 105, 108 f., 115, 131, 140, 142
–, Arbeiter 129
–, gemischte 99 f.
–, Investitionen 98
–, Löhne 101
–, Protestbewegungen 109 f.
–, Staatsdirigismus 100
Inflation 19, 87, 97, 100, 103 f., 112
Intellektuelle 35, 113–118, 151
–, italienische 53
–, und Einstellung zum Krieg 114
Interessenverbände 107 f.
»Interfraktioneller Ausschuß« 134, 151
Invaliden 128
Istrien 53
Italien 25, 51 ff., 55, 69
–, Adria 52
–, Dalmatien 52
–, Dreibund 25, 34, 51
–, Imperialismus 23, 25
–, Innenpolitik 53
–, Istrien 53
–, Kriegführung 52 f.
–, Kriegseintritt 49
–, Nationalismus 53
–, Neutralität 51 f.
–, Nordafrika 23
–, Südtirol 52
–, Trentino 52
–, Triest 52
–, Vatikan 53

Januarstreik (1918) 110
Japan, deutsche Kolonien 53
–, Kriegführung 53
Jesuitenparagraph 58

Journalisten 38
Judentum 119 f.
Jugend 96
–, Beschäftigte 100
–, Brotunruhen 109
Jugendbewegung 118
Jugendliche, Beschäftigte 102
–, Kriminalität 96
–, Lebensmittelversorgung 131
Julikrise 22 f., 31, 33, 66, 77
»Juliresolution« 78

Kapitalismus 108
Kapitalkonzentration 19, 97 f.
Karpatenoffensive 48
Kartoffeln 93 f.
Katholizismus, Katholiken 58, 119 f.
Kaufleute 103 f.
Kiel 149
–, Matrosenrevolte 135, 149
–, Sozialdemokratie 149
Kindersterblichkeit 96
Kirchen 19, 113, 119–122
–, Einstellung zum Krieg 119, 121
–, Kriegsverluste 132
–, Nationalismus 119, 121
–, Staatstreue 120 ff.
Klassen, Arbeiterklasse 102
Kleingewerbe 81, 92
Kohle 52, 89 f., 99, 130
Kolonialmächte 153
Kolonien 22
–, britische 54
–, französische 54
–, portugiesische 54
Kongreßpolen 49, 74
Konservative 37 f., 63, 75
»Konservative Revolution« 118
Konstantinopel 55
Konsumgüterindustrie 81, 99 f., 132
Krankenhäuser 128

Kredite 85
Krieg, totaler 18, 51, 74, 152
Kriegerfrauen 91, 130
Kriegerfriedhöfe 19, 133
Kriegführung 40
–, Geheimhaltung 45, 50
Kriegsalltag 123–134
Kriegsanleihen 85 f., 112, 120, 131
Kriegsanleihezertifikate 85
Kriegsausschüsse 82
»Kriegsausschuß der deutschen Industrie« 82, 106
Kriegsbündnisse 50
Kriegserklärungen 53 f.
Kriegserlebnisse 123, 127
Kriegsernährungsamt 96, 106
Kriegsfinanzierung 78, 88
Kriegsfolgen 18 f., 151 ff.
Kriegsfreiwillige 36, 40, 114, 123
Kriegsgesellschaft 130 f.
Kriegsindustrie 99, 101
–, Arbeiter 101
–, Löhne 101
–, Reichsgarantien 98
Kriegsinvaliden 128
Kriegskapitalismus 108
Kriegskosten 132
Kriegskredite 16, 37, 57, 65
Kriegslasten 74
Kriegsministerium, preußisches 119
Kriegsmoral 116
Kriegsrohstoffabteilung 82
Kriegsrohstoffgesellschaften 80 f., 83, 98, 105
»Kriegssozialismus« 81 f.
Kriegssteuern 86
Kriegsverluste 19, 49, 67 f., 122, 132, 146
Kriegswirtschaft 39, 87–97, 105
Kriegsziele 15, 17, 51, 53, 56–66, 71 ff., 76, 124, 127, 135 ff., 139 f., 142

Krim 142
Kriminalität 96
Krimkrieg (1853–1856) 55
Kronrat 72
Krupp, Firma 101
Kultur 113 ff., 118 f., 151, 153
Kunst 20, 151
–, innere Emigration 117
–, und Einstellung zum Krieg 113 ff., 117 f.
Kurland 139

»Landesräte« 140
Landwirtschaft 80, 93–97, 104 f., 107, 112, 142
–, Arbeitskräftemangel 93, 104
–, Hungerkrawalle 95
–, Industrialisierung 97
–, Kriegslasten 36
–, Lebensmittelversorgung 95
–, Schwarzmarkt 105
–, Staatsdirigismus 104
–, Zollpolitik 104, 112
–, Zwangsbewirtschaftung 96
Langemarck, Schlacht (1914) 21, 46
Lebenshaltungskosten 91, 100, 102 f.
Lebensmittelrationierung 94
Lebensmittelversorgung 39, 78, 81, 88, 90–96, 103–106, 109, 112, 120, 130 f., 137
Lehrer 116
Leipzig, Streiks (1917) 95, 110
Lettland 142
Libyen 23
Litauen 139, 142
Literatur 20, 153
–, innere Emigration 117
–, und Einstellung zum Krieg 113 ff., 118
Löhne 89 f., 92, 100–103, 106, 109, 111, 130
London, Vertrag (1914) 55

Orts- und Sachregister

– – (1915) 53
Longwy-Briey, Erzgebiet 61
Lothringen 137
Lüttich 43
–, Kampf um 42
»Lusitania«, englisches Passagierschiff 54, 71
Luxemburg, Besetzung 42, 44

Märzoffensive (1918) 125, 128
Malerei 20
Manifeste 114
Marneschlacht 44 f., 63, 146
Marokkokrise, zweite 23
Marxismus-Leninismus 14
Marxisten 141
Maschinen 88, 93, 112
Maschinenbau 98 f.
Massenkultur 116
Massenstreik 75, 110
Materialschlachten 21, 66, 69
Matrosenrevolte 135, 149
Mehrfrontenkrieg 29
Mehrheitssozialdemokratie 18, 75, 106, 112, 141, 145–149
Metallindustrie 141
Militärlazarette 128 f.
Militärstreik 128
Militarisierung 114
Mission Villalobar 137
Mitteleuropa, Einigungspläne 55
Mittelschichten 112
Mobilmachung 33, 35 f.
Montenegro 51
Mythen 19 ff., 43 f., 46, 68, 118, 127, 133

Nahrungsmittel *s. u.* Lebensmittelversorgung
Nationalgeschichtsschreibung 17
Nationalismus 14, 16 f., 26, 34 f., 38, 118, 121, 150 f., 153
–, italienischer 53
Nationalitätenprinzip 53

Nationalkonservativismus 118
Nationalliberalismus, Nationalliberale 18, 26
Nationalsozialismus 14 f., 17, 153
Neutralität 51
– *s. a.* Belgien, Bulgarien, Italien, Niederlande, Rumänien
»Nibelungentreue« 30
Niederlande 69
–, Neutralität 41, 69
Nitrate 80, 93
Nordsee 26, 47

Oberost 43
Oberste Heeresleitung 21, 40–45, 47 f., 66, 76 ff., 89, 116, 134, 136–139, 142, 145, 147 f.
–, Dritte 88, 106
Oberstes Hauptquartier 44
Öffentlichkeit 65, 71, 149
–, deutsche 35, 56
Österreich(-Ungarn) 18, 23, 25–28, 30 f., 34, 41, 49, 51 ff., 56, 62, 67, 137, 139
–, Adria 52
–, Außenpolitik 23
–, Balkan 23, 28, 51
–, Balkanpolitik 28
–, Bürgertum 26
–, Bulgarien 51
–, Deutsches Reich 55
–, Diplomatie 30
–, ethnische Gruppen 31
–, Friedensersuchen 147
–, Heer 41, 48, 67
–, Imperialismus 26
–, italienische Reichsteile 51
–, Kriegführung 47–50
–, Kriegsschuld 16
–, Kriegsziele 51, 76
–, Massenstreiks (1917) 140
–, Militär 56
–, Nationalismus 26
–, Polen 56

Orts- und Sachregister

–, Schlesien 52
–, Serbien 28, 31 f., 43, 47
–, Südtirol 52
–, Trentino 51 f.
–, Triest 52
–, Zollpolitik 56
Osmanisches Reich 22, 50, 153
–, Balkan 23
–, Kapitulation 147
–, Kriegführung 47, 49, 52
Ostpreußen 43, 48

Paris 44
–, Kampf um 44
Parlamentarismus 18, 115
Parteien 18, 23, 26, 35, 37 ff., 50, 58 ff., 63, 65 f., 72, 74–78, 83, 86, 89, 111 f., 116, 134 ff., 141 f., 144–148, 150 ff.
–, Friedensdebatte 134
Pazifik, deutsche Kolonien 53
Pazifismus 113, 117, 141
Petrograd 33, 74
–, Arbeiter, Arbeiterschaft 75
–, Arbeiter- und Soldatenräte 74 ff.
–, Hungerrevolte (1917) 74
–, Massenstreik 74
–, Oktoberrevolution 138
– s. a. St. Petersburg
Pfarrer 116, 119
Pleskau 142
Polen 56, 74, 139, 142
–, polnische Frage 56
»Polenmanifest« 74
Pommern 26
Portugal 53
Postkarten 117
Preise, Preisentwicklung 79, 83, 91–94, 98, 100 f., 105, 107, 130
Preiskontrollen 92
Preisprüfungsstellen 92
Preistreibereiverordnung (1915) 91

Preiswucher 92
Presse 38, 152
Pressezensur 38
Preußen 27, 75, 77, 141
–, Wahlrechtsreform 141 f., 144, 149
Propaganda 65, 85, 116 f., 132, 145 f., 149, 153
Protestantismus, Protestanten 119–122
Protestbewegungen 109 f.
Przemysl, Festung 47 f.

Reformvorlage 58
Regimentsgeschichten s. u. Mythen
Reichsamt des Innern 102
Reichsbahn 90
Reichsbank 83 f., 88
Reichsdarlehnskassen 84
Reichsmark 84
Reichsschatzamt 82, 89
Reichsschatzanweisungen 86
Reichstag 18, 26, 37, 39, 57 f., 63, 76 f., 85, 89, 107, 111, 134 ff., 139, 151
–, Ernährungsbeirat 95
–, Friedensdebatte 134–137, 145
–, Friedensresolution 137
–, Hauptausschuß 39, 77, 136
–, Parteien 26, 37, 134 ff.
–, Siebenerausschuß 137
Reichsverfassung 134, 149
Reichsversicherungsordnung (1912) 102
Religion 119
Rentiers 103
Reservisten 36, 40, 46, 49
Revisionisten 141
Revolution (1918) 150
Rheinmetall, Firma 101
Rohmaterialien 98
Rohstoffbewirtschaftung 78, 80 f., 88, 99
Rohstoffe 69, 80 f., 98 ff., 105, 120, 131

Orts- und Sachregister

Rotes Kreuz 40, 129
Rüstung 24, 83, 87f., 90, 98f.
–, Aufrüstung 24
Rüstungsausgaben 81
Rüstungsbetriebe 80, 83, 109, 141
Rüstungsindustrie 19, 80, 82, 86, 92, 98ff., 129
Rüstungsproduktion 74, 88, 101, 106, 112
Rumänien 34, 51ff., 69
–, Kriegführung 68
–, Kriegseintritt 49
–, Neutralität 51
–, Rohstoffe 69
Rußland 23, 25f., 28f., 33f., 41, 43f., 47ff., 51f., 54f., 61, 74, 138f., 142, 153
–, Allianz mit Frankreich 25
–, Balkan 31f.
–, Brussilow-Offensive 67
–, Diplomatie 32f.
–, Duma 74
–, Eisenbahn 25, 41
–, Februarrevolution (1917) 74f.
–, Flotte 26
–, Frankreich 55
–, Friede von Brest-Litowsk (1918) 139f., 142f.
–, Großbritannien 55
–, Heer 41
–, Hungerrevolten 74
–, Italien 55
–, Italienpolitik 52
–, Kohle 142
–, Kriegführung 47ff.
–, Kriegsbeginn 33f.
–, Massenstreik 74
–, Narewarmee 43
–, Oktoberrevolution 16, 55, 117, 138–143
–, Revolutionsregierung 138
–, Rüstung 25, 27, 29
–, Vormarsch 43

Saarburg, französische Besetzung 42
Saloniki 50
Salpeternitrate 80
Sammelaktionen 131 f.
St. Petersburg 33
Sarajewo 27
–, Attentat (1914) 28, 30
Schlesien 52
Schleswig-Holstein 95
Schlichtungsausschüsse 90
Schlieffenplan 29, 41, 44f.
Schützengrabenzeitungen 20, 127
Schutzzölle 113
Schwarzmarkt 91, 94ff., 103, 105, 109
Schwerindustrie 88
–, rheinisch-westfälische 61
Sedan, Schlacht (1870) 40f., 44
Seeblockade 69f., 80, 93
»Septemberprogramm« (1914) 46, 62
Serbien 23, 27–32, 43, 47, 51, 66
–, Armee 50
–, Ultimatum (1914) 31
Siebenbürgen 51
Skandinavien 53
Slawen 31
–, Südslawen 23
Soldaten 122, 124, 127, 152
–, Alltag 123
–, Disziplin 123
–, Fahnenflucht 125
–, Familie 126
–, Feldpost 124ff.
–, Kampfmoral 124, 127f., 144
–, Kriegspsychosen 125
–, Kriegsverluste 132
–, Lazarette 128
–, Mythen 127, 132f.
Somme, Schlacht 67f.
–, Stellungskrieg 115
Sonderfrieden 139
Sosnovice 52

Sozialdemokratie   16, 26, 30, 37, 57–60, 63, 65, 75f., 78, 92, 107, 111, 134, 141, 146, 149, 151
– (Reichstagsfraktion)   37
»Sozialdemokratische Arbeitsgemeinschaft«   65, 111
Sozialdemokratische Partei   33, 118
Sozialgesetzgebung   89
Sozialismus, Sozialisten   118
Sozialmaßnahmen   39
Spa, Waffenstillstand   147
Spanien   53
Spartakusbund (1918)   111
Spendenaktionen   131
Staat   59, 69, 102
Staatssozialismus   82
Staatstheorien   115
Städte   35, 95f.
– s. a. Großstädte
Stahlindustrie   98f.
Steckrübenwinter (1916/17)   94f., 166
Stellungskrieg   46, 67, 69, 123ff.
Sterblichkeit   96
Steuern   83, 86f., 102
Stinnes-Legien-Abkommen (1918)   108
Streik   95, 101, 109f., 127, 141
Stuttgart, Sozialstruktur   98
Südtirol   52f.

Tannenberg, Schlacht (1914)   21, 43, 47, 68
Tarnow-Gorlice, Schlacht (1915)   49
Textilindustrie   81, 99f.
Theologie, Nationalismus   121f.
Tilsit, Friede (1807)   142
Trentino   51ff.
Triest   52f.

U-Boot-Krieg   47, 54, 69–74, 77, 126

–, unbeschränkter   68–74
U-Boote   70f.
Ufa   116
Ukraine   142
Unabhängige Sozialdemokratische Partei Deutschlands (USPD)   66, 75, 111, 141
»Unabhängiger Ausschuß für einen Deutschen Frieden«   65
Universitäten   89
–, Professoren   114, 116
Unternehmen   97f., 109
Unternehmer   79, 82f., 89f., 92, 96, 100f., 106, 109–112
Unternehmerverbände   108
»Urkatastrophe« (George Kennan)   14, 150

Valona   53
»vaterländischen Unterricht«   144
Vaterländischer Frauenverein   40
Vatikan   137
–, Friedensangebot (1917)   120, 136f.
Verarmung   87–97, 103f., 108f., 111f., 152
Verdun   66ff.
–, Offensive   68
–, Stellungskrieg   67, 115
Vereinigte Staaten von Amerika   54, 70ff., 74, 148
–, Deutsches Reich   73
–, Friedensprogramm   72f.
–, Großbritannien   54
–, Innenpolitik   54
–, Kriegseintritt   71, 73f.
–, Kriegsziele   73
–, »Vierzehn Punkte«   147f.
–, Waffenstillstand   148
–, Weltmacht   153
–, Westoffensive (1918)   143
–, Wirtschaft   54
Vereinsgesetz   58
Verfassung   134

Orts- und Sachregister

Verfassungsausschuß 76
Verlage 113
Verleger 38
Vermögensabgabe von 1913 83
Versailles, Friedensvertrag 153
Verstädterung 61
Vertreibung 17
»Vierzehn Punkte« 139, 147
Völkerbund 117, 146
Völkerrecht 42, 54, 70f.
Völkische Bewegung 118
»Volksbund für Freiheit und Vaterland« 135
Volkskrieg 41
Volkstumspolitik 17
»Von kommenden Dingen« (1916) 82

Waffen 40
– s. a. *Flotte, deutsche; Giftgas; Heer, Ausrüstung; Rüstung*
Waffenstillstand 147f.
Wahlrecht 77, 141
Wahlrechtsreform in Preußen 75, 110, 144, 149
Weimarer Republik 18, 21, 111, 119, 134, 151
Westmächte 73
Westoffensive (März 1918) 143–146

Wilhelmshaven 149
Wirtschaft 18, 22, 78f., 81ff., 86, 88, 90, 94, 99ff., 106
–, Arbeitskräftemangel 99
–, Kriegsindustrie 99
–, Staatsdirigismus 99f.
Wissenschaft, Wissenschaftler 146
Witebsk 142
Württemberg, Beschäftigtenzahlen 99

Zeitungen, Zeitschriften 38, 113, 145
Zensur 38, 56, 85, 113, 117, 126f.
–, militärische 59
Zentral-Einkaufsgesellschaft 82
»Zentralarbeitsgemeinschaft« (1918) 108
Zentrum (Partei) 18, 26, 76, 78
Zivilisation 118
Zollpolitik 56
Zuckerrübenanbau 93
Zwangsarbeiter 80
Zwangsverpflichtung 89
Zweibund 25
Zweifrontenkrieg 41, 47
Zweiter Weltkrieg 14, 48

Personenregister

Ball, Hugo, Schriftsteller (*1886, †1927)   113
Bauer, Max Hermann, Oberst im Generalstab (*1869, †1929)   106
Baumgarten, Otto, Theologe (*1858, †1934)   122
Beckmann, Max, Maler (*1884, †1950)   20, 114
Benn, Gottfried, Lyriker u. Essayist (*1886, †1956)   118
Bernstein, Eduard, Politiker (*1850, †1932)   141
Bethmann Hollweg, Theobald v., Reichskanzler u. preuß. Ministerpräsident (1909–1917; *1856, †1921)   26–34, 37, 39, 46f., 50, 56, 58–65, 68, 72f., 75ff., 89
Bismarck, Otto v., Fürst, preuß. Ministerpräsident (1862–1890), Reichskanzler (1871–1890; *1815, †1898)   25, 76, 150
Brecht, Bertolt, Schriftsteller (*1898, †1956)   118
Brockdorff-Rantzau, Ulrich Graf v., dt. Diplomat (*1869, †1928)   55
Bülow, Bernhard Fürst v., Reichskanzler u. preuß. Ministerpräsident (1900–1909; *1849, †1929)   44, 53

Claß, Heinrich, Politiker (*1868, †1953)   61
Conrad von Hötzendorf, Franz Graf, österr. Generalstabschef (1906–1911, 1912–1917; *1852, †1925)   23, 48, 68

D'Annunzio, Gabriele, ital. Schriftsteller (*1863, †1938)   53
Dehmel, Richard, Schriftsteller (*1863, †1920)   114, 117

Delbrück, Hans, Historiker (*1848, †1929)   135
Deutelmoser, Erhard Eduard, Offizier (*1873, †1956)   38
Diederichs, Eugen, Verleger (*1867, †1930)   118
Dix, Otto, Maler u. Graphiker (*1891, †1969)   20, 114
Dostojewski, Fjodor Michajlowitsch, Schriftsteller (*1821, †1881)   119

Ebert, Friedrich, Reichspräsident (1919–1925; *1871, †1925)   95, 131
Einstein, Albert, Physiker (*1879, †1955)   135
Erzberger, Matthias, Politiker (*1875, †1921)   53, 60f., 77, 142

Falkenhayn, Erich v., dt. Kriegsminister (1906–1915), Generalstabschef (1914–1916; *1861, †1922)   29, 45–50, 66, 68f.
Ferguson, Niall, Historiker (*1963)   15
Fichte, Johann Gottlieb (*1762, †1814)   119
Fischer, Fritz, Historiker (*1908, †1999)   15
Flex, Walter, Schriftsteller (*1887, †1917)   115
Franz Ferdinand, Erzherzog v. Österreich-Este, österr.-ungar. Thronfolger (*1863, †1914)   27

Goethe, Johann Wolfgang v. (*1749, †1832)   119
Goschen, Sir William Edward, brit. Botschafter in Berlin (1908–1914; *1847, †1924)   33

Grey, Sir Edward, brit. Außenminister (1905–1916; *1862, †1933)   25f., 34

Harnack, Adolf v., Theologe (*1851, †1930)   122
Hasenclever, Walter, Schriftsteller (*1890, †1940)   118
Hausen, Karin, Historikerin (*1938)   114
Helfferich, Karl, Bankier u. Politiker (*1872, †1924)   82, 85, 106
Hentsch, Richard, Offizier (*1869, †1918)   44
Hertling, Georg Graf v., Reichskanzler u. preuß. Ministerpräsident (1917–1918; *1843, †1919)   135f., 139
Hesse, Hermann, Schriftsteller (*1877, †1962)   115
Hindenburg, Paul v., Generalstabschef (1916–1918), Reichspräsident (1925–1934; *1847, †1934)   21, 43, 48, 50, 68f., 72, 74, 88, 100, 106, 144, 149
Hintze, Paul v., Marineoffizier, Diplomat (*1864, †1941)   145
Hoffmann, Max, Offizier (*1869, †1927)   43
House, Edward Mead, amerik. Offizier (*1856, †1938)   54
Hoyos, Alexander Graf v., Diplomat (*1876, †1937)   28, 30

Jagow, Gottlieb v., Diplomat (*1863, †1935)   27
Joffre, Joseph Jacques Césaires, frz. Generalstabschef (1911–1916; *1852, †1931)   42, 44

Kaiser, Georg, Dramatiker (*1878, †1945)   118
Kampf, Arthur, Maler (*1864, †1950)   117

Kennan, George Frost, amerik. Diplomat u. Historiker, Botschafter in Moskau (1952/53) und Jugoslawien (1961–1963; *1904)   14, 150
Kerenski, Alexandr Fjodorowitsch, russ. Politiker (*1881, †1970)   138
Kluck, Alexander v., Generaloberst (*1846, †1934)   43f.
Kocka, Jürgen, Historiker (*1941)   103
Kollwitz, Käthe, Malerin u. Bildhauerin (*1867, †1945)   132
Kühlmann, Richard v., Diplomat (*1873, †1948)   136f., 140, 145

Lenin, eig. Wladimir Iljitsch Uljanow, russ. Staatsmann (*1870, †1924)   138, 142
Liebermann, Max, Maler (*1847, †1935)   114
Liebknecht, Karl, Politiker (*1871, †1919)   37, 57, 65, 141
Lloyd George, David, brit. Premierminister (1916–1922; *1863, †1945)   139, 143
Loebell, Friedrich Wilhelm v., preuß. Minister des Inneren (1914–1917; *1855, †1931)   131
Ludendorff, Erich, stellv. Generalstabschef (1916–1918; *1865, †1937)   17, 43, 48ff., 68f., 72, 74, 78, 88, 100, 106, 143f., 146ff.
Luxemburg, Rosa, Politikerin (*1870, †1919)   141

Mackensen, August v., General (*1849, †1945)   50, 69
Mann, Heinrich, Schriftsteller (*1871, †1950)   113

Personenregister

Mann, Thomas, Schriftsteller (*1875, †1955) 114, 117f.
Marc, Franz, Maler (*1880, †1916) 114
Max, Prinz und Markgraf v. Baden, Reichskanzler u. preuß. Ministerpräsident (1918; *1867, †1929) 148f.
Meidner, Ludwig, Maler (*1884, †1966) 113
Meinecke, Friedrich, Historiker (*1862, †1954) 116, 135
Merton, Richard, Industrieller (*1881, †1960) 101
Messimy, Adolphe, General, frz. Kriegsminister (1911–1914; *1869, †1935) 44
Michaelis, Georg, Reichskanzler u. preuß. Ministerpräsident (1917; *1857, †1936) 77, 96, 135
Moellendorff, Wichard v., Ingenieur u. Politiker (*1881, †1937) 80
Moltke, Helmuth Johannes Ludwig Graf v., Generalstabschef (1906–1914; *1848, †1916) 27, 29, 32ff., 40, 43, 45
Mosse, George L., Historiker (*1918, †1999) 21
Mussolini, Benito, ital. Diktator (1922–1943; *1883, †1945) 53

Nietzsche, Friedrich Wilhelm (*1844, †1900) 119
Nikolaus II., Zar von Rußland (1894–1917; *1868, †1918) 55
Noske, Gustav, Politiker (*1868, †1946) 149

Payer, Friedrich v., Politiker (*1847, †1931) 148
Poincaré, Raymond, frz. Präsident der III. Republik (1913–1920; *1860, †1934) 31

Rathenau, Walther, Industrieller u. Politiker (*1867, †1922) 72, 80, 82
Riezler, Kurt, Politiker (*1882, †1933) 30, 63
Ritter, Gerhard, Historiker (*1888, †1967) 15
Rolland, Romain, frz. Schriftsteller (*1866, †1944) 115
Rühle, Otto, Politiker (*1874, †1943) 37
Salandra, Antonio, ital. Ministerpräsident (1914–1916; *1853, †1931) 52
San Giuliano, Antonio Marchese Paternò Castello di, ital. Außenminister (1905–1906, 1910–1914; *1852, †1914) 52

Schäfer, Dietrich, Historiker (*1845, †1929) 65
Schlieffen, Alfred Graf v., Generalstabschef (1891–1905; *1833, †1913) 41
Schopenhauer, Arthur, Philosoph (*1788, †1860) 119
Schumpeter, Joseph Alois, Ökonom u. österr. Finanzminister (1919; *1883, †1950) 150
Sedlmayer, Hans, Kunsthistoriker (*1896, †1984) 153
Sophie, Herzogin von Hohenberg, Frau des Erzherzogs (*1868, †1914) 27
Stinnes, Hugo, Industrieller (*1870, †1924) 61
Stramm, August, Schriftsteller (*1874, †1915) 20
Stresemann, Gustav, Politiker (*1878, †1929) 76f., 135

Tirpitz, Alfred v., Staatssekretär des Reichsmarineamtes (1897–1916; *1849, †1930) 24, 47, 64, 135

Personenregister

Tisza von Boros-Jenö und Szeged, Istvàn Graf, ungar. Ministerpräsident (1903–1905, 1913–1917; *1861, †1918) 31
Toller, Ernst, Schriftsteller (*1893, †1939) 114, 118
Trakl, Georg, Lyriker (*1887, †1914) 114
Troeltsch, Ernst, prot. Theologe, Philosoph und Historiker (*1865, †1923) 116
Trotzkij Lew Davidowitsch, eig. Leib Bronschtein, russ. Politiker (*1879, †1940) 138, 140

Unruh, Fritz v., Schriftsteller (*1885, †1970) 20, 115

Weber, Max, Soziologe (*1864, †1920) 72, 74, 77, 115, 118, 153
Werfel, Franz, Schriftsteller (*1890, †1945) 115
Wilhelm II., dt. Kaiser (1888–1918; *1859, †1941) 29f., 32, 35, 38, 41, 45, 48, 64, 68, 75, 77, 114, 148f.
Wilson, Woodrow, amerik. Präsident (1913–1921; *1856, †1924) 54, 70, 72f., 117, 139, 146ff.
Witkop, Philipp, Schriftsteller, Literaturwissenschaftler (*1880, †1942) 20

Klett-Cotta
© 2002 by J. G. Cotta'sche Buchhandlung Nachfolger GmbH,
gegr. 1659, Stuttgart
Alle Rechte vorbehalten
Fotomechanische Wiedergabe nur mit Genehmigung der Verlages
Printed in Germany
Einbandgestaltung: Philippa Walz, Stuttgart,
unter Verwendung des Bildes »Der Krieg« von Otto Dix
Gesetzt aus der Times New Roman von Porta Alba, Trier
Gedruckt und gebunden von Friedrich Pustet GmbH & Co. KG, Regensburg
ISBN 978-3-608-60017-9

Zweiter Nachdruck der 10. Auflage, 2020

Bibliographische Information Der Deutschen Bibliothek
Die Deutsche Bibliothek verzeichnet diese Publikation in der
Deutschen Nationalbibliographie; detaillierte bibliographische
Daten sind im Internet über <http://dnb.ddb.de> abrufbar.